WEIN

ALLES, WAS MAN WISSEN MUSS

Dagmar Ehrlich · Isabel Gänkler · Reinhardt Hess · Beat Koelliker · Bernd Kreis

WEIN

ALLES, WAS MAN WISSEN MUSS

Hallwag

INHALTSVERZEICHNIS

VOM UMGANG MIT WEIN

WEIN EINKAUFEN

Weinkenner kann jeder werden, vorausgesetzt, er macht so oft wie möglich seine Hausaufgaben: probieren, probieren, probieren. Am besten erst einmal für sich allein, um die eigenen Vorlieben kennenzulernen. Es lohnt sich, die verschiedenen Einkaufsquellen kritisch unter die Lupe zu nehmen. Schöne Etiketten sind nicht alles – auf den Inhalt der Flaschen kommt es an.

WANN WEIN SCHMECKT

Cola schmeckt immer gleich, Wein dagegen nie. Eine schmerzhafte Erfahrung für jeden, der Beständigkeit schätzt. Ob man einen Wein einfach so oder zum Essen genießt, ob man allein ist oder sich in lustiger Runde befindet, aus einem simplen Plastikbecher trinkt oder aus einem edlen Weinglas – der Wein wird immer wieder etwas anders schmecken.

Wenn man eine teure Flasche in einem Weinladen kauft, hat man beim Probieren eine andere Erwartungshaltung als bei einem preiswerten Wein aus dem Supermarkt. Der persönliche Genuss hängt von der Situation ab, in der der Wein getrunken wird. Deshalb nicht gleich die Flinte ins Korn werfen, wenn ein bestimmter Wein beim ersten Probieren das Prädikat »schmeckt mir nicht« erhält. Es könnte am falschen Zeitpunkt, einer unpassenden Gelegenheit oder dem falschen Essen als Begleitung gelegen haben.

Quellentest

Welche Bezugsquelle man für seinen persönlichen Weineinkauf wählt, hängt nicht unbedingt vom Budget ab, das zur Verfügung steht. Oft hindert den Weineinsteiger eine gewisse Schwellenangst daran, den Schritt in die Fachhandlung zu wagen. Dabei bieten die meisten Einkaufsquellen – vom Discounter bis zur Weinboutique – Alltagswei-

Aus einem großzügigen Weinsortiment aussuchen und testen – ein Schlaraffenland für Weinliebhaber.

ne zu erschwinglichen Preisen an. Mit einem einfachen Test können Sie ausprobieren, ob Weine aus dem Discounter so gut schmecken wie die aus dem Fachhandel. Wählen Sie dazu einfach eine Weinsorte aus, die überall zu bekommen ist. Einmal angenommen, Ihnen schmeckt italienischer Chianti. Wie viel Geld würden Sie für eine Flasche ausgeben? Kaufen Sie je ein etwa gleich teures Muster beim Discounter, im Supermarkt, im Weindepot, in der Weinabteilung eines Kaufhauses und im Weinfachhandel. Dann probieren Sie die Chianti gleichzeitig nebeneinander. Welcher schmeckt Ihnen persönlich am besten?

WEINQUELLEN

Wein kann man fast überall kaufen: im Gartencenter, an der Tankstelle, im Drogeriemarkt und beim Discounter, im Verbrauchermarkt, Weindepot, Kaufhaus oder Supermarkt. Und natürlich im Weinfachhandel und noch schöner: direkt beim Winzer.

PROFI-TIPP

Sucht man einen preisgünstigen Alltagswein, lohnt sich das Stöbern im Supermarkt: einfach aus dem Bauch heraus entscheiden. In der Preisklasse zwischen 4 und 6 Euro kann man nicht viel falsch machen.

Was ist was?

Klassische Supermärkte wie Edeka, Tengelmann und Rewe bieten das Wichtigste für den täglichen Bedarf in erreichbarer Nähe. Kaufhäuser sind in Innenstädten zu finden, vereinen viele Spezialgeschäfte unter einem Dach und wollen auch anspruchsvolle Kunden bedienen.
Verbrauchermärkte wie Familia, Toom, Coma oder Combi liegen außerhalb der Wohngebiete, sind auf Autokunden ausgerichtet, haben ein breites Angebot von Lebensmitteln, Getränken und Haushaltswaren auf großen Flächen und sind auf Vorratskäufe spezialisiert. Discounter wie Aldi, Lidl, Penny oder Plus führen vorwiegend Artikel, die einen schnellen Umsatz erwarten lassen, in einfacher Präsentation und zu billigen Preisen.
Einige Drogeriemärkte wie dm und Rossmann bieten neben Kosmetika und Waschmitteln zunehmend auch Weine an, und manche Tankstellen sind sogar eine gute Adresse für Wein. Im Weinfachhandel dagegen gibt es nur Weine, manchmal ergänzt durch Gläser, Korkenzieher und Weinliteratur. In diese Kategorie gehören auch die Weindepots, eine Art Fachhandel mit Probiermöglichkeit.

PROFI-TIPP

Wo das Weinangebot lieblos präsentiert wird, sind die Flaschen oft zu alt und der Wein schmeckt nicht mehr.

WEIN IM SUPERMARKT

Das Angebot für Spontankäufer. Große Supermarktketten benötigen ein einheitliches Sortiment, das vom Zentraleinkauf vorgegeben ist. Kleinere Nachbarschafts-Supermärkte führen eher eine individuelle, oft regionale Auswahl, die sich an den Vorlieben ihrer Stammkunden orientiert. Immerhin wird jede dritte Weinflasche im Supermarkt gekauft.

Basisangebot

Weine, die landesweit angeboten werden, müssen in ausreichender Menge verfügbar sein. Also kommen sie vor allem von großen Weinunternehmen und Großimporteuren, die tankweise Weine einkaufen und auf Flaschen füllen. Der gleiche Wein soll über längere Zeiträume (sprich: Jahre) verfügbar sein und immer ähnlich schmecken. Es handelt sich meist um Industrieweine oder Weine aus Regionen mit beständigem Klima, zum Beispiel Südfrankreich, Australien, Chile oder Kalifornien.
Da es im Supermarkt in der Regel keine Beratung gibt, enthalten die Rückenetiketten einige Informationen zum Wein – wie er schmeckt, wozu er am besten passt, mit welcher Temperatur er geeigneterweise serviert werden sollte.

Vor- und Nachteile

Supermarktweine sind für den sofortigen Genuss gedacht. Sie sind oft besser als ihr Ruf, selten extrem schlecht und meist technisch in Ordnung. Der Geschmack orientiert sich am Durchschnittskäufer, nicht am ambitionierten Weinkenner. Häufig findet man Aktionsangebote besonders beliebter Weine – vor allem Markenweine.

DROGERIEMÄRKTE & CO.

Das Angebot für Experimentierfreudige. Da Weinflaschen beliebte Mitnahmeartikel sind, werden sie in Sonderaktionen oft auch in Drogeriemärkten, Gartencentern, natürlich in Tankstellen und sogar Möbelgeschäften verkauft.

Basisangebot

In der Regel werden Massenweine angeboten, allerdings gibt es Ausnahmen. Eine Drogeriemarktkette (mit dem Zentaur als Firmenlogo) hat schon lange erkannt, dass sich ein gutes Sortiment lohnt, und bietet ein ambitioniertes Angebot aus den klassischen Weinländern Europas. Die Weine sind am Regal recht aussagekräftig beschrieben, etwas teurer als beim Discounter, dafür deutlich besser. Achten Sie besonders auf Sonderangebote. Bei Nachahmern ist die Auswahl eher dürftig – schlichte bis schlechte Allerweltsweine. Dagegen bietet eine italienische Tankstellenkette schon seit Jahrzehnten bessere Weine und Spumanti direkt von Winzern und Genossenschaften aus Italien in ihren Shops an. In Gartencentern findet man nicht nur Weinreben zum Anpflanzen, sondern oft auch Weine, manchmal sogar von renommierten Weingütern.

Vor- und Nachteile

Außer bei speziellen Drogeriemärkten und Tankstellen sind die Weine sehr preiswert und selten gut. Aber: Einige Quellen (sogar Gartencenter) überraschen mit ausgefallenen Sortimenten. Vorteil der Tankstellen ist, dass sie meist gekühlten Sekt oder Weißwein für den spontanen Genuss bereithalten.

DISCOUNTER

Das Angebot für Schnäppchenjäger. Fast jede zweite in Deutschland gekaufte Flasche stammt von einem Discounter. Hier gibt es nur Weine, die sich rasch und in großen Mengen verkaufen lassen. Der Einkauf beim Discounter ähnelt einem

PROFI-TIPP

Für die 5 Euro, die ein schlechter Discounter-Cru-Bourgeois aus Bordeaux kostet, bekommen Sie in einem Fachgeschäft einen guten Rotwein inklusive Beratung: So finden Sie eher zu Ihren eigenen Vorlieben und ersparen sich Enttäuschungen.

Glücksspiel: Mit gleicher optischer Aufmachung werden im Laufe der Zeit höchst unterschiedliche Weine verschiedener Anbieter verkauft.

Basisangebot

Das ständige Sortiment von Aldi, Lidl, Norma, Penny und Plus umfasst selten mehr als ein Dutzend unterschiedlicher Weine – wie Merlot oder Chardonnay – aus populären Anbaugebieten sowie Sekt, Prosecco und Champagner. Dazu gibt es wöchentlich wechselnde Lockangebote sogenannter »hochwertiger Weine« zu Fachgeschäftspreisen.

Vor- und Nachteile

Im Discounter gibt es ein paar trinkbare, preiswerte Weine für den Alltag, daneben aber auch fehlerhafte bis fast untrinkbare. Sonderangebote stammen oft aus namhaften Weinbaugebieten Frankreichs (Bordeaux, Châteauneuf-du-Pape), sind billiger als vergleichbare Angebote – aber leider selten ihr Geld wert. Schnäppchen kommen oft aus weniger bekannten Weinbauregionen wie Apulien (Italien), Minervois und Gascogne (Frankreich).

KAUFHÄUSER

Das Sortiment für Fortgeschrittenere. Die großen Kaufhäuser wie Karstadt und Kaufhof bieten in weitläufigen Weinabteilungen ein breites Spektrum an Weintypen aus unterschiedlichen Regionen an, dazu Sekt und Champagner, Spirituosen und Mixzutaten.

Basisangebot

Nach dem Motto »für jeden etwas« reicht das Angebot von einfachen Tropfen bis zu exklusiven Topweinen. Wirtschaftlichkeit und Image müssen vereinbart werden, deshalb gibt es neben preiswerten Allerweltsweinen auch Raritäten. Vor allem kurz vor Weihnachten findet man spezielle Angebote für Weinkenner, die sich rechtzeitig vor dem Fest eindecken wollen oder nach einem Geschenk suchen.

Vor- und Nachteile

In den Weinabteilungen kann man meist ungestört stöbern. Neben der Preisauszeichnung werden Weine oft ausführlich beschrieben, manchmal können Weine verkostet werden, und es gibt Fachpersonal, das man um Rat fragen kann. Ideales Terroir fürs Fachgeschäftstraining! Die Weine sind meist ordentlich gelagert (liegend, ohne grelle Beleuchtung). Aktionswochen und Sonderangebote sind seriös und bieten gute Qualität zu reduzierten Preisen. Aktionsweine werden oft unter Marktpreis angeboten, Sortimentsweine können teurer sein als im Fachgeschäft. Rabatte gibt es oft beim Kauf ganzer Kisten, bei höherpreisigen inklusive Holzkiste.

Kaufhäuser haben oft Feinkostabteilungen mit großem Weinangebot.

DIE TRICKS DER REGAL-EINRÄUMER

In großen Märkten und in Kaufhäusern sind Spezialisten damit beschäftigt, Ladendesign und Warenpräsentation so zu optimieren, dass die Kunden zum Kaufen angeregt werden. Auch die Weinflaschen sind daher nach bestimmten Prinzipien in den Regalen angeordnet – und dies natürlich nicht nur, um Ihnen den Überblick zu erleichtern, sondern auch, um Ihren Blick auf spezielle Weine zu lenken.

Von oben nach unten

Weine aus bestimmten Regionen werden in Gruppen zusammengefasst und innerhalb dieser Gruppen nach psychologischen Gesichtspunkten geordnet. In Augenhöhe, in der »Sichtzone«, stehen diejenigen Flaschen, die dem Unternehmen den größten Gewinn bringen oder die am schnellsten umgesetzt werden. In der Regel sind sie gerade ein bisschen teurer als das, was der Durchschnittskäufer eigentlich ausgeben wollte. Sind die Flaschen mit weiterem Abstand großzügig in die Regale eingeräumt, signalisiert das: besonders wertvoll, mitnehmen! Preiswertere Weine finden Sie eine Etage tiefer, fachmännisch »Bückzone« genannt, sie erfordern also eine Verbeugung. Ganz unten stehen die billigsten, meist auch größten Flaschen mit 1 oder 1,5 l Inhalt, die nur des Alkoholgehalts wegen gekauft werden.
Die teuersten Flaschen stehen ganz oben, in der sogenannten »Reckzone«. Der Blick nach oben steht für Ehrfurcht, die Flaschen sind für kleinere Leute fast unerreichbar.

VORSICHT, GLATTEIS!

- Flaschen vom obersten Regalbrett sind intensiv trockener Luft und Neonlicht ausgesetzt – und hier stehen die teuersten Weine. Fragen Sie bei Interesse den zuständigen Leiter, ob er Flaschen davon im Lager hat.
- Ist ein Sonderangebot auch noch so verlockend, erst eine Probeflasche kaufen und in Ruhe probieren.
- Werden Restflaschen preiswert angeboten – genau hinschauen! Oft sind es zu alte Weißweine (3 Jahre und älter) oder Rotweine, die gerade in der Verschlussphase (siehe S. 33–34) stecken und überhaupt nicht schmecken.

Von links nach rechts

Achten Sie einmal auf die waagerechte Anordnung. Normalerweise wandert das Auge des Betrachters wie beim Lesen von links nach rechts das Regal entlang. Deshalb stehen links meist die einfacheren, weiter rechts die anspruchsvolleren und teureren Weine.

Sonderplatzierungen

Kistenstapel und Sonderangebote außerhalb der Weinregale, zum Beispiel die Palette Wein neben der Käsetheke, sollen zu Spontankäufen animieren. »Impulsware« nennen Experten diese Angebote, an denen die Märkte besonders gut verdienen – teils echte Schnäppchen, teils echter Ramsch. Was es wirklich ist, kann man nur durch Probieren herausfinden.

Spezialitätenregale

Um bestimmte Weine besonders herauszuheben, gibt es im Bereich der Weinabteilungen noch einmal eigene Regale für spezielle Weinsortimente. Diese sind fast immer aus dunklem Holzimitat (weil damit auch der billige Wein edel aussieht), werden oft von Vertriebsfirmen gestellt und enthalten nur die Weine eines einzelnen Großerzeugers, etwa Gallo aus Kalifornien. Häufig weisen solche Regale auf Sonderaktionen hin, sodass dort durchaus Schnäppchen zu finden sind.

Ein anderer Regaltyp präsentiert besonders ausgewählte, teurere Weine, meist schräg liegend, um auch Käufer aufmerksam zu machen, die wissen, dass man Wein liegend lagern soll. Hier findet man zum Beispiel oft Bioweine zu akzeptablen Preisen.

WEINDEPOTS

Das Angebot für Probierfreudige. Gewerbehallenmäßiges Ambiente, große Auswahl und alle Weine (oder wenigstens alle preiswerten) offen zum Probieren – das lockt Weinfreunde zu Jacques und Co. Weindepots bieten eine gute Möglichkeit, unterschiedliche Weine miteinander zu vergleichen. Wer sich in den Adressverteiler aufnehmen lässt, erhält regelmäßig Informationen über Aktionen, besondere Kundenangebote oder spezielle Weinverkostungen, bei denen auch mal die eine oder andere teure Flasche geöffnet wird.

Basisangebot

Bestand das Sortiment früher aus französischen Weinen (was die Namen der Depots noch immer vermuten lassen), werden heute Weine aus aller Welt geführt.
Es gibt kaum billige Weine, die Preise liegen im leicht gehobenen Bereich. Gelegentlich gibt es interessante Sonderangebote. Eine Spezialität sind die sogenannten

In einer Weinhandlung hat man neben kompetenter Beratung oft die Möglichkeit, Weine zu verkosten.

»BiBs« (Bag in Box), das sind Weinschläuche aus Kunststoff mit Zapfhahn in einer Kartonverpackung, die auch bei Discountern zu finden sind. Daneben werden Sekt und Champagner sowie Spirituosen angeboten, aber auch Feinkost und Weinzubehör.

Vor- und Nachteile

Die Möglichkeit, viele Weine probieren zu können, ist die Stärke der Depots. Andererseits erhöhen die Probeflaschen natürlich den Preis. Wer andere Quellen durchforstet, wird ähnliche oder sogar gleiche Weine mit anderem Etikett zu günstigeren Preisen finden. Und: Es gibt hier überwiegend Weine, die in großen Mengen produziert werden, also vor allem von Großgenossenschaften, auch wenn es sich in den Depot-Informationen oft ganz anders anhört.

WEINBAR

Weinbars sind ein Angebot für den spontanen Genuss. Vor allem in

PROFI-TIPP

Kaufen Sie anfangs nur zwei Flaschen von einem Wein und probieren Sie ihn zu Hause nochmals in Ruhe (und zum Essen). Das schont den Geldbeutel und bewahrt vor Enttäuschungen.

Ein Trend: Sympathische Weinbars sprießen in großen Städten wie Pilze aus dem Boden.

größeren Städten gibt es solche Bars, in denen Wein nicht nur genossen, sondern auch gleich gekauft werden kann. Außerdem werden meist Snacks oder kleine Gerichte serviert, die zu den Weinen passen. Schwellenangst kommt hier keine auf, denn man bezahlt ja für den Wein. Zum Probieren werden die Weine meist in 100-ml-Gläsern angeboten. Hat man sich entschieden, gibt es für den längeren Genuss größere Gläser. Ein Abend mit Gleichgesinnten kann so sehr amüsant sein.
Eine Sonderform der Weinbars sind Vinotheken oder Gebietsvinotheken in den Weinbaugebieten, deren Angebot sich auf die Erzeugnisse mehrerer Winzer, einer Gemeinde oder eines Gebiets beschränkt. In Italien heißen sie »Enoteca«. Die Weine können hier probiert werden, und die Flaschenpreise sind in der Regel gleich oder nur wenig teurer als beim Direktbezug vom Weingut. Daneben werden oft weitere Spezialitäten der Region verkauft.

Basisangebot

Meist – aber nicht immer – gehören die Weinbars zu großen Weinhandlungen und spiegeln deren Sortiment wider.

Vor- und Nachteile

Die Weine können gläschenweise probiert werden, die Preise sind in der Regel anständig kalkuliert und der Gast kann jederzeit den Flaschenverkaufspreis einsehen. Die Weinkarten informieren ausführlicher über die Weine, als es sonst üblich ist. Meistens stehen nur einige Sorten offen bereit, alle richtig temperiert.
Weniger gefragte Flaschen könnten allerdings schon ein paar Tage offen sein. Zwar verfügen viele Weinbars über ausgeklügelte Systeme, um die Weine auch über einen längeren Zeitraum trinkbar zu halten, aber frisch geöffnet wären sie natürlich dennoch besser.

WEINFACHGESCHÄFT

Die Quelle für Weinenthusiasten. Für die meisten Neulinge ist der Schritt in ein solches Geschäft zunächst einmal mit Hemmungen verbunden. Diese sind aber unbegründet, denn Sie wissen ja: Dumme Fragen gibt es nicht (nur dumme Antworten), und die Preise fangen auch keineswegs erst bei 50 Euro an. Stellen Sie sich einfach vor, Sie gingen in einen normalen Buchladen. Eine Weinhandlung ist einem solchen Laden sehr ähnlich, nur dass sie eben Weine statt Bücher anbietet. Oft halten Weingeschäfte auch einige Weine zum Probieren bereit.

Basisangebot

Das Standardsortiment kann sehr unterschiedlich aussehen. Einige Händler haben sich auf Weine eines Landes oder sogar einer bestimmten Region spezialisiert, andere bieten ein breites Sortiment an. Sofern es keine »Edelboutique« ist, gibt es Weine der mittleren (ab 10 Euro) bis oberen (ab 50 Euro) Preisklasse. Viele Weinfachgeschäfte bieten zunehmend auch günstige Alltagsweine an. Oft gibt es bei Abnahme von ganzen Kisten mit sechs oder zwölf Flaschen des gleichen Weins einen Sonderrabatt. Wird er nicht angeboten, einfach danach fragen.

Vor- und Nachteile

Für viele Inhaber ist der Wein nicht nur Geschäft, sondern Passion. Sie kaufen nur Weine, die sie selbst mögen und zu denen sie eine Beziehung haben. In der Regel bieten sie also ausgesuchte Winzerweine an, über die sie viel erzählen können.
Es gibt aber auch Verkäufer, die am liebsten nur antiquarische Einzelstücke verkaufen würden.

BEIM WINZER

Das Angebot für Reisefreudige. Die meisten Winzer verkaufen direkt an Kunden und bieten Interessierten ihre Weine zum Probieren an. Die Auswahl beschränkt sich – je nach Rebfläche des Weinguts – auf einige Rebsorten- und Qualitätsstufen-

Weine aus dem aktuellen Jahrgang, in der Fachsprache »Kollektion« genannt. Daneben erzeugen viele Winzer auch eigenen Sekt (Winzersekt) und lassen aus ihren Trestern, den Pressrückständen der Weintrauben, Brände (heißen in Italien Grappa) herstellen.

Stresszeiten meiden

Viele Winzer leben zwar vom Direktverkauf, haben aber auch im Weinberg und im Keller viel zu tun. Vor allem im Herbst, wenn die Trauben geerntet werden, und im Frühjahr, wenn der Weinberg gepflegt werden muss, ist oft die ganze Familie beschäftigt. Günstige Zeiten sind der Spätsommer oder, noch besser, das späte Frühjahr ab Mai. Dann ist der Weißwein aus der letzten Ernte in der Regel auf Flaschen gefüllt und der Keller noch nicht ausverkauft. Ungünstig sind auch Wochenenden, wenn viele Ausflügler die Winzer besuchen. Am besten vereinbaren Sie einen Termin.

Nirgends erfährt man mehr über Wein als beim Winzer.

Erst schauen, dann probieren

Weinherstellung erfordert größte Sauberkeit. Sehen Sie sich erst in Ruhe das Gut von außen an, ob es gepflegt oder vernachlässigt aussieht. Vor dem ersten Schluck die Weinliste und die Preise studieren und mit dem Winzer ehrlich über die eigenen Vorlieben sprechen. Nicht jeden Wein probieren, sondern zunächst nur zwei oder drei in die engere Wahl ziehen. Häufig wird Ihnen der Winzer selbst einen Wein vorschlagen, etwa um zu testen, ob Sie zum Beispiel wirklich »trocken« meinen, wenn Sie nur solche Weine ausgesucht haben, oder ob Ihnen nicht doch etwas Milderes vorschwebt. Sagen Sie ganz offen, ob Ihnen dieser Wein zusagt oder nicht und warum. Damit kann der Winzer besser auf Ihren Geschmack eingehen.

Basisangebot

Vom Tafelwein (aus mehreren Rebsorten) über Gutsweine (aus bestimmten Rebsorten wie Riesling, aber von verschiedenen Lagen) und Qualitätsweine (meist nur eine Rebsorte von einer einzigen Lage) bis zu teuren Prädikatsweinen aus besonders ausgelesenen Trauben reicht das Sortiment beim Erzeuger. Je nach Anbaugebiet werden nur Weiß- oder Rotweine oder auch beides produziert. Man sollte sich vorher informieren, denn manche Winzer haben sich auf hochwertigste und teure Weine spezialisiert. Kein Erzeuger kann es sich leisten, für nur ein oder zwei Besucher eine teure Flasche zu öffnen. Bietet er es trotzdem an, sollten Sie das nicht ablehnen. Vielleicht möchte er den Wein auch gern selbst probieren, um seine Entwicklung beurteilen zu können.

Vor- und Nachteile

Die Preise sind immer günstiger als im Handel, allerdings müssen Sie die Flaschen auf eigenes Risiko transportieren. Viele Winzer beliefern ihre Kunden auch direkt, ab einer bestimmten Flaschenzahl sogar umsonst. Die Weine können vorher probiert werden.
Nirgends kann man mehr über Wein lernen als beim Winzer. Bei Interesse führt er seine Gäste auch gern in seinen Keller und zeigt, wie und wo die Weine entstehen. Oft liegen dort auch noch ältere Jahrgänge, die aus Platzgründen günstiger verkauft werden. Winzerweine sind sehr individuelle Weine, aber es ist nicht gesagt, dass Ihnen persönlich die Weine zusagen. Dann fühlen Sie sich vielleicht nach einer Probe zum Kauf verpflichtet und nehmen mehr Flaschen mit, als Sie eigentlich vorhatten.

PROFI-TIPP

Geben Sie nicht auf, wenn Ihnen die ersten Weine nicht schmecken. Wenn Sie wirklich ein »Trockentrinker« sind, hat der Winzer mit Sicherheit noch einen extra herben Tropfen im Keller, den er auch selbst am liebsten trinkt.

WEINVERSAND

Die größte Auswahl an Weinen bietet der Versandhandel an. Da sich die Weine weder anschauen noch probieren lassen, ersetzen aufwendige Kataloge die Beratung, teils mit enorm viel Information, teils mit nur unzureichenden Beschreibungen (»ein fruchtiger Wein, für alle

VORSICHT, GLATTEIS!

- Meiden Sie Käse beim Probieren, er lässt viele Weine besser schmecken, als sie sind.
- Fragen stellen ist erwünscht, Kritik an den Weinen ist aber fehl am Platz.
- Den Wein ausspucken ist erlaubt, wenn Sie Autofahrer sind. Steht kein Gefäß dafür bereit, bitten Sie um eines. Oder lassen Sie sich nur ganz wenig eingießen.
- Nehmen Sie nach einer kostenlosen Weinprobe als Unkostenbeitrag wenigstens ein paar Flaschen von dem Wein mit, der für Sie annehmbar war.

Gelegenheiten passend«). Renommierte Weinversender haben ihren Sitz oft an norddeutschen Häfen, wo früher die Weine aus Frankreich umgeschlagen wurden. Außerdem gibt es zuverlässige Anbieter, die ausschließlich Bioweine im Programm haben und Weinproben per Postpaket inklusive Weinbeschreibung offerieren.

Basisangebot

In der Regel kommen die Weine aus aller Welt, es gibt aber Versender, die sich auf ein Land spezialisiert haben. Meist werden die Sorten nur kistenweise (mit üblicherweise sechs oder zwölf Flaschen, manchmal sind aber auch gemischte Kisten möglich) geliefert.

Vor- und Nachteile

Die Preise sind (meist) anständig kalkuliert, doch kommen bei kleineren Bestellmengen schnell satte Versandkosten dazu! Seriöse Versender sind allerdings auch oft der einzige Weg, um an die besonders guten und raren Weine zu kommen. Lesen Sie die Kataloge mit kritischem Auge – so merken Sie, ob Sie sich auf den Anbieter verlassen können. Gute Versender schicken eine Rechnung und nehmen beschädigte wie auch fehlerhafte Weine zurück. Eine Rückgabe ist oft sogar möglich, wenn der Wein Ihnen nicht zusagt.

WEIN IM INTERNET

Die ganze Welt für Wagemutige. Vom kleinen Winzer bis zum Weinmulti, mit wenigen Mausklicks gehen Kisten auf die Reise. Viele Homepages sind professionell gemacht und bieten reichlich Informationen, andere sind karg und lieblos (was aber nicht unbedingt etwas über die Qualität der Weine aussagt). Für kleine Händler ist der Weinverkauf übers Internet meist wenig lukrativ, obwohl sie sehr engagiert sind. Das hat nichts mit der Qualität zu tun, sondern damit, dass Weinkauf auch Geschmackssache ist. Und Geschmack ist bekanntlich so vielfältig, dass er kaum durch Abbildungen von Etiketten und kurze Beschreibungen vermittelt werden kann. Allerdings findet man im Internet oft aussagekräftige Verkostungsnotizen von Weinbegeisterten zu speziellen Weinen.

Basisangebot

Im Vordergrund stehen einfache bis mittlere Qualitäten von Großhandelsunternehmen aus aller Welt. Jedoch bieten auch kleine Weingüter ihre Erzeugnisse auf diesem Weg an. Selbst über Ebay und Co. werden immer häufiger Spitzenweine an den Mann oder die Frau gebracht.

Vor- und Nachteile

Preise lassen sich im Internet leicht vergleichen. Auf die Versandkosten

Geschenke kann man im Weinversand gegen Aufpreis oft in edlen Holzkisten verschicken lassen.

achten! Seriöse Anbieter geben ihre Adresse an, liefern mit Rechnung und nehmen den Wein sogar zurück, wenn er nicht den Erwartungen entspricht.

PROBIER-STRATEGIE

Ob Weinmesse, Kaufhaus, Weindepot oder Fachgeschäft – bloß nicht das ganze Sortiment auf einmal durchtesten! Überlegen Sie vorab, welche Weine Sie besonders interessieren könnten. Wenige Weine, aufmerksam probiert, bringen mehr Erfahrung als viele durcheinander. Testen Sie nicht Weiß- und Rotweine gleichzeitig, fangen Sie am besten mit den Rotweinen an, die besonders viel Konzentration und wache Sinne erfordern. Legen Sie anschließend eine kurze Pause ein, ehe die Weißweine an die Reihe kommen. Diese wirken jetzt erfrischend für den Gaumen und sind leichter zugänglich.

Fangen Sie mit den preiswerteren Weinen an, die teureren kommen zum Schluss. Achten Sie auf den Alkoholgehalt: zuerst die leichteren, dann die gehaltvolleren. Schreiben Sie auf, welchen Wein Sie probiert haben, wie er Ihnen geschmeckt hat, was Ihnen aufgefallen ist.

Bei Weindepots beginnen Sie am besten mit den Aktionsweinen, sie sind meist nur kurze Zeit oder in kleinen Mengen erhältlich (oft dienen sie als »Testballons«, mit denen geprüft wird, ob Kunden einen Wein akzeptieren oder nicht).

Konzentrieren Sie sich dann auf einen Weintyp (zum Beispiel

Chardonnay) oder eine Region (zum Beispiel Burgund) und probieren Sie nicht mehr als drei oder vier Weine gleichzeitig.
Achten Sie bei Jacques und Co. auf das Datum, das der Depotleiter auf der Flasche notiert hat, es gibt an, wann er den Wein geöffnet hat, wie lange der Inhalt also schon belüftet wird. Vor allem Rotweine schmecken nach zwei oder drei Tagen bei Raumtemperatur ganz anders als frisch geöffnet.
In Weindepots wird Ihnen auch eine nicht zur Verkostung bereitstehende Flasche geöffnet, wenn Sie ernsthaftes Interesse daran haben. Wenn es sich zeitlich einrichten lässt, ist der Freitag der beste Probiertag: Da in der Regel am Samstag die meisten Kunden kommen, steht die Flasche dann nicht zu lange entkorkt herum.
Knabbern Sie zwischendurch ein kleines Stück Brot oder trinken Sie einen Schluck stilles Wasser, um den Geschmackssinn wieder zu neutralisieren. Meiden Sie aber kohlensäurereiche Mineralwässer, sie lassen säurereiche Weine hinterher noch deutlich saurer schmecken.

VORSICHT, GLATTEIS!

Weine aus Internet-Versteigerungen sind fast immer zu teuer. Um auf diesem Weg an gute Qualitäten zu kommen, muss man sich sehr gut auskennen.

PROBIERPAKETE

Weinversender und Winzer bieten fast immer auch Probierpakete an. Diese können einen Querschnitt durch das Sortiment darstellen, damit später der Kunde die Sorten, die ihm schmecken, kistenweise nachordert. Oder sie sind nach einem bestimmten Motto zusammengestellt wie: Weißweine aus Italien, Riesling trocken gegen feinherb, Chardonnays aus Burgund und der übrigen Welt.
Solche Pakete sind für die heimische Weinprobe mit Freunden gedacht. Sehr häufig liegen darum auch ausführliche Beschreibungen der Weine dabei, die Empfehlungen enthalten, in welcher Reihenfolge die Weine probiert werden sollten. In der Regel sind diese Probierpakete deutlich günstiger als die Summe der Einzelflaschenpreise, und oft ist der Versand inklusive.

Deutsche Weingüter

Viele deutsche Winzer, Weingüter oder Winzergenossenschaften bieten über ihre Website die Möglichkeit, Probierpakete oder Probiersortimente zu bestellen. Das können Zusammenstellungen nach Geschmacksrichtungen wie »trocken«, »feinherb« oder »lieblich/mild«, aber auch nach bevorzugten Rebsorten wie Riesling von verschiedenen Lagen und Qualitätsstufen oder Spätburgunder sein, oder auch

Pakete wie »rot« mit Rotweinen aus unterschiedlichen Rebsorten.

Vor- und Nachteile

Ein Probierpaket kann im Ergebnis einem Besuch bei einem Winzer sehr ähnlich sein, nur dass die interessanten Weine in Ruhe (und ohne Promillestress) zu Hause getestet werden können. Viele Weingüter stellen inzwischen auch gern ein Wunsch-Probiersortiment nach Ihren Vorlieben zusammen.

EIN GRUNDSORTIMENT FÜR EINEN NEUEN WEINKELLER

Wer sich schließlich die für ihn passenden Weinquellen erschlossen hat, kauft in der Regel bald mehr ein, als nur für den Verbrauch der nächsten Tage nötig wäre, und wird sich ein kleines Grundsortiment anlegen. Wie ein solches Sortiment aussehen soll, kann man kaum allgemeingültig beantworten. Der Keller eines Italienfreaks, der die Geselligkeit liebt und auf dessen Tisch die Weinflasche nie fehlt, sieht natürlich ganz anders aus als der Keller eines Paars, das nur am Sonntag eine (dann aber vielleicht ganz besondere) Flasche entkorkt. Der eine Weinliebhaber verfügt über einen geräumigen Keller, aber leider nur ein schmales Budget, und der andere über einen kleinen Keller und dafür über großzügige finanzielle Möglichkeiten. Trotzdem sollte man einen Grundstock anlegen, aus dem sich dann Ihr individueller Weinkeller entwickeln kann:

Leichte frisch-fruchtige Weißweine wie leichter deutscher Riesling oder österreichischer Grüner Veltliner, Riesling x Sylvaner, Chasselas, Sauvignon blanc aus Frankreich, spanischer Albariño: 12 Flaschen

Körperreiche charaktervolle Weißweine wie gehaltvolle Chardonnays aus Frankreich oder der Neuen Welt, hochwertige Rieslinge aus Deutschland und Österreich, hochwertiger Grüner Veltliner, Petite Arvine, weiße Weine von der Rhône, Soave Classico: 12–18 Flaschen

Junge fruchtige Rotweine wie einfache Spätburgunder oder Lemberger, Beaujolais, Côtes-du-Rhône-Villages, Valpolicella, Barbera: 18 Flaschen

Charaktervolle komplexe Rotweine wie gehaltvolle Spätburgunder, Bordeaux, Burgunder, Rhône-Weine, Rioja, Penedès, Chianti Classico, Nero d'Avola, Barolo, Barbaresco, Cabernet und Syrah aus der Neuen Welt: 18–24 Flaschen

Schaumweine wie Prosecco, Cava, Crémant de Bourgogne, Franciacorta, Champagner: 6 Flaschen

Süßweine wie Spätlesen aus Deutschland, dem Elsass und aus Österreich, Sauternes, Vin Santo, Tokaj, Rivesaltes, Banyuls, Malaga, Portwein: 3–6 Flaschen

DIE HERSTELLUNGSKOSTEN

Wein hat seinen Preis. Um zu beurteilen, wie ein fairer Preis aussehen könnte, sollte man einmal die Herstellungskosten einer Flasche Wein überschlagen. Je nach Betriebsgröße, Lage und Gefälle der Weinberge können die realen Kosten variieren. Bei teuren oder steilen Lagen und/oder aufwendiger Kellerarbeit (zum Beispiel Barrique-Einsatz) kann sich dieser Preis leicht verdoppeln oder verdreifachen. Diese Kosten muss ein Winzer unbedingt decken. Mit der Marge des Handels darf eine Flasche deutschen Weins also nicht weniger als 3 bis 4 Euro kosten. Auf der internationalen Ebene spielen viele andere Faktoren eine zusätzliche Rolle: Geringere Produktionskosten im Ursprungsland durch niedrigere Löhne, Wechselkursschwankungen in Nicht-Euro-Ländern, Transportkosten, Steuern und Zollabgaben. In den renommierten Weinbaugebieten sind die hohen Boden- und Traubenpreise ein zusätzlicher Kostenfaktor. So liegt der Hektarpreis für einen einfachen AC-Weinberg im Bordelais bei ca. 30–35.000 Euro, bei einem renommierten Château aber bei etwa 2 Mio. Euro und darüber.

QUALITÄT UND PREIS

Neben den Produktionskosten (siehe Aufstellung) spielen natürlich der Markt und seine Gesetze eine

HERSTELLUNGSKOSTEN EINER FLASCHE WEIN*

Betriebsgröße	10 Hektar
Ertrag pro Hektar	9.000 l
Kosten im Weinberg (inkl. Pacht und Abschreibungen)	90.000 €
Kosten im Keller für die Flaschenweinbereitung (inkl. Maschinen- und Gebäudekosten)	100.000 €
Vermarktungskosten (inkl. Degustationsraum, Lager, Büro,Transporte)	80.000 €
Gesamtkosten für 90.000 l (120.000 Flaschen zu 0,75 l)	270.000 €
Produktionskosten pro Flasche	2,25 €

*Modellrechnung für einen mittelständischen Betrieb in Deutschland

Winzer sind mit ganzem Herzen bei der Sache. Doch lohnen soll sich die anstrengende Arbeit auch.

entscheidende Rolle. Ist die Nachfrage größer als das Angebot, steigen mit ihr die Preise und umgekehrt.

Überbezahlte Weine

Am spektakulärsten kann man dieses Spiel bei den Preisexplosionen für die Weine der berühmtesten Châteaus aus dem Bordelais beobachten. Sammler und Kapitalanleger haben diese und einige andere Weine für sich entdeckt und kämpfen auf Auktionen rund um den Erdball um die raren Kisten und Flaschen. Doch vielleicht geht es da eher um Prestige oder den Gewinn. Kann ein Wein so viel Genuss bereiten, dass er den Preis von ein paar Tausend Euro rechtfertigt?

Unterbezahlte Weine

Umgekehrt können viele (auch seriöse) Weinproduzenten ihre vollen Tanks nur mit Mühe verkaufen und sind so dem Preisdruck des Marktes und besonders der großen Handelsketten ausgeliefert. So entstehen Weinpreise von 1,99 Euro die Flasche und weniger.
Der Marktpreis ist also nur ein unsicherer Indikator für die Qualität eines Weins.

KARTONWEIN

Die Aufmachung dieser Bag-in-Box-Weine (oder Weinschläuche) wirkt billig, also ist der Wein schlecht, oder? Nein, denn der Wein steckt in diesem Fall ja nicht direkt im

Karton, sondern in einem neutralen Plastikbeutel, der in der Kartonbox verstaut ist. Ursprünglich wurde diese geschmacksneutrale Verpackungstechnik für Milch und Fruchtsäfte entwickelt und hat sich nicht nur dafür bestens bewährt.

TYPISCHE FLASCHENGRÖSSEN

Einfache Ausschankweine werden in 0,5- (CH, Fr), 1-, 2- (Doppler) oder auch 3-Liter-Flaschen abgefüllt. Bei hochwertigen Weinen liegt die Normgröße heute jedoch praktisch überall bei 0,75 Liter (CH auch 0,7 Liter). Die kleine halbe Flasche (0,375 Liter) ist vor allem in der Gastronomie beliebt. Süßweine, von denen man ja eher wenig trinkt, werden meist in 0,5-Liter-Flaschen angeboten. Größere Flaschen wählt man hauptsächlich für Weine, die für eine längere Lagerung und Reifung bestimmt sind, denn in ihnen befindet sich im Verhältnis zur Weinmenge weniger Sauerstoff. Viele Weinsammler halten die Magnumflasche deshalb für optimal. Champagner hingegen gibt es auch in besonders großen Flaschen.

DIE WICHTIGSTEN FLASCHENFORMEN

Mitte des 18. Jahrhunderts entwickelte sich unsere moderne, walzenförmige Weinflasche, die man liegend aufbewahren kann. Diese

WEINFLASCHEN – DIE GEBRÄUCHLICHSTEN ÜBERGRÖSSEN

Magnum	1,5 l	=	2 Flaschen
Marie-Jeanne (Bordeaux)	2,25 l	=	3 Flaschen
Doppelmagnum (Bordeaux)	3 l	=	4 Flaschen
Jeroboam (Champagne/Burgund)	3 l	=	4 Flaschen
Jeroboam (Bordeaux)	5 l	=	6 bis 7 Flaschen
Impérial (Bordeaux)	6 l	=	8 Flaschen
Methusalem (Champagne/Burgund)	6 l	=	8 Flaschen
Salmanazar (Champagne)	9 l	=	12 Flaschen
Balthasar (Champagne)	12 l	=	16 Flaschen
Nebukadnezar (Champagne)	15 l	=	20 Flaschen

DIE VERSCHIEDENEN FLASCHENFORMEN

Bordeaux

Schlegelflasche vom Rhein

Burgunder

Bocksbeutel aus Franken

Art der Lagerung hat den großen Vorteil, dass der Korken von innen feucht gehalten wird, aufquillt und dadurch die Flasche noch dichter verschließt. Es wurde also möglich, die Weine länger zu lagern. In der Folge entstanden verschiedene Flaschenformen, die bis heute für einen bestimmten Wein oder eine Region typisch sind. Bordeauxflaschen haben eine hohe, Burgunderflaschen eine abfallende Schulter. Die hohe Schulter der Bordeauxflasche dient auch dazu, das Depot beim Einschenken in der Flasche zurückzuhalten. Beim Burgunder mit seinem tanninarmen und daher für viele Weinliebhaber durchaus genießbaren Depot ist das nicht nötig. Die Flasche hat daher eine abfallende Schulter. Ihr Glas ist dunkelgrün bis bräunlich.

Die hohen Flûte- oder Schlegelflaschen vom Rhein sind braun, die von der Mosel und aus dem Elsass grün. Die Weine aus Franken werden in den traditionellen Bocksbeutel abgefüllt. Diese Unterschiede verlieren in jüngster Zeit etwas an Bedeutung. Die Flaschenform hat sich zum Tummelplatz für Designer und Marketingfachleute entwickelt. Daher stammt auch die Unsitte, einem Wein durch besonders dicke, schwere Flaschen mehr »Gewicht« zu geben. Das belastet die Umwelt und schlägt sich auf der Rechnung bei den Transportkosten nieder.

WEIN LAGERN

Die Vorfreude ist bekanntlich eine der schönsten und unschuldigsten Freuden überhaupt. Im eigenen Weinkeller die Schätze zu hüten und zu pflegen, gehört unbedingt dazu. Einige Dinge sollten Sie dabei allerdings beachten, damit den Flaschen die Ruhe auch wirklich wohl bekommt und sie beim Öffnen den vollen Genuss bieten.

SAMMELN MIT SYSTEM

Wer nur Wein für den baldigen Verbrauch kauft, muss sich über die Lagerung natürlich keine Gedanken machen. Auch wenn eine Flasche einmal vier Wochen im Wohnzimmer steht, wird der Wein davon nicht unbedingt schlechter. Wenn die Flaschen aber immer mehr werden, liegt das an einem Virus, den fast jeden Weinliebhaber bei fast jedem Weinkauf packt: eine Flasche für besondere Gelegenheiten kaufen; diese Flasche sieht aber gut aus, die könnte man an einem Sonntag mal zum Schmorbraten trinken; oder: Dieser Wein ist so toll – eine Flasche der Sorte heben wir uns für die Zeit um Weihnachten und Neujahr auf.

Sammelsurium vermeiden

Dumm, dass dabei in kurzer Zeit eine bunte Sammlung zustande kommt, bei der man dann oft nicht mehr weiß, woher die einzelnen Flaschen stammen und für welche Gelegenheit man sie vorgesehen hatte. Dagegen hilft ein wenig Buchhaltung. Wir beginnen mit dem ersten Schritt: Den Vorrat sichten und festlegen, wann und wozu man die einzelnen Flaschen öffnen will. Nun folgt der zweite Schritt: Den monatlichen Bedarf feststellen, also prüfen, wie viele Flaschen zum Essen, für Gäste, als Geschenk benötigt werden. Die Weine entsprechend der künftigen Verwendung sortieren und mit abziehbaren Klebeetiketten kennzeichnen.

Vorlieben erkennen

Planen Sie Ihre Reserven nach den Genusssituationen, die am häufigsten in Ihrem Alltag vorkommen – einfaches Abendbrot, ein aufwendigeres Essen am Wochenende, überraschende Gäste, für die ein paar Flaschen eines frischen, unkomplizierten Weins bereitstehen sollten. Dazu ein bis zwei Flaschen Sekt oder Prosecco für den Brunch am Sonntag oder wenn einem einfach mal danach ist. Das ist der Grundbedarf, der sich nicht ständig vergrößern sollte. Sonst – siehe Sammelsurium (siehe S. 28).

WEIN RICHTIG LAGERN

Es gibt Weine für den alltäglichen Bedarf, die sofort nach dem Einkauf mit Genuss getrunken werden können. Es gibt aber auch Weine, die noch einige Zeit in Ruhe gelassen werden sollten, vor allem teurere Rotweine, die manchmal Jahre brauchen, bis Herbe und Süße zusammengefunden haben. Zuverlässige Weinhändler (siehe S. 17) und Weinversandhäuser (siehe S.19) können angeben, wann ein Wein trinkreif ist, wann er also seine Hochform erreicht hat.

Kapitalanlage

Es gibt teure, gefragte Lagerweine, zum Beispiel aus Bordeaux, die »en primeur« gekauft werden müssen. Das heißt: bestellen und bezahlen, ehe der Wein überhaupt in Flaschen gefüllt ist. Diese Weine müssen dann noch mindestens fünf Jahre fachmännisch gelagert werden, bis sie trinkbar sind. Das war früher ein solides Geschäft, weil die trinkreifen Weine teuer bezahlt wurden, ist heute aber eher risikoreich, da die Preisentwicklung nicht mehr vorhersehbar ist.

Wenn man ein paar einfache Regeln beachtet, findet sich Platz auch in der kleinsten Hütte

Kühl und dunkel

Wichtiger als eine niedrige ist eine gleichmäßige Temperatur, wobei es nichts ausmacht, wenn der Lagerort im Sommer fünf bis zehn Grad wärmer ist als im Winter. Die Temperatur sollte das Jahr über nicht viel unter 10 °C und nur kurzfristig über 20 °C liegen. Ein Schrank in einem ungeheizten Schlafzimmer wäre ein brauchbarer Platz. Oder ein Kämmerchen unter einer Treppe, möglichst zur Nordseite hin gelegen. Da Lagerflaschen meist noch Korkstopfen haben, sollte die Luftfeuchtigkeit nicht zu niedrig sein, damit die Stopfen nicht austrocknen. Über 60 Prozent Luftfeuchte sind optimal, in geheizten Wohnungen aber nur mit elektrischen Luftbefeuchtern zu erreichen. Eine dunkle Lagerung ist noch wichtiger als eine kühle: Durch Lichteinfluss verändern sich Farbe und Aromen der Weine schneller ins Negative als durch Wärme. Abhilfe: wertvolle Flaschen in Alufolie wickeln.

Liegend lagern

Flaschen mit klassischen massiven Korkstopfen werden liegend gelagert, damit der Kork immer vom Wein feucht gehalten wird. Trocknet Naturkork aus, schrumpft er und lässt Luft an den Flascheninhalt. Bei Weinen mit Alternativverschlüssen (siehe S. 47) bringt liegende Lagerung keinen Vorteil, sie müssen nicht feucht gehalten werden. Trotzdem lassen sich Flaschen liegend am besten stapeln.

Stehend lagern

Flaschen, die mit Presskorken (zu Zylindern gepresste Korkbrösel) oder Twin-Top-Korken (gepresste Korkbrösel mit massiven Korkscheiben an beiden Enden) verschlossen sind, sollten stehend gelagert werden, sonst weichen Kork und Kleber auf, der Wein kann nach Kork schmecken (siehe S. 81), der Verschluss wird undicht und zerbröckelt beim Herausziehen.
Für Sekt- und Champagnerflaschen mit Korkverschlüssen gilt das Gleiche: Sie sollten stehend gelagert werden. Ebenso für alkoholreiche Dessertweine (Sherry, Madeira, Portwein, Vin Doux Naturel, Tokajer), bei denen der Alkoholgehalt den Korken schädigen kann.

Da gehört Wein nicht hin

Ungeeignet sind Kellerräume mit Südausrichtung sowie Räume, die im Winter kälter als 5 °C werden. Ständige Erschütterungen sind besonders für ältere Weine Gift. Eine Heizungspumpe oder eine Straße mit Schwerlastverkehr können ebenso Vibrationen erzeugen wie ein normaler Kühlschrank beim Ein- und Ausschalten. In speziellen Weinklimaschränken lagern die Flaschen erschütterungsfrei.

Ins Kellerbuch gehören auch Notizen darüber, wie der Wein geschmeckt hat.

DIE LAGERFÄHIGKEIT VON WEINEN

Ein optimaler Vorrat besteht aus drei Weintypen: Weine, die man jetzt, also sehr bald trinkt, Weine, die in einem Jahr trinkbar sind, und Lagerweine, die erst in fünf und mehr Jahren reif sind. Die Ausstattung hängt außer vom verfügbaren Lagerplatz natürlich vom Geldbeutel ab, denn Lagerweine sind fast immer teure Weine.

Kellerbuch

Auch wer keinen richtigen Keller hat, sollte über seinen Weinvorrat Buch führen. Ob man Karteikarten, ein Ringbuch oder ein Computerprogramm benutzt, ist dabei nicht das Entscheidende. Hauptsache, die wichtigsten Daten sind festgehalten: Dazu gehören die Herkunft des Weins (Land, Region, Händler, Kaufdatum und Preis), Farbe (Rotwein, Weißwein), die Menge (wie viele Flaschen wurden gekauft, wie viele sind noch da?), Notizen beim Probieren (mit Datum und der Angabe, was man dazu gegessen hat) und eine Bewertung (siehe S. 68 ff). Vergleicht man die Verkostungsnotizen eines Weins mit dessen zunehmendem Alter, bekommt man bald ein Gefühl dafür, welche Weine immer besser werden und bei welchen sich das Lagern nicht lohnt.

Gleich trinkbar

Die meisten Weine im Handel sind für den sofortigen Genuss bestimmt. Dazu zählen vor allem einfache Weißweine wie Silvaner (bis Kabinett), Müller-Thurgau, Chardonnay, Muscadet und Sauvignon blanc, aber auch leichte Rotweine wie Dornfelder, Portugieser, Lagrein, Beaujolais, Côtes du Rhône, Corbières, Barbera und einfache rote Bordeaux-Weine. Sie sind im Alter von zwei bis drei Jahren schön fruchtig und passen zu vielerlei Gerichten. Danach schmecken sie nicht mehr so frisch und verlieren ihre fruchtige Note.

Mittelfristig trinkbar

Weine, die im Jahr der Abfüllung (in der Regel ein Jahr nach der Ernte) gekauft werden, schmecken meist nach einem halben bis einem

PROFI-TIPP

Nicht jeder tanninreiche Rotwein ist zum Lagern geeignet. Die Tannine müssen schon erkennen lassen, dass sie einmal weicher werden – sie hinterlassen eher ein pudriges als ein sandiges Gefühl im Mund.

Jahr besser. Das gilt für viele Weißweine wie Weißburgunder, bessere Rieslinge (Spätlese), Gewürztraminer und Chardonnay, vor allem aber für Rotweine wie Spätburgunder, Bordeaux Supérieur oder Crus Bourgeois aus dem Médoc, einfachere Pinot-noir-Weine aus Burgund und Cabernet-franc-Weine von der Loire.

Lagerweine

Bei manchen Weinen lohnt sich die Geduld. Wuchtige Rieslingweine können uralt werden, doch so lange muss man sie nicht aufheben. Kraftvolle, tanninreiche Rotweine wie große Bordeaux, Barolos und Brunellos entwickeln aber oft erst nach Jahren ihr richtiges Potenzial, dazwischen haben sie einen »Durchhänger«. Typische Rebsorten für lagerfähige Weine sind Cabernet Sauvignon, Syrah (Shiraz), Grenache und Mourvèdre, aber auch Spätburgunder (Pinot noir). Kaum zu übertreffen ist ein feiner reifer Burgunder aus Frankreich, zehn Jahre oder älter. Tanninreiche Lagerweine werden meist in Holzfässern ausgebaut und schmecken mit etwa drei Jahren schon angenehm nach Pflaumen und Heidelbeeren. Aber erst im fortgeschrittenen Alter (ab etwa acht Jahren) zeigen sie, was wirklich in ihnen steckt: fast süße Weichheit, Eleganz und würzige Aromen wie Lakritze, Schokolade und schwarzer Pfeffer.

HOCHS UND TIEFS DER WEINE

Alle Weine durchlaufen über Jahre hinweg verschiedene Reifephasen, in denen sie mehr oder weniger gut zu trinken oder sogar untrinkbar sind. Wer ältere Weine einkauft oder jüngere lagern will, sollte ihre Hochs und Tiefs kennen, um keine Enttäuschungen zu erleben. Profis unterscheiden zwischen einer »Primärfruchtphase«, bei der die Aromen der Trauben überwiegen, und einer »Verschlussphase«, bei der die Weine ihre Fruchtigkeit und Lebendigkeit verlieren, sozusagen in einer »Trotzphase« stecken. Während dieser Zeit entwickeln sich die »Sekundäraromen« mit komplexeren Geschmackseindrücken, die Tannine bei Rotweinen werden weicher, zugänglicher. Die Holznoten von Weinen aus dem Barrique verbinden sich mit den übrigen Aromen. Im Idealfall erreicht der Wein nach seinem Dornröschenschlaf die perfekte Verbindung aller aromatischen und geschmacklichen Komponenten.

Wartet man danach aber zu lange, bildet der Wein »Alterstöne«, die sogenannten »Tertiäraromen«.

Weißweine

Nur säurereiche Rebsorten ergeben langlebige Weißweine. Das sind vor allem Riesling in Deutschland, Grüner Veltliner in Österreich (Wachau) und weiße Bordeaux-Weine aus Sauvignon-blanc-Trauben. Aber auch spät gelesene Gewürztraminer können sehr alt werden. Außerdem wichtig für die Lagerfähigkeit: Die Trauben müssen im Ertrag niedrig gehalten, reif geerntet und sorgfältig verarbeitet werden. Solche Weine werden meist knapp ein Jahr nach der Ernte auf Flaschen gefüllt und sind dann einige Wochen bis etwa ein halbes Jahr lang wenig zugänglich – sie leiden unter dem sogenannten »Füllschock«, dessen Dauer von der Behandlung des Weins beim Abfüllen und von seiner Robustheit abhängt. Die meisten Weingüter liefern aber ihre Weine erst aus, wenn diese Phase vorüber ist. Im Alter von zwei bis drei Jahren entwickeln die

Spätgelesene Rieslinge, zum Beispiel von der Mosel, sind ideale lagerfähige Weißweine.

Große Bordeaux-Cabernet-Sauvignon reifen in Holzfässern, wie hier im Keller des Châteaus Margaux.

Weine fruchtige Aromen und Säure, dann verschließen sie sich wieder. Zwischen drei und etwa fünf Jahren schmecken sie flach, dünn, säuerlich, einfach langweilig. Danach erwachen sie wieder zum Leben, schmecken weicher, vielfältiger und nuancenreicher. Aus der fruchtigen ist eine eher cremige, pikante Honignote geworden. In dieser Phase verbleibt ein guter Weißwein etwa fünf Jahre, danach beginnt er abzubauen, schmeckt zunehmend ölig-süß nach überreifen Äpfeln. Einfache Weißweine leiden zwar auch kurz unter »Füllschock«, haben aber keine Verschlussphasen, da sie ohnehin jung getrunken werden.

Cabernet Sauvignon

Große Rotweine aus dieser Rebsorte oder Cuvées (siehe S. 269), in denen Cabernet-Sauvignon-Trauben den Hauptanteil stellen, gibt es vor allem im Bordeaux, ähnliche aber in allen Spitzen-Weinbauregionen. Sie reifen länger im Holzfass und werden erst zwei Jahre nach der Ernte auf Flaschen gefüllt. Auch bei ihnen ist der »Füllschock« zu spüren. Danach entwickeln diese Rotweine Aromen nach Schwarzen Johannisbeeren und Brombeeren, aber die Tannine und Holztöne sind noch sehr mächtig. Nach drei Jahren sind sie in ihrer »Primärfruchtphase«, die Beerenaromen sind ausgewogen und rund. Dann folgt ebenfalls eine Verschlussphase, in der diese Weine ihre Frucht verlieren, nur noch rau und sauer schmecken. Erst wenn sie sieben oder acht Jahre alt sind, wachen sie wieder auf. Jetzt sind die Tannine weich und die Geschmacksnoten zu einer Einheit zusammengewachsen, die Weine schmecken nun rund, voll, üppig nach Konfitüre und gekochten Beeren. Bei guten Weinen hält dieser Zustand etwa zehn Jahre an, dann können sie langsam abbauen. Ganz große Weine können über 20 Jahre alt werden, ohne dass sie Alterserscheinungen zeigen.

Spätburgunder/Pinot noir

Bei diesen Weinen sind die Tannine nicht so prägnant wie beim Cabernet Sauvignon, sie sind schon mit drei bis fünf Jahren zugänglich. Ihre Verschlussphase verzögert sich aber nur – leichtere Spätburgunderweine können mit vier Jahren »abtauchen«, schwerere sind meist zwischen fünf und zehn Jahren unzugänglich. Das Warten lohnt sich vor allem bei ganz großen Burgunderweinen, die in ihrer Jugend so mit Primäraromen überladen sind, dass es schade wäre, sie vor ihrem geschmacklichen Optimum ab etwa zehn Jahren zu trinken. Danach haben sie ihre Fülle und Komplexität erreicht, duften nach Himbeeren und Trüffeln, schmecken süß und fleischig, üppig und verführerisch.

WEINETIKETTEN

Es geht uns wohl allen so: Wir schauen ein Etikett an und fühlen uns spontan angezogen oder werden misstrauisch. Über das Etikett teilt der Produzent dem Weinliebhaber alles mit, was das Gesetz vorschreibt, aber er lässt ihn auch teilhaben an seinem Stil und Lebensgefühl: modern-stylish, klassisch-traditionell oder einfach nur kitschig.

WAS DAS WEINETIKETT AUSSAGT

Die Flasche ist zu, der Korken sitzt fest und alles, was man über den Inhalt erfahren kann, sind die Informationen auf dem Etikett. Es ist sozusagen die Identitätskarte des Weins und folgt genauen gesetzlichen Regelungen und unterliegt behördlichen Kontrollen.
Etwas Vorsicht ist trotzdem geboten, denn das Etikett dient nicht nur der Information, sondern auch der Werbung. Außerdem spricht jedes Etikett in seiner eigenen Sprache: das italienische Italienisch, das spanische Spanisch und das griechische eben Griechisch. Da kann man leicht einen spanischen Vino de Mesa (VdM) für einen Messwein halten. Zudem sind viele Angaben wie DOC, Kabinett oder Crianza unverständlich, wenn man nicht weiß, was sich dahinter verbirgt. Sie finden deshalb auf den nächsten Seiten die häufigsten Angaben für einige wichtige Länder zusammengestellt.

Haupt-, Rücken- und Halsetikett

Man unterscheidet grundsätzlich zwischen Haupt-, Rücken- und Halsetikett. Auf dem Halsetikett ist meist nur der Jahrgang angegeben. Es hat vor allem Ersparnisgründe, denn dadurch muss der Winzer nicht jedes Jahr neue Hauptetiketten drucken lassen. Dort stehen die gesetzlich vorgeschriebenen Infor-

mationen. Da diese aber von Jahr zu Jahr zunehmen und das Etikett »überwuchern«, sind viele Winzer dazu übergegangen, diese Angaben auf dem Rückenetikett zu platzieren. Es hat daher vielfach die Rolle des Hauptetiketts übernommen. Das Rückenetikett kann zusätzlich über das Weingut, die Rebsorten, den Süßegrad und die passenden Speisen sowie die geeignete Temperatur informieren.
Diese Lösung lässt den Winzern beim Design des Etiketts viel Freiraum. Allerdings garantiert Geschmackssicherheit beim Wein nicht immer Geschmackssicherheit bei der »künstlerischen« Gestaltung.

WIE LESE ICH EIN DEUTSCHES ETIKETT?

Qualitätsstufen (aufsteigend)

Deutscher Tafelwein wird gemäß EU-Richtlinien in »Wein« umbenannt: einfachste leichte Weine.
Landwein wird gemäß EU-Richtlinien in g.g.A. (geschützte geografische Angabe) umbenannt. Entspricht dem französischen Vin de Pay. Einfache leichte Weine
QbA (Qualitätsweine bestimmter Anbaugebiete) Seit Ende 2011 in g.U. (geschützte Ursprungsbezeichnung) umbenannt: Weine mittlerer Qualität, die oft mit Zucker angereichert (chaptalisiert) sind
Prädikatswein (bis Ende 2007 QmP, Qualitätswein mit Prädikat) Weine höherer Qualität, die nicht mit Zucker angereichert (chaptalisiert) werden dürfen. Alle Weinkategorien von Kabinett bis Trockenbeerenauslese
Kabinett Leichte, frische Weine. Trocken bis lieblich

Etiketten geben dem Käufer eine Kurzorientierung.

Die Wehlener Sonnenuhr ist eine der berühmtesten Steillagen an der mittleren Mosel (65–70 %). Da an der Mosel noch andere Rebsorten gepflanzt werden, ist die Rebsorte auf dem Etikett angegeben: Riesling. Der niedrige Alkoholgehalt von 8,5 % lässt auf einen süßen Wein schließen, da sich im Wein noch unvergorener Zucker befindet. Prädikatswein Spätlese gibt die Qualitätsstufe an und deutet meist ebenfalls auf einen lieblichen oder süßen Wein hin.

Spätlese Weine, die aus hochreifen Trauben hergestellt werden, meist sehr körperreich, sie werden trocken bis lieblich ausgebaut

Auslese Weine aus hochreifen Trauben, oft mit etwas Edelfäule und Restsüße

Beerenauslese (BA) Weine aus edelfaulen Trauben

Eiswein Wird aus am Weinstock gefrorenen (mindestens –7 °C) Trauben gekeltert. Die Qualität der Trauben muss einer Beerenauslese entsprechen.

Trockenbeerenauslese (TBA) Prädikat für edelste Süßweine aus handverlesenen Beeren getrockneter, edelfauler Trauben

Andere Angaben

AP-Nr (Amtliche Prüfungsnummer) Qualitätsweine werden amtlich geprüft (Labor- und Geschmacksprüfung) und nummeriert.

Erzeugerabfüllung, **Gutsabfüllung** Weine, die aus eigenen Trauben gekeltert und im eigenen Betrieb abgefüllt wurden

Großes Gewächs (im Rheingau Erstes Gewächs) Eine VDP-Kategorie für trockene Spitzenweine aus einer hervorragenden Lage (Qualität Spätlese oder besser)

VDP (Verband Deutscher Prädikatsweingüter) Symbol des Verbands ist der Adler mit der Traube und dem Kürzel VDP. Es weist das Weingut als Mitglied des Verbands Deutscher Prädikatsweingüter aus, einer Vereinigung von Spitzenweingütern.

WIE LESE ICH EIN ÖSTERREICHISCHES ETIKETT?

Qualitätsstufen (aufsteigend)

Tafelwein Herkunft ganz Österreich, seit 2009 einfach: Wein

Landwein Herkunft bestimmte Weinbauregion

Qualitätswein Herkunft bestimmte Weinbaugebiete. Der Traubenmost darf mit Zucker angereichert werden. Alkoholgehalt mindestens 9 %
Kabinettwein Herkunft bestimmtes Weinbaugebiet. Der Wein darf nicht aufgezuckert werden. Diese Weine sind mit maximal 9 g/l Zucker immer trocken.
Prädikatswein Weine ab der Qualitätsstufe Spätlese bis Trockenbeerenauslese (anders als in Deutschland gehört Kabinett nicht dazu). Herkunft bestimmtes Weinbaugebiet. Darf nicht aufgebessert werden.
Die verschiedenen Prädikate sind:
Spätlese Aus vollreifen Trauben
Auslese Bei der Ernte werden alle nicht vollreifen oder fehlerhaften Beeren ausgesondert.
Beerenauslese Wein aus überreifen und edelfaulen Trauben
Eiswein Die Trauben müssen bei der Lese und Kelterung gefroren sein. Keine Edelfäule
Strohwein Die Trauben müssen auf Stroh gelagert und luftgetrocknet sein. Keine Edelfäule
Ausbruch Aus edelfaulen Beeren
Trockenbeerenauslese Wein aus größtenteils edelfaulen und weitgehend eingeschrumpften Beeren

Andere Angaben

DAC (Districtus Austriae Controllatus) Seit 2003 eingeführt, entspricht dem französischen AOC-System
Steinfeder, Federspiel, Smaragd Klassifizierung der Wachauer Weine in aufsteigender Qualität

WIE LESE ICH EIN SCHWEIZER ETIKETT?

Der Weinbau in der Schweiz verteilt sich auf (mindestens) drei Sprachregionen. Die allgemeinen Angaben auf den Etiketten sind daher in einer der drei Landessprachen abgefasst. Übersetzungen dazu finden Sie bei den Fragen zu den deutschen, französischen und italienischen Etiketten. Im Vergleich zu den Nachbarländern ist das Klassifikationssystem in der Schweiz noch relativ jung und daher noch nicht überall und einheitlich eingeführt. 1988 wurden erstmals AOC-Prädikate für die Terroirs im Kanton Genf verliehen. In mehreren Deutschschweizer Kantonen sind aber immer noch keine AOCs vergeben worden.

Die Angaben

AOC (Appellation d'Origine Contrôllée) Wird vom Kanton oder der Gemeinde verliehen und regelt die zugelassenen Rebsorten, die Pflanzdichte, den Ertrag pro Hektar und die Herstellungsverfahren
DOC (Denominazione di Origine Controllata) Entspricht im Tessin der AOC
Grand Cru (Wallis, Waadt), **Premier Cru** (Genf)

Hervorragende Lage innerhalb der AOC, die besonders strengen Vorschriften untersteht
Landwein (Vin de Pay) Einfacher Wein mit Herkunftsbezeichnung
Tafelwein (Vin de Table) Einfachste Kategorie ohne Herkunftsangabe
VITI (Vini Ticinesi) Zusätzliches Gütesiegel für Tessiner Weine aus der Merlot-Traube. Wird nach einer Geschmacksprüfung und einer allgemeinen Beurteilung an bessere Weine erteilt. Kann auch an Grappa verliehen werden.

WIE LESE ICH EIN FRANZÖSISCHES ETIKETT?

Qualitätsstufen (aufsteigend)

Vin de Table Einfacher Wein ohne Herkunfts- und Jahrgangsangabe, seit 2009 IGP
Vin de Pays Landwein, einfacher Wein aus einer bestimmten Region mit höheren Erträgen und auch aus nichttraditionellen Rebsorten, seit 2009 Vin de France
VDQS (Vin Délimité de qualité supérieure) Eine Stufe unter AC
AC, AOC (Appellation Contrôlée oder Appellation d'Origine Contrôlée) Staatlich geregelte Herkunft, Sortenzusammensetzung und Produktionsmethode

Andere Angaben

Blanc Weiß
Cave Kellerei
Château Weingut (meist im Bordeaux), muss kein Schloss sein
Coteaux, Côtes Hanglagen
Cru, Cru classé, Grand Cru, Premier Cru Damit werden

Aus Meursault stammen die vornehmsten Weißweine Burgunds. Charmes ist die größte Premier-Cru-Lage am Ort. Sie wird ihrem Namen durch charmante und sanft mineralische Weine vollauf gerecht. Die Rebsorte wird nicht auf dem Etikett genannt, da in dieser Appellation nur Chardonnay zugelassen ist. Die Domaine des Comtes Lafon ist zweifellos das feinste Weingut im Ort, das seine Weine auch in der eigenen Kellerei abfüllt.

Barolo ist für die Piemontesen der Wein der Könige und der König der Weine. Er besitzt die höchste italienische Qualitätsstufe DOCG und darf nur in einem kleinen Gebiet südwestlich der Trüffelstadt Alba hergestellt werden. Vigneto Arborina ist eine besonders hervorragende Lage. Die einzige zugelassene Rebsorte für den Barolo ist Nebbiolo, deshalb erscheint sie nicht auf dem Etikett. Elio Altare gilt als einer der prominentesten Vertreter einer modernen Interpretation des Barolo.

in einem komplizierten System bestimmte Lagen ausgezeichnet.
Domaine Weingut
Méthode classique, méthode traditionelle Schaumweinbereitung mit Flaschengärung wie in der Champagne
Millésime Jahrgang
Mis en bouteille au château (domaine, propriété) Erzeugerabfüllung
Négociant Händler, aber auch eine Kellerei, die Trauben aufkauft und verarbeitet
Propriétaire-récoltant Der Besitzer ist auch der Winzer.
Récolte Ernte, Jahrgang
Récoltant Winzer
Rouge Rot
Supérieure Diese Weine haben einen höheren Alkoholgehalt.
Vieilles Vignes Alte Reben, deutet auf einen gehaltvollen Wein hin
Vigneron Winzer
Village Bessere Orte in einer AC
Viticulteur Winzer

WIE LESE ICH EIN ITALIENISCHES ETIKETT?

Qualitätsstufen (aufsteigend)

Vino da Tavola Einfacher Wein. Wird aber oft auch für Spitzenweine benützt, die den staatlichen Vorschriften nicht entsprechen
IGT (Indicazione Geografica Tipica) Einfacher Wein aus einer bestimm-

ten Region. Entspricht dem französischen Vin de Pay (Landwein)
DOC (Denominazione di Origine Controllata) Staatliche Herkunfts- und Produktionsgarantie
DOCG (Denominazione di Origine Controllata e Garantita) Staatliche Herkunfts- und Produktionsgarantie für die besten italienischen Weine

Andere Angaben

Abboccato Lieblich
Amabile Etwas süßer als Abboccato
Annata Jahrgang
Azienda agricola Weingut, das Wein aus eigenen Reben erzeugt
Azienda vinicola Gut, das Wein auch aus zugekauften Trauben erzeugt
Cantina sociale, cantina cooperativa Genossenschaftskellerei
Classico Kerngebiet einer Appellation
Consorzio Winzerverband
Fattoria Landwirtschaftlicher Betrieb
Dolce Süß
Frizzante Perlend
Imbottigliato all'origine Erzeugerabfüllung
Liquoroso Alkoholstarker, meist aufgespriteter Wein
Passito Wein aus getrockneten Beeren, meist süß
Riserva Längere Reifung, Auslese
Secco Trocken
Spumante Schäumend
Superiore DOC-Wein von höherer Qualität
Tenuta Weingut
Vendemmia Ernte, Jahrgang

WIE LESE ICH EIN SPANISCHES ETIKETT?

Qualitätsstufen (aufsteigend)

Vino de Mesa Tafelwein. Unterste Kategorie
VDT (Vino de la Tierra) Entspricht dem französischen Vin de Pay. Einfacher Wein aus einer bestimmten Region. Aber auch höherwertige Weine außerhalb der DO-Richtlinien
VCIG (Vino de Calidad con Indicación Geografica) Eine Stufe unter und Anwärter auf DO
Vino de Pago Wein einer Spitzenlage. Entspricht einem französischen Grand Cru
DOP (Denominación de Origen Protegida) Soll gemäß EU-Richtlinien die beiden früheren Bezeichnungen DO und DOCa zusammenfassen
DO (Denominación de Origen) Staatliche Herkunfts- und Produktionsgarantie
DOCa (Denominación de Origen Calificada) Spitzenwein. Bisher nur in Rioja und im Priorat, wo diese Kategorie (auf Katalanisch) DOQ heißt

Andere Angaben

Blanco Weiß

Bodega Kellerei oder Weinhandlung
Cosecha Ernte, Jahrgang
Crianza Mindestens zwei Jahre Ausbau, davon sechs Monate (in Rioja und Ribera del Duero zwölf Monate) im Eichenfass
Embotellado (de origen) Erzeugerabfüllung
Gran Reserva Mindestens fünf Jahre Ausbau, davon zwei Jahre im Eichenfass
Joven »Junger« Wein, der im Jahr nach der Ernte auf den Markt kommt. Ohne Fassreifung
Reserva Mindestens drei Jahre Ausbau, davon ein Jahr im Eichenfass
Rosado Rosé
Tinto Rot

Etikett auf der Flaschenvorderseite

Etikett auf der Flaschenrückseite

Das Gebiet Rioja ist riesig. Trotzdem fehlt eine Regulierung der Lagen. Deshalb gibt der Rioja-Pionier Contino auf seinem Etikett Single Vinyard an. So erfährt der Kenner, dass der Wein aus seiner großartigen Einzellage stammt. Obwohl die Hauptrebsorte des Gebiets Tempranillo ist, sind noch einige andere Rebsorten zugelassen. Die Zusammensetzung einer Cuvée ist dem Etikett nicht zu entnehmen, steht jedoch oft auf der Rückseite. Um die Echtheit der Weine von Contino zu garantieren, werden die Flaschen nummeriert.

WEIN SERVIEREN

Für jeden Weinliebhaber ist das der große Moment: Die Flasche wird aus dem Keller geholt, sorgsam auf die richtige Temperatur gebracht und entkorkt. Auch für den Wein ist das der große Tag. Nach Monaten, vielleicht sogar Jahren hinter Glas und Korken wird er endlich befreit. Dieser Weg birgt Tücken und Fallen. Wie man sie vermeidet, erfahren Sie hier.

METHODEN DER TEMPERATURMESSUNG

Man kann einen Wein regelrecht »umbringen«, wenn man ihn mit der falschen Temperatur serviert. Wenn er im Gegenteil genau die Frische oder auch Wärme hat, die seinem Charakter entspricht, gibt man ihm Gelegenheit, sich in seiner absoluten Bestform zu präsentieren. Um die Temperatur zu kontrollieren, wäre es vorteilhaft, sie messen zu können. Es gibt dazu zwei Methoden, doch leider sind beide unbefriedigend:

Bei der ersten hält man ein meist gläsernes Thermometer in die Flasche und misst die effektive Temperatur des Weins. Nachteil: Man muss die Flasche vor dem Messen öffnen, was man zu diesem Zeitpunkt aber nicht unbedingt will. Bei der zweiten, schonenderen klemmt man eine Manschette um die noch verschlossene Flasche. Gemessen wird mit ihr allerdings nicht die Temperatur des Weins, sondern die der Flasche. Der Wein im Innern kann letztlich doch ein paar Grad wärmer oder kühler sein. Ein wenig erinnert diese Prozedur immer ans Fiebermessen, und deshalb lassen viele wirkliche Weinkenner ihr Thermometer in einer Schublade friedlich verstauben.

Selbstkontrolle zu Beginn

Und dennoch sollten Sie anfangs eine der Methoden wählen, um sich selbst zu kontrollieren und ein Gefühl für die Temperatur des Weins zu entwickeln. Mit dieser Erfahrung im Rücken müssen Sie mit der Zeit nur noch an die Flasche greifen und wissen sofort, ob die Temperatur stimmt oder nicht.

DIE RICHTIGE TEMPERATUR FÜR DEN WEIN

Der Duft des Weins besteht aus einer Fülle flüchtiger Substanzen, die je nach Temperatur stärker oder schwächer verdunsten. Ideal ist die Temperatur eines Weins, wenn sich alle Duftkomponenten optimal entwickeln und ergänzen und er dadurch seine ganze Schönheit entfalten kann.
Die absolute Obergrenze liegt für alle Weine bei 18–20 °C. Bei höheren Temperaturen beginnt so viel Alkohol zu verdunsten, dass er die Wahrnehmung des Weins zu stark dominiert. Ein zu warmer Rotwein wirkt demnach brandig und alkoholisch. Bei Temperaturen unter 6–8 °C hingegen nimmt man kaum noch Düfte wahr.

DIE RICHTIGE SERVIERTEMPERATUR

16–18 °C	*Weiche üppige Rotweine* *Reife schwere Rotweine*
14–16 °C	*Mittelschwere Rotweine* *Verstärkte Süßweine (Portweine)*
12–14 °C	*Leichte fruchtige Rotweine*
10–12 °C	*Schwere Weißweine* *Rosé*
6–10 °C	*Aromatische und liebliche Weißweine* *Mittelschwere Weißweine* *Komplexe Schaumweine (Champagner)* *Weine mit Edelfäule*
6–8 °C	*Leichte Weißweine* *Einfache und süße Schaumweine* *Verstärkte trockene Aperitifweine (Sherry Fino)*

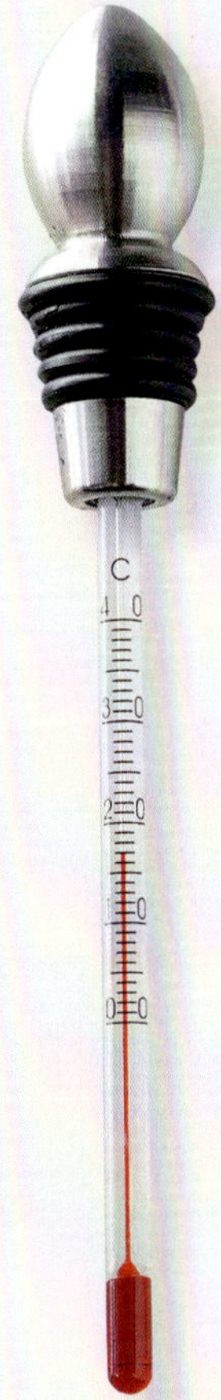

Die ideale Weintemperatur

Sie liegt zwischen diesen beiden Extremwerten. Doch wo genau? Die Physik hilft: Die Aromen leichter Weine haben ein geringeres Molekulargewicht als die schwerer Weine. Ihre Düfte werden daher schon bei tieferen Temperaturen frei. Als Anhaltspunkt gilt für rote wie für weiße Weine: Je leichter, umso kühler und je schwerer, umso wärmer sollten sie serviert werden.
Auch der Geschmack verändert sich mit der Temperatur. Die Säure wirkt in einem kühlen Wein frischer und knackiger, die bitteren Noten des Tannins dagegen verstärken

sich. Ein säurebetonter Wein wie ein Riesling oder ein Pinot noir gewinnt daher enorm, wenn er richtig gekühlt wird, ein tanninreicher Rotwein hingegen muss deutlich wärmer serviert werden.
Die Grafik auf der vorigen Seite hilft Ihnen, die richtige (Servier-) Temperatur für Ihren Wein zu finden. Bedenken Sie aber: Der Wein im Glas passt sich sehr rasch der Umgebung an. Die Serviertemperatur sollte daher immer etwas kühler sein als die Trinktemperatur.

So einfach kann man zu kühlen Wein sanft erwärmen.

WENN DER WEIN ZU WARM IST

Methoden der Kühlung

Eiskübel In ihm kühlt sich der Wein besonders schnell ab, der Sommelier nennt das Frappieren. Er stellt die Flasche in den Kübel, füllt Eiswürfel ein und gießt Wasser dazu. Das Wasser ist unbedingt notwendig, damit die Kälte die Flasche auch wirklich vollständig umfängt. Die Flasche sollte so tief wie möglich im Eiswasser stehen, sonst ist nur der untere Teil des Weins wirklich kühl. Sie können die Flasche auch anfangs einige Minuten kopfüber in den Kübel stellen und dann erst umdrehen. Der Wein kühlt sich pro Minute um etwa 1 °C ab.
Kühlmanschetten sind gegenüber einem stilvollen Weinkübel natürlich etwas prosaisch, tun ihre Pflicht aber sehr effizient. Die meisten haben einen Klettverschluss und lassen sich so bequem an jede Flaschenform anpassen. Der Wein kühlt sich pro Minute ebenfalls um etwa 1 °C ab.
Weinkühler aus Ton stellt man zuerst für einige Minuten ins Wasser, damit sich der poröse Ton damit vollsaugt. Nachher kühlt er die Weinflasche durch die Verdunstungskälte. Den gleichen Effekt erreicht man mit einer nassen Zeitung. Dieser Tipp gilt aber natürlich eher fürs Picknick als für das festliche Dinner mit Gästen.

Plexiglaskühler Sehr verbreitet, wenn auch von der Ästhetik her nicht wirklich befriedigend, sind diese doppelwandigen Kühler. Sie kühlen nicht aktiv, sondern halten wie eine Thermosflasche die Temperatur einer schon gekühlten Flasche. Die Kälte der Flasche sinkt im Kühler ab und bildet so eine Art Kältesee, in dem die Flasche steht. Natürlich können Sie die warmen Flaschen auch einfach für einige Minuten in die Kühltruhe legen. Vergessen Sie sie aber nicht darin, denn bei ca. –4 °C beginnen leichte Weißweine zu gefrieren!

WENN DER WEIN ZU KALT IST

Am besten holen Sie den Wein rechtzeitig aus dem Keller und lassen ihn in einem nicht zu warmen Raum (zum Beispiel im Schlafzimmer) zwei bis drei Stunden stehen. Brachialere Methoden schaden dem Wein: also weder vors Kaminfeuer noch auf die Heizung legen! Wenn es wirklich mal schnell gehen muss, können Sie den Wein allenfalls in ein handwarmes Wasserbad stellen. Deutlich schneller als in der Flasche erwärmt sich der Wein im Glas, das Sie zusätzlich mit den Händen wärmen können. Das ist der einzige Fall, in dem Sie das Glas nicht am Stiel halten müssen. So können Sie den Wein zwischendurch verkosten und erleben, wie er sich verändert.

DREHVERSCHLÜSSE UND KUNSTSTOFFKORKEN

Ein weltberühmter Winzer aus dem Piemont hat vor einigen Jahren 80 Prozent seiner gesamten Ernte verloren, weil die Korken in seinen Flaschen fehlerhaft waren. Er hatte ein Jahr lang im Weinberg und im Keller hart gearbeitet, den Wein mit Liebe gepflegt und in die Flaschen gefüllt. Und das alles hat schließlich der letzte Arbeitsschritt, das Verkorken, vernichtet.
Man nimmt an, dass durchschnittlich fünf bis acht Prozent aller mit Naturkork verschlossenen Weine durch Korkschmecker (siehe S. 81) verdorben sind. Das ist eine ganze Menge Wein! Alternativen sind also dringend gefragt. Vor allem Drehverschlüsse und Kunststoffkorken haben sich einen gewissen Markt erobern können.

Dreh- oder Schraubverschluss

Eigentlich hat dieser Verschluss alle Vorteile, die man sich nur wünschen kann. Er ist dichter als jeder Naturkorken, außer den allerbesten. Das Material ist völlig geschmacksneutral und reagiert nicht mit den Inhaltsstoffen des Weins. Und schließlich kann man die Flasche ohne Korkenzieher öffnen. Trotzdem gewöhnen sich die Weinfreunde nur langsam an diesen etwas nüchternen Verschluss. Das ändert sich in den letzten Jahren aber deutlich. Vielleicht gehört die Zukunft dem Dreh- oder Schraubverschluss.

Kunststoffkorken

Er scheint alle Vorteile des Naturkorkens zu besitzen und die Nachteile zu vermeiden: Der Weinfreund kann das Ritual des Korkenziehens pflegen, ohne einen Korkschmecker befürchten zu müssen. Die Weinproduzenten sind aber trotzdem vorsichtig, weil die Kunststoffkorken von heute nach ein bis zwei Jahren doch Luft in die Flasche lassen und möglicherweise dem Wein etwas von seinen flüchtigen Aromastoffen entziehen.

EINE FLASCHE WEIN RICHTIG ÖFFNEN

Das Öffnen einer Weinflasche beschränkt sich nicht auf das Ziehen des Korkens. Das ist nur der letzte Schritt in einem kleinen Ritual, das für viele Weinliebhaber zur Vorfreude auf den Wein gehört. Während der ganzen Prozedur sollte die Flasche möglichst wenig bewegt oder geschüttelt werden. Arbeiten Sie also nicht freihändig, sondern stellen Sie die Flasche auf den Tisch und halten Sie sie gut fest.

Kapsel entfernen

Zuerst muss bei den meisten Flaschen die Kapsel entfernt werden: Man schneidet sie mit einem kleinen Messer auf oder unter dem Wulst der Flasche ab, also nicht direkt oben am Rand. Wichtig ist, dass der Wein nachher nicht mehr mit ihr in Berührung kommt. Nun liegt der Korken frei. Meist ist er (und manchmal auch der Flaschenhals) durch die Lagerung schmutzig geworden und muss mit einem sauberen Tuch oder einer Serviette gereinigt werden. Selbst ein klein wenig Schimmel ist aber noch kein Grund zur Beunruhigung.

Korken ziehen

Nun setzen Sie den Korkenzieher in der Mitte des Korkens an und drehen ihn langsam hinein. Achten Sie darauf, dass er den Boden des Korkens nicht durchsticht, sonst fallen Brösel und eventuell auch Weinstein, der sich dort abgesetzt hat, in den Wein.
Ziehen Sie nun den Korken möglichst gerade heraus. Sie müssen dabei vielleicht etwas gegen den Hebel des Korkenziehers drücken. Kurze bröselige Korken wie auch die langen Korken teurer Weine brechen sonst gerne ab. Und: Der Wein liebt keine raschen Druckunterschiede, ziehen Sie den Korken also langsam und ohne finalen Plopp heraus.

Korken prüfen

Prüfen Sie den Korken möglichst sorgfältig: Ist er elastisch und nicht hart oder ausgetrocknet? Riecht er nach nichts anderem als nach Wein?

Zum Schluss wischen Sie den Flaschenhals nochmals mit dem Tuch ab und schenken ein.

MERKMALE GUTER KORKENZIEHER

Es gibt Korkenziehersammler, Korkenziehermuseen, Korkenzieherbücher. Mehrere Hundert Patente wurden angemeldet, um die so simpel scheinende Aufgabe zu vereinfachen, einen Korken zu entfernen. Ganz egal, nach welchem Prinzip der Korkenzieher gebaut ist, die Spindel muss innen hohl sein, so bohrt sie sich in den Korken, ohne ihn zu zerschneiden. Die Gefahr, dass sie ausreißt, ist viel geringer.

Kellnermesser

Es kann wie ein Taschenmesser aufgeklappt werden und enthält Spindel, Hebel und ein kleines Messer zum Schneiden der Kapsel. Oft hat der Hebel zwei Stufen. Das erleichtert es sehr, den Korken gerade herauszuziehen.

Schmetterling

Er ist zwar etwas sperrig und hoch, sein großer Vorteil ist aber, dass man auch einen festsitzenden Korken ohne Anstrengung gleichmäßig herausziehen kann. Aber

oben: Kapsel mit einem Messer entfernen; Mitte: den Korken langsam herausziehen; unten: Korken prüfen

Achtung: Die meisten Modelle haben eine nagelförmige Spindel, die leicht ausreißt.

Korkenzieher mit Gegengewinde

Man kann mit ihm in einer Drehung die Spindel hineindrehen und den Korken herausziehen. Sein Design und seine Sperrigkeit sind allerdings etwas störend.

Korkenspange

Dieses Modell ist hervorragend geeignet, um bröselige, durchnässte oder abgebrochene Korken zu ziehen. Die Engländer nennen ihn vielsagend Butler's Friend, weil der Butler ihn, ohne Spuren zu hinterlassen, nicht nur aus dem Flaschenhals heraus-, sondern auch wieder hineinbekommt.

Mit der Korkenspange kann man einen abgebrochenen Korken meist gut fassen und das Reststück herausdrehen.

Screwpull-Elite

Eines der besten Modelle auf dem Markt, von großer Einfachheit in der Bedienung: Man setzt die Spindel auf die Mündung, dreht und der Korken gleitet sanft und gleichmäßig aus der Flasche.

WENN DER KORKEN ABBRICHT ODER FESTSITZT

Auch mit dem richtigen Korkenzieher kann hin und wieder mal etwas schiefgehen.

Der Korken ist abgebrochen

Die erste Bürgertugend heißt jetzt »Ruhe bewahren« und sich in Geduld üben. Das Malheur ist jedem Weinfreund schon mal passiert und halb so schlimm, wie es aussieht. Es geht jetzt vor allem darum, den Restkorken nicht weiter zu beschädigen, damit er nicht einfach zerbröselt. Versuchen Sie, den Korken mit dem Korkenzieher möglichst schräg nochmals zu fassen. Drücken Sie dabei aber nicht nach unten, sonst rutscht der Korken garantiert in die Flasche hinein, sondern schräg mit der Spitze der Spindel gegen die Flaschenwand. Nun langsam und geduldig ziehen. Meist gelingt das beim ersten oder zweiten

Versuch. Wenn Sie eine Korkenspange besitzen, versuchen Sie es erst einmal damit. Schieben Sie die Federn vorsichtig zwischen Glas und Korken und drehen Sie das Reststück heraus.
Wenn der Korkrest allerdings sehr tief unten abgebrochen ist, sitzt er meist so locker im Hals, dass Sie ihn nicht mehr zu fassen bekommen. Dann hilft nur die radikale Methode: ganz rein mit dem Korken. Nehmen Sie dafür einen Löffelstiel und drücken Sie ihn langsam nach unten. Aber wirklich langsam, sonst spritzt Ihnen der Wein ins Gesicht. Mit dem Löffelstiel halten Sie jetzt den Korken in der Flasche vom Hals zurück und dekantieren Sie den Wein durch ein Sieb in eine Karaffe. Statt eines Siebs können Sie auch ein feines Baumwolltuch verwenden, es fängt sogar feinen Korkstaub auf. Kaffeefilter sind dagegen eher ungeeignet, denn sie verleihen dem Wein einen eigenartig papiernen Geschmack.

Der Korken sitzt fest

Wir kennen die Situation: Der Wein hat die richtige Temperatur, die Gäste sitzen erwartungsfroh am Tisch, das Ritual des Entkorkens tritt ins finale Stadium, aber der Korken will nicht heraus. Zuerst versucht es der Gastgeber, dann kommen die kräftigsten Gäste an die Reihe, aber der Korken bewegt sich einfach nicht. Die Tür zum Genuss bleibt weiterhin verschlossen. In dieser Situation hilft ein einfacher Trick: Nehmen Sie ein heißes Tuch und erwärmen Sie damit den Flaschenhals auf der Höhe des Korkens. Die Oberfläche der meisten Korken ist mit einer feinen Gleitschicht behandelt. Früher verwendete man dafür Paraffin, heute eine neutrale Emulsion auf Kunststoffbasis. Durch die Erwärmung erhöhen Sie die Gleitfähigkeit und die Elastizität des Korkens. Gleichzeitig wird der Flaschenhals durch die Wärme leicht erweitert.

EINE SEKTFLASCHE RICHTIG ÖFFNEN

Im Ergebnis hat man eine Sektflasche immer dann richtig geöffnet, wenn es weder knallt, spritzt noch überschäumt. Wichtig beim Entkorken sind vor allem zwei Dinge: Die Flasche darf auf keinen Fall zu stark bewegt, geschüttelt oder – und das wird oft vergessen – hart abgestellt werden. Das erhöht den Innendruck massiv. Und bleiben Sie beim Öffnen in der Nähe der Gläser, es könnte trotz aller Vorsicht plötzlich doch pressieren.

Kapsel entfernen

Lösen Sie zunächst die Staniolkapsel ab, die meisten Kapseln haben dafür eine Perforierung. Dann öffnen Sie den Drahtkorb und schieben Sie die

Drähte etwas auseinander. Wenn Sie merken, dass der Korken schon treibt, lassen Sie den Drahtkorb besser auf dem Korken und entfernen Sie beides zusammen. Wenn der Korken aber festsitzt, legen Sie den Drahtkorb und die Kapsel zur Seite, sichern Sie den Korken aber immer mit dem Daumen.

Korken herausdrehen

Beim Öffnen halten Sie die Flasche immer schräg. Das vergrößert die Oberfläche im Innern und der Schaum setzt sich schneller wieder. Richten Sie die Flasche nie gegen Personen, der Korken kann durchaus Verletzungen verursachen.
Mit einer Hand umfassen Sie den Korken fest und drehen Sie mit der anderen die Flasche. Nicht umgekehrt, denn so haben Sie die bessere Hebelwirkung. Wenn der Korken langsam kommt, lassen Sie ihn kontrolliert aus der Flasche gleiten. Das Knallen überlassen wir anderen.
Wenn der Korken zu fest sitzen sollte, hilft ein Nussknacker aus Metall. Mit ihm darf der Korken aber nur gelöst werden. Sie spüren ein leichtes Knacken, wenn es so weit ist. Nun können Sie den Korken von Hand herausdrehen.
Füllen Sie die Gläser aus der vollen Flasche zuerst nur zu einem Drittel und gießen Sie nach, wenn sich der zunächst schnell hochschießende Schaum wieder gelegt hat.

MERKMALE EINES GUTEN WEINGLASES

Eigentlich würde zum Trinken ein normaler Becher vollauf genügen. Ein Weinglas sieht aber ziemlich anders aus. Warum?

Der Stiel

Der Kelch mit dem Wein steht nicht direkt auf dem Tisch wie ein Becherglas, sondern schwebt in der Höhe auf einem Stiel. Wir gönnen dem Wein damit einen besonderen Auftritt: Wie auf der Bühne thront er über Teller und Besteck. Und diesen Auftritt sollten wir einem feinen Wein unbedingt gönnen. Er ist ein edles Getränk, das ihn verdient. Stiellose Gläser sind dagegen geeignet für das Wasser oder den Saft der Kinder. Den freien Blick auf den Wein im Glas möchten wir auch beim Trinken ungehindert genießen: Wir fassen das Glas am Stiel an und nicht am Kelch. Für zwei bis drei Finger sollte der Stiel daher bequem Platz bieten.

Der Kelch

Er ist das eigentliche Gefäß für den Wein. Hier soll er sich optimal entfalten können. Das Glas muss daher dünn und klar sein, weder Farben noch kunstvolle Schliffe sollen den Blick auf den Inhalt stören. Das Funkeln des Weins an sich ist schön genug und braucht keinen zusätzlichen Zierrat.

Ein guter Kelch hat die Form einer Tulpe, er verjüngt sich also nach oben. Die breiteste Stelle ist im unteren Drittel. Bis zu dieser Stelle schenkt man den Wein ein, denn dort erreicht er die größte Oberfläche und gibt so besonders viele Duftstoffe an die Luft ab. Die Aromen sammeln sich im leeren Raum über dem Wein und erreichen konzentriert die verengte Mündung des Glases. Dort stecken wir unsere Nase hinein. Die Tulpenform hat einen weiteren großen Vorteil: Auch wenn Sie den Wein im Glas etwas zu begeistert schwenken, gefährden Sie ihren Nachbarn nicht.

GRUNDAUSSTATTUNG AN WEINGLÄSERN

Man kann aus der Gläserkunde eine echte Wissenschaft machen, im Grunde brauchen Sie als Grundausstattung aber nur drei verschiedene Gläser:

Weißweinglas Das Glas ist etwas kleiner als das Rotweinglas, der Weißwein soll kühl bleiben. Man schenkt deshalb besser wenig ein, dafür öfter nach. Es gibt aber ernsthafte Weinliebhaber wie Jancis Robinson, die es einfach unfair finden, Weißwein in kleineren Gläsern zu servieren als Rotwein. Trotzdem gehört das Weißweinglas absolut zur Grundausstattung, denn man kann es durchaus auch für Aperitif- und Dessertweine verwenden.

Rotweinglas Dieses sollte etwas größer sein als das Weißweinglas, damit die schwereren Rotweinaromen eine größere Kontaktfläche mit der Luft finden.

Schaumweinglas Es ist hoch und schlank. So kann man die Bläschenschnüre auf ihrem langen Weg

DIE VERSCHIEDENEN GLÄSER

Weißweinglas | Rotweinglas | Schaumweinglas | Süßwein- und Aperitifglas | Burgunderglas

durch den Wein wunderschön beobachten. Das Glas sollte aber nicht zu groß sein, damit der Wein sich wie beim Weißweinglas nicht zu schnell erwärmt. Abzuraten ist von Sektschalen: In ihnen sieht man die Bläschen gar nicht und der Schaum verfliegt viel schneller.

Sinnvolle Ergänzung

Burgunderglas Es ist ballonartiger und oft etwas voluminöser als ein normales Rotweinglas. Durch seine Form verteilen sich die saftigeren und eher tanninarmen Weine aus der Pinot-noir-Rebe breiter im Mund. Der geschmackliche Unterschied ist recht deutlich.

Süßweinglas Es ist etwas schlanker und kleiner als das Weißweinglas. Von Süßwein trinkt man nicht so viel und die schmale Öffnung verhindert, dass der etwas höhere Alkoholgehalt zu sehr in die Nase sticht.

DIE BESTE PFLEGE FÜR KOSTBARE GLÄSER

Selbst bei professionellen Weinverkostungen ärgert man sich immer wieder über stinkende Gläser. Heute sind die meisten Gläser spülmaschinenfest, aber der »Duft« des Spülmittels bleibt eben leicht im Glas hängen. In Sektgläsern kann ein Rest davon zudem die schöne Schaumbildung zerstören. Darum: Gläser mit wenig Spülmittel und einem Lappen von Hand vor- und mit reichlich klarem Wasser nachspülen. Man sollte seine Gläser auch nicht zum Trocknen einfach auf ein Gitter stellen. Diese Prozedur hinterlässt hässliche Wasserflecken. Machen Sie es besser und trocknen Sie die Gläser mit einem weichen Tuch ab.

Gläser aufbewahren

Der Gläserschrank muss absolut geruchsfrei sein, nicht nur Mottenkugeln, sondern auch Holzpflegemittel, Lacke und Farben geben penetrante Gerüche an die Gläser weiter. Stellen Sie die Gläser grundsätzlich auf den Fuß. Stehen sie auf dem Kopf, bleibt die Luft im Kelch gefangen. Sie wird darin schnell muffig, und dementsprechend »duftet« dann auch das Glas.

DAS GLAS RICHTIG HALTEN

Von den drei sich anbietenden Möglichkeiten – am Fuß, am Stiel und am Kelch – ist nur eine richtig: am Stiel. Auch wenn es im Film noch so cool aussieht und man sogar schon beobachtet haben will, dass selbst die britische Queen das Glas am Kelch gehalten hat, ist es trotzdem eine Unsitte. Man verschmutzt das Glas, erwärmt und verdeckt den Wein und unten hängt verloren ein Stiel in der Luft. Und Pardon: Wie soll man mit seinem Gegenüber anstoßen, wenn man das Glas am Kelch hält?

Einzige Ausnahme: Den Cognac-Schwenker dürfen Sie gern am Kelch anfassen. Ab und zu sieht man auch Möchtegern-Weinkenner, die das Glas am Fuß halten. Das ist zwar weniger falsch, aber eher etwas für Snobs.

So wird der Wein warm, das Glas schmutzig und die Gläser klingen dumpf. Fassen Sie das Glas also besser am Stiel.

WENN GÄSTE KOMMEN

Gelegenheiten, Gästen ein Glas zu reichen, muss man nicht lange suchen. Eine fröhliche Party, eine Hochzeit, eine Taufe, ein bestandenes Examen – es gibt unzählige Gründe zu feiern. Es kann ein Fest am Vormittag, ein Mittagessen, ein Termin am Nachmittag, eine Grillparty oder ein großes Essen am Abend sein. Bei der Weinwahl helfen keine starren Regeln, gefragt ist Einfühlungsvermögen in die jeweilige Situation. Am Morgen wird kaum jemand einen schweren Rotwein vertragen, zum Roastbeef am Abend wäre ein spritziger Prosecco jedoch genauso fehl am Platz.

Probetrinken

Stellen Sie sich den Anlass vor, bei dem Sie ein bestimmtes Getränk servieren wollen. Lassen Sie die Personen, die Sie zu dieser Gelegenheit einladen, vor Ihrem inneren Auge nacheinander auftreten. Und überlegen Sie dabei, was ihnen in jenem Augenblick wohl schmecken würde. Etwa ein Gavi di Gavi bei einer ungezwungenen Party, ein Vin Santo zum Kuchen am Nachmittag oder ein weißer Rueda bei einem gemütlichen Treffen am Abend ohne großes Essen. Suchen Sie einen (Schaum-)Wein aus, der Ihnen für die Leute und die Situation geeignet erscheint. Probieren Sie dann diesen Wein zur gleichen Tageszeit. Nicht die eigenen Vorlieben sind gefragt, sondern die der anderen.

Weine, die vielen Geschmäckern gerecht werden, sind Pinot grigio oder Soave Classico aus dem Veneto, Chardonnay aus Katalonien, roter Dornfelder aus der Pfalz oder Shiraz aus Australien. Möchten Sie verschiedene Weine und Sekt anbieten, machen Sie sich die Wahl nicht zu schwer: Zwei Sorten zur Auswahl sind genug. Entweder weiß und rot oder trocken und mild.

DIE PASSENDE WEINMENGE FÜR GÄSTE PLANEN

Denkt man an die Flaschengröße Magnum, könnte man meinen, dieses Format sei völlig überflüssig, denn für eine Person enthält es gerade etwas zu viel und für zwei Personen gerade etwas zu wenig Wein. Diese Einschätzung ist vielleicht nicht mehrheitsfähig, denn immerhin sind das 1,5 Liter, normalerweise genug für zwei. Und doch gibt sie einen Anhaltspunkt für das obere Ende des Bedarfs.
Für einen langen Abend, an dem Sie vielleicht schon um 18 Uhr einen Aperitif reichen, Weißwein zur Vorspeise kredenzen, Rotwein zum Hauptgang und vielleicht noch einen Süßwein zum Abschluss, liegt man mit insgesamt einer Flasche Wein pro Person im Normalfall auf der sicheren Seite. Doch Sie kennen Ihre Gäste selbst am besten. Sind viele Autofahrer darunter, brauchen Sie eher etwas weniger. In jedem Fall ist es aber besser, am Ende des Abends noch ein paar Flaschen übrig zu haben, als ganz ohne Nachschub dazustehen.
Denken Sie auch an die nichtalkoholischen Getränke. Beim Aperitif an Orangensaft und Co. und beim Essen an genügend Wasser. Das hilft gegen den Durst und tut gut. Denn man sollte immer ebenso viel Wasser trinken wie Wein.

DIE RICHTIGE FÜLLHÖHE

Es ist kein Zeichen von Großzügigkeit, wenn Sie das Glas randvoll einschenken. Der Wein soll vielmehr im Glas atmen und sein Bouquet entfalten können, und dafür braucht er Raum.
Schenken Sie das Glas daher nur bis zum weitesten Durchmesser voll. So hat der Wein die größte Oberfläche und kann seine Aromen am besten abgeben. Bei großen Rotweingläsern bleibt man sogar etwas darunter, sonst hat man eher zu viel Wein im Glas. Eine Ausnahme bilden die hohen Champagner- und Sektgläser: Sie füllt man bis zu zwei Drittel oder drei Viertel. So kann man das Aufsteigen der Perlen im Glas am besten bewundern und genießen.

DARF MAN WEIN MIT WASSER VERDÜNNEN?

Natürlich nicht, denn der Winzer hat seine ganze Kunst darauf verwendet, um das Gleichgewicht aller Komponenten im Wein optimal abzustimmen.
Und dennoch: Schon Griechen und Römer haben fröhlich gepanscht, und auch unser Dichterfürst Johann Wolfgang Goethe (bekanntlich selbst ein großer Weinliebhaber und -kenner) tat das gerne und antwortete in der Kneipe ein paar vorlauten Spöttern am Nebentisch mit folgendem Gedicht:

»Wasser allein macht stumm,
das beweisen im Teiche die Fische.
Wein allein macht dumm,
das beweisen die Herren am Tische!
Dieweil ich nun keins von beiden
möcht' sein, so trink ich vermischt mit
Wasser den Wein.«

Einer der berühmtesten Weinautoren wurde einmal beim Panschen erwischt. »Und«, sagte er, »ich habe Durst, und Wasser allein ist so langweilig«, »and where is the problem?« Und ja: Wo ist das Problem?

Ein wenig Wasser in den Wein zu gießen oder umgekehrt das Wasser mit etwas Wein schmackhafter zu machen, ist in Italien oder Frankreich auf dem Lande nicht unüblich. Und auch die Deutschen lieben ihre Schorle, die Österreicher und Schweizer ihren G'spritzten, zum Beispiel als Aperitif oder erfrischendes Sommergetränk. Die »seriösere« Mischung mit kohlensäurehaltigem Mineralwasser heißt meist Sauergespritzter, die mit Limonade Süßgespritzter.

DIE RICHTIGE FÜLLHÖHE

WEIN IM RESTAURANT

Wer in ein Restaurant geht, möchte etwas essen. Da aber für die meisten Weinliebhaber zu einem guten Essen ein guter Wein gehört, wird es schwierig. Riesige Weinkarten, unkundiges Personal, die Angst, vor Gästen oder Geschäftspartnern einen unpassenden Wein auszusuchen, ein umständliches Servierzeremoniell – all dies können echte Stressfaktoren sein.

TISCH- UND WEINKULTUR

Plastiktisch und Papierservietten oder feines Leinentischtuch und Stoffservietten sind nicht nur eine Frage der Lebensart, sondern auch der Kosten, die ein Wirt erst einmal tragen muss, ehe der Gast überhaupt Platz nimmt. Da er normalerweise mit den Essenspreisen kaum seine Unkosten decken kann, muss er über die Getränke seinen Gewinn erwirtschaften. Und dafür ist zumindest bei uns – in südlichen Ländern sind die Aufschläge viel geringer – der Wein optimal geeignet, denn kaum ein Gast kann wissen, was ein bestimmter Wein im Einkauf gekostet hat. Es sei denn, er kennt den Wein und hat ihn selbst schon im Fachhandel gekauft.

Quellen

Haupteinkaufsquelle für die Gastronomie ist der Weinfachhandel. Nicht viel weniger Flaschen werden auch direkt beim Winzer bezogen, vor allem natürlich von Gaststätten in Weinbaugebieten und von sehr guten Restaurants, die Wert auf individuelle Weine legen. Der Rest stammt von Genossenschaften und Importeuren, die auf bestimmte ausländische Weine spezialisiert sind. Cash & Carry-Märkte spielen eine untergeordnete Rolle.

Preise

Üblicherweise schlägt der Gastwirt auf seinen Einkaufspreis 200 bis 300 Prozent auf. Je nach Geschäftspraktiken können es auch bis zu

1.000 Prozent, sprich das Zehnfache des Einkaufspreises sein. Da werden dann aus einer Literflasche, die im Einkauf gerade mal zwei Euro kostet, fünf Gläschen zu je vier Euro ausgeschenkt.
Weine direkt vom Winzer können im Restaurant preiswerter angeboten werden als Weine vom Fachhandel, da der Zwischenhandelsaufschlag entfällt. Bei Lokalen mit angeschlossener Vinothek (also einem separaten Weinverkauf) wird häufig ein pauschaler Aufschlag auf den Flaschenpreis des Direktverkaufs vorgenommen, sodass die Preisgestaltung für den Kunden leicht nachvollziehbar ist.

Korkengeld

In manchen Lokalen und Restaurants ist es möglich, einen eigenen Wein mitzubringen und ihn zum Essen zu trinken. Dafür wird ein sogenanntes »Stopfengeld« pro Flasche berechnet (in Österreich auch »Stoppelgeld«, in der Schweiz »Zapfengeld« genannt). Üblich ist das bei Hochzeiten oder anderen größeren Familienfeiern, es ist aber auch dann möglich, wenn man zu einem Essen einen besonderen Wein trinken möchte, den das Restaurant nicht anbietet.
Der Preis für die Bereitstellung des Personals und der Gläser kann von knapp fünf Euro bis über 15 Euro (je nach Preisniveau des Restaurants) pro Flasche reichen. Wer also die Absicht hegt, eigenen Wein mitzubringen, sollte vorher nachfragen und sich (bei größeren Feiern) die Höhe des Stopfengeldes schriftlich bestätigen lassen.

GETRÄNKEWAHL

Ein Gast, so denken offenbar viele Kellner, muss Durst haben, wenn er sich an den Tisch setzt. In einfachen Gaststätten wird aus diesem Grund meist als Erstes gefragt, was man denn trinken möchte. In besseren Lokalen kommt höchstwahrscheinlich die Frage nach einem Aperitif vor dem Essen. Wer jetzt eine große Flasche Mineralwasser oder ein kleines Pils bestellt, ist in jedem Fall fein raus.
Er kann sich in Ruhe der Speisekarte widmen und hat sich auch im guten Restaurant nicht als Banause geoutet, denn ein feinherbes Pils statt Sherry oder Champagner ist in der Tat ein idealer Aperitif.

Glas oder Flasche

Das Weinangebot lässt sich in vier Typen aufteilen, wobei nicht jedes

PROFI-TIPP

Bei preiswerten Weinen fällt der Aufschlag in der Regel höher aus als bei teuren Weinen, wo die Ausgangsbasis bereits hoch ist. Das heißt: Teure Weine sind im Restaurant relativ günstiger als billige.

Restaurant immer auch alle Typen zugleich anbieten wird.

- Offene Hausweine (meist am Ende der Speise- oder Weinkarte zu finden), einfache Tropfen aus Literflaschen für den kleinen Geldbeutel, in Weingegenden oft ordentlich, sonst eher mäßig. Im Ausland aber sind das fast immer gute Landweine, die zum Essen passen und meist nicht glasweise, sondern in Karaffen mit ½ oder 1 Liter Inhalt serviert werden.
- Offene Spezialangebote (auf der Tages- oder Wochenspeisekarte), in der Regel bessere Weine, die oft zu den Saisongerichten passend ausgewählt wurden. Darunter finden sich in guten Restaurants auch echte Raritäten von bekannten Winzern, die zu fairen Preisen angeboten werden.
- Standard-Flaschenweine (in der Weinkarte oder als Anhang zur Speisekarte). Es handelt sich um ein Basisangebot, oft sind auch »halbe Flaschen« (mit 375 ml Inhalt) darunter. Diese halben Flaschen kosten nun aber nicht die Hälfte der ganzen Flasche, sondern sind deutlich teurer.
- Spezielle Flaschenweine (als Empfehlung zu Menüs oder auf einer gesonderten Weinkarte), die zur Saison oder der Speisekarte passen. Es sind ausgesuchte Weine oder die »Schatzkammer« des Hauses mit seltenen, teuren Weinen, von denen oft nur noch einzelne Flaschen vorrätig sind.

Offene Spezialangebote

Stehen viele offene Sorten im Angebot, ist Vorsicht angebracht. Einmal geöffnet, wird vor allem Weißwein meist nicht besser, sondern schal und »müde«. Es gibt zwar Konservierungssysteme, die den Leerraum in der Flasche mit einem geruchs- und geschmacksneutralen Schutzgas (Stickstoff und Kohlendioxid) füllen, sodass der Inhalt über mehrere Tage frisch bleibt. Diese Systeme verteuern natürlich den Preis pro Glas. Rotweine können geöffnet nach zwei Tagen sogar noch besser werden, aber kaum ein Wirt verrät, wie lange die Flasche offen ist.
Ein Trend sind schicke Weinbars zur Selbstbedienung, bei denen die Flaschen (mit Etikett nach vorn) in einem temperierten Glasschrank stehen und der Wein mittels Gasdruck glasweise gezapft werden kann. Nachteil ist bei manchen Weinen, dass sich ihr Aroma durch das konservierende Gas erst nach einiger Zeit im Glas entwickelt.

Weine zum Menü

In der gehobenen Gastronomie ist es üblich, ein Menü auch mit passender Weinbegleitung anzubieten. Dabei wird zu jedem Gang ein anderer, mit dem speziellen Gericht harmonierender Wein ausgeschenkt.

Das kann lehrreich, aber auch eine Enttäuschung sein, wenn die Kombination nicht den persönlichen Geschmack trifft.

Gute Weine glasweise bestellen

Ein besseres Restaurant wird auch hochwertigere Weine offen anbieten. Falls sie nicht auf der Karte stehen, auf jeden Fall danach fragen! Allerdings ist der Preis für ein Glas höher als der Flaschenpreis geteilt durch die Anzahl möglicher Gläser. Oftmals ist dann eine »halbe« Flasche günstiger als zwei Gläser.
Ein offener Wein ist trotzdem eine gute Wahl:

- Wenn man zu zweit verschiedene Gerichte isst, zu denen jeweils ein anderer Wein passt.
- Wenn nur einer am Tisch Wein zum Essen trinken möchte.
- Wenn eine Runde Weine probieren möchte, ehe sie vielleicht doch eine ganze Flasche ordert.

WEINKARTEN LESEN

Eine Weinkarte kann eine mehr oder weniger ausführliche Liste oder aber ein ganzes Buch sein. Die andere Seite dieser beiden Extreme: Der Kellner kennt die Weine auswendig – ein Pinot grigio, ein Chardonnay und ein Chianti. In diesem Fall sollte man vielleicht besser bei Wasser oder Bier bleiben, denn die Qualität solcher Weine liegt meist unter Supermarktniveau.

In südlichen Ländern erhält man oft sehr gute offene Weine zu einem fairen Preis.

VORSICHT, GLATTEIS!

- Wird ein offener Wein nur mit Rebsorte oder Herkunft (»Müller-Thurgau«, »Rotwein, Italien«) bezeichnet, besser bei Mineralwasser oder Bier bleiben.
- Auf die Glasgröße achten – in Weinbaugebieten ist ein echtes »Viertele« (0,25 Liter oder 25 cl) üblich, sonst hat sich die 0,2-Liter-Menge eingebürgert. Teurere Weine werden oft nur in der halben Menge, also in 0,1-Liter-Gläsern, ausgeschenkt.

Aufbau studieren

Gibt es aber doch Karte oder Buch, wird oft nur ein Exemplar pro Tisch gebracht und dem Herrn am Tisch überreicht, der offensichtlich bezahlen wird. Bitten Sie dann um eine Karte für jeden, damit alle gleiche Chancen haben. Da das Studium einige Zeit in Anspruch nimmt, lässt man Sie in guten Restaurants auch solange in Ruhe. Lesen Sie die Karte so, als wollten Sie ein Buch schnell auf seinen Inhalt hin überprüfen. Gliederung, Überschriften und ein paar Passagen mit näherer Beschreibung sollten Sie genauer lesen. Grundsätzlich enthalten die meisten Weinkarten die Kategorien Sekt und Champagner, Weißweine, Rotweine, alkoholangereicherte Weine (wie Wermut, Sherry, Madeira) und vielleicht noch ausgesprochene Dessertweine. Aber jede Karte ist anders aufgebaut: die eine nach Weißwein, Roséwein, Rotwein, die andere (meist umfangreichere) nach der Herkunft der Weine, also zum Beispiel Frankreich, Italien, Deutschland und Österreich. Die Länder sind dann möglicherweise sogar noch nach Regionen aufgeteilt. Wenn es eine gut aufgebaute Karte ist, folgt sie einem Prinzip, zum Beispiel Aufteilung der Regionen von Nord nach Süd. Das gibt dem Geübten bereits einige Anhaltspunkte, welche Weine für ihn infrage kommen.

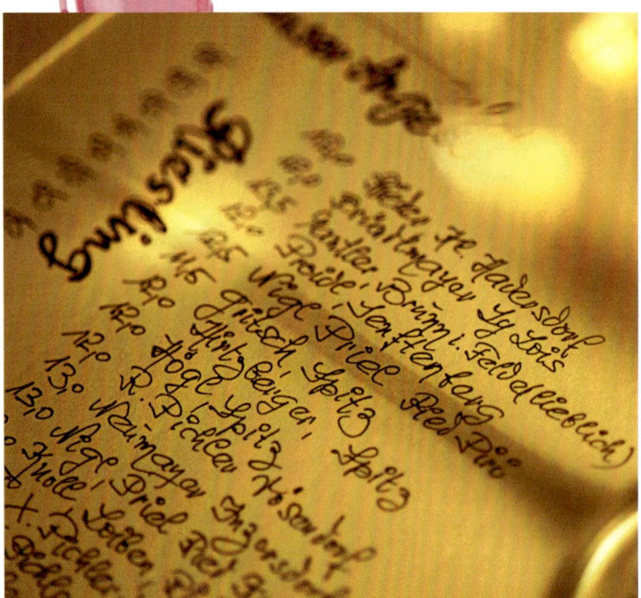

Nehmen Sie sich Zeit zum Lesen der Weinkarte.

Überblick

Stil und Anspruch eines Restaurants sollen sich im Idealfall in der Karte wiederfinden. Wenn diese schön gestaltet ist und die Weine informativ beschrieben sind, wird sich der Gast auch gut aufgehoben fühlen. Achten Sie darauf, ob alle wichtigen Informationen zu den Weinen aufgeführt sind: Jahrgang, Weinname, Qualitätsstufe, Geschmacksrichtung, Rebsorten, Hersteller, Region, Land, Flaschengröße und der Preis. Oft sind die Weine auf einer Seite nach dem Preis sortiert, was für den Gast den Vorteil hat, dass er schnell abwärts schauen kann bis zu dem

Wein, den er zu zahlen bereit ist. Der Nachteil dabei ist, dass interessante Weine oft übersehen werden. Ein clever rechnender Gastronom beginnt in der Regel mit einem niedrigen Flaschenpreis (für den Hauswein), darauf folgen in etwa gleicher Preisspanne die etwas teureren »Renner« (die meistgefragten Weine mit bester Gewinnmarge), und zum Schluss kommen die Liebhaberweine, die oft sehr kundenfreundlich kalkuliert sind.

Einkreisen

Es gibt (leider wenige) Weinkarten, bei denen die Weine nach Typen sortiert sind: leichte Weißweine, schwere Weißweine, milde oder süße Weißweine, leichte Rotweine und so weiter. In jedem Fall ist es am besten, einmal schnell über die Seiten zu schauen und dabei dem eigenen Instinkt zu vertrauen. Meist bleibt man dann bei einem Wein hängen – sei es, dass er aus einer Region kommt, zu der man eine besondere Beziehung hat, oder dass einem ein ähnlicher Wein schon einmal sehr gut geschmeckt hat. Oder es ist ein Wein aus einem Land, in dem man kürzlich seinen Urlaub verbracht hat, oder einer, der zu einer bestimmten Situation oder einem Ereignis wie beispielsweise einem Hochzeitstag besonders passend erscheint. Diesen Wein sollten Sie dann auch ins Auge fassen.

VORSICHT, GLATTEIS!

- Alter Wirtetrick: Ist die Weinkarte nach Preisen sortiert, wählen die meisten Gäste den dritten Wein von oben – nicht zu billig, nicht zu teuer. Dieser Wein (der »Renner«) wird gern mit dem höchsten Aufschlag versehen.
- Schauen Sie auf den Jahrgang! Einfache Weißweine, die vier bis fünf Jahre alt sind, liegen wahrscheinlich schon zu lange im Weinregal. Gute Rotweine, die älter als drei, aber jünger als sieben Jahre sind, befinden sich vielleicht gerade in einer Verschlussphase (siehe S. 34–35).

Regionalweine

Ein Restaurant, das eine regionale Küche pflegt, wird auch die Weine dieser Region führen und diese besonders sorgfältig auswählen. Wer fränkisch kocht, hat auch einen guten Frankenwein auf der Karte. Und ein Restaurant mit Südtiroler Küche wird wahrscheinlich auch bessere Weine aus dieser Region anbieten. Ebenso kann auch die Herkunft Ihres Gastes die Wahl beeinflussen. Ein Badener wird sich geschmeichelt fühlen, wenn Sie für ihn einen Riesling aus der Ortenau aussuchen.

GUTE BERATUNG

Gute Restaurants beschäftigen einen Getränkeberater, französisch »Sommelier« (sprich: Ssommeljee). Er oder sie ist für Einkauf und Lagerung der Weine zuständig, kennt sich also (meist) sehr gut aus und weiß, welches Getränk (nicht nur Wein) zum Essen besonders gut passt. Oder umgekehrt, welches Gericht besonders gut mit einem bestimmten Wein harmoniert. Seine Hilfe sollten Sie immer in Anspruch nehmen, wenn Sie sich nicht spontan entscheiden können.

Richtig fragen

Auch wenn der Sommelier weiblich ist, müssen Sie nicht aufstehen, wenn sie an Ihren Tisch kommt. Wenden Sie sich auf jeden Fall ihr oder ihm zu, nicht der Weinkarte. Sagen Sie nie, dass Sie nichts von Wein verstehen – jeder versteht etwas von Wein, und sei es nur, ob er ihm schmeckt oder nicht. Geben Sie an, welche Gerichte Sie essen werden, ob Sie gern verschiedene Weine dazu trinken möchten oder lieber nur einen Wein zum ganzen Menü. Da der Sommelier fast immer weiß, wie die Gerichte zubereitet sind, kann er einen oder mehrere Weine zur Auswahl empfehlen, die zum ganzen Menü passen, oder auch zu offenen Weinen raten. Wenn er ein Profi seines Faches ist, wird er Sie fragen, welche Weine Sie besonders mögen und welche nicht, ob Sie lieber trockene oder eher fruchtige (also halbtrockene oder sogar liebliche), leichte oder kräftigere Weine bevorzugen. Auch ein Gast kann ihm als Anhaltspunkt dienen: »Wir haben Besuch aus Südafrika, vielleicht gibt es einen Wein aus seiner Heimat.«

Geheimsprache

Wenn Sie nach einem »leichten, frischen, jungen Wein« fragen, signalisieren Sie damit, dass Sie nicht zu viel Geld ausgeben wollen. Noch besser: Nennen Sie die Preisgruppe, zum Beispiel »bis 20 Euro«. Die Aussage, Sie hätten gern einen Wein, der zum ganzen Menü passt, heißt im Klartext: Wir wollen nur eine Flasche trinken. In der Regel (es gibt leider Ausnahmen) wird Ihnen ein nicht zu teurer Wein empfohlen und in der Karte gezeigt, damit Sie auch den Preis begutachten können. Ist er höher, als Sie veranschlagt hatten, fragen Sie nach einer Alternative. Ein sensibler Mensch wird sofort verstehen, was Sie meinen. Merken Sie sich etwas Charakteristisches vom Weinnamen und vor allem auch den Jahrgang.

Teure Weine

Haben Sie vor, einen Spitzenwein im Restaurant zu trinken, sollten Sie das mindestens einen Tag vorher

PROFI-TIPP

Lassen Sie sich den vorgeschlagenen Wein immer in der Weinkarte zeigen, damit kein Missverständnis über den Preis aufkommt, was für Sie als Gast ärgerlich wäre. Auch für den Sommelier ist eine Unstimmigkeit äußerst peinlich, er muss sich vor seinem Chef verantworten, wenn die Gäste unzufrieden sind.

ankündigen. Dann kann der Sommelier entscheiden, wann der Wein aus dem Keller geholt wird, wann er zu öffnen ist, ob er dekantiert (siehe S. 66) werden muss und welche Gläser eingedeckt werden sollen. Wenn Sie angeben, was Sie gern essen möchten, wird sich auch die Küche darauf einrichten, ein Gericht dem Wein entsprechend etwas gehaltvoller zuzubereiten.

DEN WEIN PRÜFEN

Endlich ist es so weit, der Wein wird gebracht. Es beginnt eine Reihe von Zeremonien, die durchaus ihren Sinn haben oder zumindest einmal hatten. Vor dem Servieren sollten Sie übrigens besser nicht rauchen, denn eine Zigarette betäubt den Geschmackssinn mindestens 15 Minuten lang. Und den brauchen Sie jetzt ganz dringend, um den Wein zu beurteilen.

Flasche ansehen

Als Erstes wird Ihnen die ungeöffnete Flasche präsentiert, genauer gesagt: das Etikett gezeigt. Achten Sie auf den Weinnamen, den Winzer oder Abfüller (siehe S. 36 ff) und vor allem auf den Jahrgang – er sollte mit demjenigen in der Karte übereinstimmen. Weicht er davon ab, sprechen Sie den Kellner darauf an. Es könnte ja ein besserer Jahrgang sein, aber vielleicht auch ein gerade »verschlossener« Rotwein (siehe S. 34–35). Jetzt haben Sie noch die Möglichkeit, einen anderen zu bestellen.

Lizenz zum Öffnen

Wenn Sie jetzt mit dem Kopf nicken oder »in Ordnung« sagen, haben Sie das Okay fürs Öffnen gegeben. Die Kapsel wird abgeschnitten (auch eine Kunststoffkapsel sollte ordentlich mit dem Kellnermesser, nicht mit der Reißleine abgetrennt werden, siehe S. 48) und der Korkstopfen herausgezogen. Perfekt ist es, wenn dabei nur ein sehr dezentes »Plopp« ertönt.

Riechen und Probieren

Zunächst wird der Sommelier am Korkstopfen schnuppern (mit gebührendem Abstand), um festzustellen, ob der Wein einen Korkschmecker (siehe S. 81) hat. Dann sollte er die Flaschenöffnung mit einer Serviette säubern und dem Gast einen kleinen Schluck zum Probieren eingießen. Oft gießt sich auch die oder der Servierende eine winzige Menge selbst in ein Glas

VORSICHT, GLATTEIS!

Bringt der Kellner eine andere Sorte als die bestellte, weil jene ausgegangen, diese hier aber genauso gut sei, unbedingt den Preis nennen lassen! Es gibt leider immer wieder Fälle, bei denen einem mit diesem Trick teurere Weine als die bestellten untergeschoben werden.

und testet, ob der Wein in Ordnung ist. Üblicherweise wird demjenigen Gast der Probeschluck angeboten, der den Wein bestellt hat. Er kann das Angebot annehmen oder die Aufgabe an einen anderen Gast am Tisch delegieren. Geprüft wird mit raschem Blick die Farbe des Weins, dann intensiver der Geruch und der Geschmack (siehe S. 71 ff).

Die Entscheidung

Dieser Probeschluck stellt Sie vor eine folgenschwere Entscheidung: Schmeckt Ihnen der Wein oder schmeckt er Ihnen nicht? Wenn er nicht schmeckt, kann das heißen, dass er einen Fehler (siehe S. 81) hat, den man reklamieren kann. Lassen Sie dann auch den Sommelier nachtesten. Es kann aber auch bedeuten, dass Sie sich eigentlich einen anderen Wein zum Essen vorgestellt haben. Dann können Sie sich ärgern – oder mit dem Sommelier reden. Ein Profi in seinem Fach wird sich auf jeden Fall bemühen, Sie zufriedenzustellen.

VORSICHT, GLATTEIS!

- Über 15-jährige Weine können beim Satz-Dekantieren sehr schnell altern oder sogar ungenießbar werden. Sie sollten besser in einem Körbchen serviert und vorsichtig glasweise eingegossen werden.
- Alte rote Burgunder werden meist nicht dekantiert, ihr Depot ist zartflockig und schmeckt süß.

DAS DEKANTIEREN

Dekantieren bedeutet eigentlich, eine Flüssigkeit von ihrem Bodensatz abzugießen. Bodensatz können besonders Rotweine nach längerer Lagerung bilden, wenn sich Tannine und Farbstoffe zu größeren Flocken zusammenballen. Dekantieren sagt man auch, wenn ein Wein ohne Bodensatz in eine Karaffe umgefüllt wird. Zwei verschiedene Vorgänge!

Satz-Dekantieren

Das bedeutet, den Wein von seinem Bodensatz zu trennen, der im Glas nicht nur unschön aussieht, sondern auch den Geschmack beeinträchtigt – er »knirscht« zwischen den Zähnen. Dieses klassische Dekantieren erfordert eine aufwendige Zeremonie: Die Flasche muss ein bis zwei Tage vorher schräg oder senkrecht gestellt werden, damit der Satz, das »Depot«, auf den Boden sinkt. Zum Dekantieren wird eine eher schmale Karaffe bereitgestellt und eine Kerze angezündet. Sie gibt eine punktförmige Lichtquelle ab, die durch das Flaschenglas gut zu erkennen ist. Die Flasche muss erschütterungsfrei geöffnet und vorsichtig schräg gehalten werden, bis der Inhalt ohne Blubbern in die ebenfalls schräg gehaltene Karaffe fließt. Dabei steht die Kerze unter dem Flaschenhals, sodass das Umgießen sofort unterbrochen werden kann, wenn die erste Trübung zu erkennen ist. So bleibt natürlich ein kleiner Rest Wein in der Flasche.

Umfüll-Dekantieren

Darunter versteht man das Umfüllen jüngerer Rotweine in eine Karaffe, um sie mit Luft in Berührung zu bringen. Sinnvoll ist dieses Verfahren, das auch »karaffieren« oder »sturzdekantieren« genannt wird, vor allem bei bis zu drei Jahre alten Rotweinen mit viel Tannin, das durch den Kontakt mit der Luft weicher und zugänglicher wird. Dafür verwendet man Karaffen mit breitem, ausladendem Bauch, deren Form an einen Eisstock erinnert, damit die Weinoberfläche möglichst groß ist.
Umgefüllt wird mit Schwung – der Wein darf also richtig blubbernd umgefüllt werden, um ihn intensiv mit Luft in Berührung zu bringen. Dies hat zudem den Vorteil, dass ein zu kalter Rotwein schneller Trinktemperatur annimmt. Auch schwere, üppige Weißweine profitieren vom Lufteinmischen, vor allem gehaltvolle Weine aus der weißen Burgunderfamilie.
Für den Hausgebrauch reicht in den meisten Fällen der Dekantierausgießer, der Luft einsprudelt, ohne dass der Flascheninhalt komplett umgegossen werden muss. Benötigt ein Wein besonders viel Luft, kann man ihn mit dem Dekantierausgießer in eine Karaffe gießen.

Vor allem jüngere Rotweine können durch Dekantieren entscheidend gewinnen.

WEIN BEURTEILEN

Der Wein im Glas spricht in seiner ganz eigenen Sprache mit uns. Man muss sich vertraut machen mit seiner Grammatik, seinen Vokabeln und seinem Satzbau: Sie besteht allerdings nicht aus Lauten, sondern aus Farbe, Duft und Geschmack. Es ist (nicht immer) ganz einfach, den Wein zu verstehen, denn er spricht alle unsere Sinne an. Wir müssen sie also öffnen.

EIGENSCHAFTEN EINES ECHTEN WEINGENIESSERS

Diese Frage möchte Ihr Autor ausnahmsweise nicht selbst beantworten und übergibt daher dem bedeutendsten Weinautor unserer Zeit, Hugh Johnson, das Wort.
Er schreibt im letzten Kapitel des »Großen Johnson«: »Es sind die Wissbegierigen, die den meisten Genuss am Wein haben. Das Schönste an der Sache ist die Abwechslung: Man könnte ein Leben lang jeden Tag einen anderen Wein probieren und würde doch immer noch dazulernen. Jede Flasche entwickelt sich im Lauf der Zeit weiter, und immer wieder gibt es neue Erzeugnisse und Kombinationen von Wein und Speisen, die man noch nicht probiert hat. Auch über sich selbst, über den eigenen Gaumen und seine Empfindungen erfährt man beständig Neues. Mit vorgefassten Meinungen und festen Regeln kommt man nicht weit beim Wein, der ein einfaches Nahrungsmittel wie Brot und Käse, ein extravagantes Luxusgut oder etwas zwischen diesen beiden Extremen sein kann. Manche gehören in Blechkrüge, andere in Kristallgläser, und es hat keinen Sinn, diese Unterschiede zu ignorieren.«
Dem ist nichts hinzuzufügen.

VORBEREITUNG

Auch wenn eine Weinprobe eigentlich ganz einfach ist, gibt es doch einige Möglichkeiten, sich als Neu-

ling zu outen: im schwarzen Anzug mit Krawatte erscheinen (bequeme, aber nicht nachlässige Kleidung ist immer richtig), Schreibgerät und Notizbüchlein vergessen, mit dem eigenen Auto kommen, nach Knoblauch oder aufdringlichem Deodorant duften. Bei einer Weinprobe zu Hause sollte man auf duftende Dekorationen wie Aromalampen oder Ähnliches verzichten. Als Ergänzung zum Wein gibt es allenfalls Weißbrot – der Hunger wird anschließend gestillt.
Der eigene Geschmackssinn funktioniert deutlich besser, wenn man nicht kurz vorher die Zähne putzt, Kaffee trinkt oder noch rasch eine Zigarette inhaliert.

Konzentrierte Prüfung des Weins durch einen Profi. Arbeit oder Vergnügen?

Auf die eigene Note verzichten

Betäubende Duftwolken erlebt man auch bei erfahrenen Teilnehmern, die es eigentlich besser wissen müssten. Das liegt wohl daran, dass man den eigenen Duft nach einiger Zeit selbst nicht mehr wahrnimmt. Die anderen allerdings können das Aroma eines Weins in einer Wolke von Parfum, Rasierwasser oder Knoblauch kaum erkennen.

Ziele setzen

Überlegen Sie sich vorher, was diese Probe bringen soll. Sicher will man Weine kennenlernen, Neues erfahren, sich über Wein unterhalten. Aber wer ist der Veranstalter? Will ein Händler mir einen Wein verkaufen oder ist es eine Weinmesse, bei der man Eintritt zahlt? Wie viele Weinsorten gibt es zu probieren, fünf oder 200? Je mehr Weine zur Auswahl stehen, umso wichtiger ist es, schon vorher festzulegen, welchen Weintyp man verkosten will.

Den siebten Sinn einschalten

Vor allem bei Weinmessen hat es wenig Sinn, sich von Stand zu Stand durchzutrinken. Besser erst einmal eine Runde drehen, ohne zu probieren, und nur auf Herkunft, Namen, Flaschen, Etiketten und

Personen achten und in sich hineinhören. Oft »klingelt« es dann und ein Wein spricht einen besonders an. Dieser »siebte Sinn« ist meist nur eine Erinnerung oder die Summe vieler Erfahrungen mit Wein. Aber nicht immer. Oft sind es Namen von Winzern oder Weinlagen, die man schon einmal gehört hat, die einen anziehen.
Bei größeren Veranstaltungen gibt es oft eine Weinliste oder einen Katalog: schon vor dem ersten Glas überfliegen und ankreuzen, was interessant erscheint. Sollen es eher milde oder eher trockene Weine sein, will man eine bestimmte Rebsorte näher kennenlernen, sind bestimmte Regionen oder Preisklassen interessant?

Reihenfolge

Ist die Abfolge vom Veranstalter festgelegt, gibt es keine Probleme. Muss man selbst auswählen, folgt man der Faustregel: jung vor alt (auf Jahrgang achten), leicht vor schwer (Alkoholgehalt oder Prädikate wie Spätlese, Auslese), trocken vor mild und süß (Etikett oder fragen), weiß vor rot, heimische vor ausländischen Weinen. Zart duftende Weine immer vor bukettreichen Sorten probieren. Zum Abschluss kann man einen leichten, erfrischenden Sekt oder jungen Weißwein trinken. Auch ein herbes Pils ist bei Profiverkostern sehr beliebt.

WIE DEGUSTIEREN PROFIS?

Eine professionelle Weinprobe ist in erster Linie Arbeit und erst in zweiter Linie (hoffentlich auch) ein Vergnügen. Sie folgt aber in jedem Fall klaren Regeln, die man kennen und befolgen sollte.

Die Voraussetzungen

Umgebung Der Raum sollte hell und frei von störenden Gerüchen (Blumen, Essensdüfte, Tabak und Ähnlichem) sein.

Utensilien Das wichtigste Werkzeug ist natürlich das Glas. Es sollte relativ klein sein, da man nur kleine Mengen degustiert. In jedem Fall soll es tulpenförmig sein. Es gibt ein international genormtes Degustationsglas, das weltweit von Profis (und Laien) benutzt wird. Aber auch ein kleines Weißweinglas ist bestens geeignet. Außerdem muss ein Gefäß vorhanden sein, in das man die nicht benötigte Restmenge Wein im Glas ausgießen kann. Dieses Gefäß dient auch als Spucknapf. Zum Neutralisieren des Gaumens braucht man etwas Weißbrot und stilles Wasser (das auch zum Ausspülen der Gläser dient).

Die Verkostung

Betrachten Man hält das Glas schräg über einen weißen Hintergrund und beurteilt Farbe und Farbtiefe des Weins (siehe S. 71 f), seine Klarheit und beim Schwenken die Viskosität (also die Beschaffenheit der Flüssigkeit, siehe S. 79).

Riechen Zuerst riecht man am ruhig gehaltenen Glas, dann wird das Glas geschwenkt, um die Oberfläche zu vergrößern und damit die schwereren Aromen im Wein zu aktivieren (siehe S. 73 ff.).

Schmecken Der Degustator nimmt einen kleinen Schluck Wein in den Mund. Er schluckt ihn aber nicht, sondern »kaut« ihn. Das heißt, er verteilt ihn im Mund, fühlt seine Konsistenz, seinen Körper und schmeckt seine Süße und Säure. Dann zieht er ein wenig Luft durch den Wein hindurch, er schlürft. Damit aktiviert er erneut die Aromastoffe. Sie gelangen über den Rachen nochmals in das Riechzentrum der Nase (siehe S. 78).

Schlucken oder spucken Um auch bei einer umfangreichen Weinprobe einen klaren Kopf zu behalten, schluckt man den Wein nicht, sondern spuckt ihn aus. Damit ist die Probe aber noch nicht zu Ende, denn der Degustator nimmt erst im Nachgeschmack (nach dem Ausspucken) die Bitterkeit des Weins wirklich wahr. Schließlich beurteilt er, wie lange der Wein im Mund nachklingt. Die Länge dieses Abgangs ist ein wichtiger Hinweis auf die Qualität eines Weins.

Gesamturteil Erst jetzt, am Ende der Verkostung, fügen sich alle Elemente zu einem Gesamtbild zusammen. Ist es harmonisch und komplex? Drückt es als Ganzes einen Charakter und eine Persönlichkeit aus? Um das Urteil objektiv in einer Art Note wiederzugeben, haben sich verschiedene Bewertungssysteme (siehe S. 84) eingebürgert.

PROFI-TIPP

Bei einer umfangreichen Weinprobe (60 Weine und mehr) ist es besser, zunächst die Rotweine und dann erst die Weißweine zu degustieren. Die Säure der Weißweine erfrischt und neutralisiert.

DIE FARBE DES WEINS

Der erste Eindruck, den wir von einem Wein gewinnen, entsteht immer in unserem Auge. Bereits in Sekundenbruchteilen bilden wir uns eine Meinung. Erst dann setzt unser Verstand ein, und nochmals etwas später werden die anderen Sinne – Nase und Gaumen – wach. Grund genug, diesem ersten Eindruck unsere volle Aufmerksamkeit zu schenken.

Klarheit und Transparenz

Wenn der Wein im Glas blitzblank leuchtet, strahlt er Gesundheit und Lebensfreude aus. Ist er trüb, werden wir misstrauisch, der Wein wirkt unrein, ungesund und müde (siehe S. 83). Es gibt auch Weine, die der Winzer ganz bewusst nur sehr vorsichtig oder überhaupt nicht filtriert, um möglichst viel von ihrem Charakter und ihrer Substanz zu erhalten. Diese können durchaus leicht trüb sein, oft steht dann auf der Flasche »non filtré«.

Farbe

Alle Farben des Spektrums (Rot, Gelb, Blau) finden wir in allen Kombinationen auch im Glas. Ein junger Riesling strahlt in hellem, grün schimmerndem Gold, ein

WEINFARBEN BEI WEISSWEINEN

WEINFARBEN BEI ROTWEINEN

junger Beaujolais violett, ein reifer Burgunder in Orange und Ziegelrot und ein alter Sauternes tief bernsteinfarben. Verantwortlich dafür sind die Traubensorte, das Klima und das Alter des Weins. Mit der Reife entwickelt sich die Farbe des Rotweins von violetten Tönen in der Jugend über leuchtendes Rubin hin zu Orange und am Schluss gar zu zwiebelfarbenem Braun. Weißweine werden mit dem Alter goldener und später ebenfalls bräunlich. Generell hellen Rotweine mit den Jahren auf und Weißweine dunkeln nach.

Farbtiefe

Wie bei den Farben selbst finden wir auch bei der Farbtiefe die ganze Bandbreite von fast wasserhellem Weißwein bis zu nahezu undurchdringlich schwarzem Rotwein. Am stärksten beeinflusst neben dem Klima im Anbaugebiet die Traubensorte die Farbtiefe.

TRÄNEN AN DER GLASINNENWAND

Jeder Weinfreund hat die Tränen innen am Glas schon beobachtet und wahrscheinlich darüber gerätselt. Wenn Sie ein Glas mit einem gehaltvollen Weiß- oder Rotwein schwenken und es dann für einen Moment still halten, rinnen innen an der Glaswand wasserklare Tränen herunter. Wenn Sie jetzt ein wenig Geduld aufbringen, sehen Sie, wie sich diese Tränen auf geheimnisvolle Weise immer wieder erneuern. Das schaffen Sie weder mit einem Glas klarem Wasser noch mit einem Glas reinem Alkohol. Nur in der Mischung klappt's.

Wie die Tränen entstehen

Das Phänomen ist physikalisch recht kompliziert und entsteht durch die unterschiedliche Verdunstung der beiden Flüssigkeiten Wasser und Alkohol im Zusammenwirken mit der Oberflächenspannung und der Grenzoberflächenspannung am Glas. Besonders bei Weinen mit etwas höherem Alkoholgehalt (ab ca. 12 Prozent) sind Tränen regelmäßig zu beobachten. Viele Weinliebhaber sehen darin einen Hinweis auf einen höheren Glyzeringehalt oder sogar ein Merkmal für besondere Qualität. Doch beides trifft wohl eher nicht zu. Man nennt die Tränen übrigens gelegentlich auch Kirchenfenster oder Beine.

DER DUFT DES WEINS

Die Frage stellt sich jeder Weinfreund einmal: Warum hat Wein eigentlich kein Traubenaroma? Abgesehen von ganz wenigen Ausnahmen wie der Muskatellertraube, duftet kaum ein Wein nach den Trauben, aus denen er gekeltert wurde. Die Antwort ist ganz einfach. Die Aromen des Weins entstehen in drei verschiedenen Phasen seiner Entwicklung.

Primäraromen

Sie stammen aus der Beere selbst. Jede Rebsorte hat ihre ganz eigene Persönlichkeit, die sich in sehr unterschiedlichen Aromen ausdrückt. Diese Aromen erinnern vor allem an Blüten, Früchte, Kräuter, Gewürze oder haben mineralische Noten. Nur in Ausnahmefällen (wie eben beim Muskateller) entdeckt man auch die direkte Aromatik der Traube. Die Primäraromen lösen sich während der Fermentation aus dem Fruchtfleisch und den Beerenhäuten. Man kann sie vor allem in jungen Weinen sehr gut identifizieren.

Sekundäraromen

Sie entstehen bei der alkoholischen und der malolaktischen Gärung. Die Sekundäraromen charakterisieren einen eher jugendlichen Wein und bauen sich mit der Zeit ab. Die Hefen der alkoholischen Gärung können dem Wein einen deutlichen Hefeton schenken, der an frisches Brot oder Hefezopf erinnert. Im Champagner zum Beispiel findet man ihn häufig.
Die malolaktische Gärung ist dagegen für die »Molkerei«-Noten verantwortlich (also vor allem Milch, Sahne, Butter). Auch der an Vanille erinnernde Holzton aus der Gärung im Eichenfass zählt zu den Sekundäraromen.

Tertiäraromen

Diese Aromen entwickeln sich erst während der Reifung des Weins im Fass oder in der Flasche. Sie bilden eine ganz neue Familie von Düften: Leder, Unterholz, Pilze und Rauch. Die Fruchtaromen treten jetzt langsam in den Hintergrund. Der Wein entwickelt in dieser Zeit eine neue Identität. In dieser Phase wird auch das vielleicht anfänglich noch störende Tannin abgebaut, es wird sanft und süß.

SPEZIELLE AUSDRÜCKE DER WEINEXPERTEN

Wahrscheinlich hat sich jeder Weinliebhaber schon einmal über die spezielle Weinsprache der Experten amüsiert. Sie sprechen bei der Beschreibung eines Weins etwa von nassem Hund, Karton, Stall, gekochtem Kohl, vielleicht sogar von Katzenpipi und verziehen bei all dem keine Miene.

Die Hintergründe

Die oft seltsam anmutenden Vergleiche haben ihren guten Grund, und der liegt in der Struktur unserer Sprache. Diese stellt uns nämlich für die Geschmacksempfindungen eindeutige Wörter zur Verfügung: süß, sauer, bitter, salzig. Für die

Düfte gibt es solche Wörter allerdings nicht. Wenn wir sie beschreiben wollen, müssen wir immer zu Vergleichen greifen und sagen etwa: »Das riecht wie ein nasser Hund.« Nun hat aber jeder Mensch in seinem Leben ganz individuelle Dufterfahrungen gemacht, die ihm in den Sinn kommen, wenn er etwas Bestimmtes riecht.
Und diese zieht er dann heran, um einen Duft zu beschreiben. Experten versuchen allerdings mithilfe von standardisierten Begriffen Ordnung in dieses freie Assoziieren zu bringen und für bestimmte Düfte immer die gleichen Vergleiche zu verwenden.

DAS RICHTIGE VORGEHEN BEIM SCHNUPPERN

Haben Sie schon einmal eine Katze beobachtet, die sich einem ihr unbekannten Objekt nähert? Sie schleicht sich langsam an, konzentriert und behutsam schnuppernd. »Wer weiß, es könnte ja essbar sein«, scheint sie zu denken. Genau so sollten Sie auch einem Glas Wein begegnen. Düfte sind etwas Subtiles, Flüchtiges. Heftiges Schnauben vertreibt sie.

Schnuppern

Machen Sie das zunächst vorsichtig am ruhigen Glas. Schnuppern! Nicht deutlich die Luft einziehen! Die feinsten Düfte sind nämlich so flüchtig, dass Sie sie nur auf diese Weise einfangen können.

Schwenken

Erst jetzt dürfen Sie das Glas schwenken und damit die etwas schwereren Düfte aktivieren. Sie können das Glas auch auf dem Tisch stehen lassen und kreisend bewegen, das geht etwas einfacher. Sie werden sicher feststellen, dass der Duft sich durch das Schwenken merklich verändert hat: Er ist wahrscheinlich kräftiger, intensiver und reicher, aber – und das ist das Entscheidende – er hat sich auch in der Note verändert. Entdecken Sie den Unterschied!

Nochmals schnuppern

Es gibt noch eine sogenannte »dritte Nase«: Schnüffeln Sie nochmals am Glas, wenn Sie es leer getrunken haben. Sie werden verblüfft sein, welch neue Dimensionen der Duft auch dann noch entwickeln kann.

AROMENÜBERSICHT

Auf der folgenden Doppelseite finden Sie eine Zusammenstellung der häufigsten Düfte, die man im Wein entdecken kann. Sie sind zu Duftfamilien zusammengefasst. Einige Düfte sind für bestimmte Rebsorten typisch, andere für Herstellungstechniken. Versuchen Sie bei Ihren Degustationen, Ihre Eindrücke mit diesen Tabellen zu ordnen.

ÜBERSICHT ÜBER DIE AROMEN IM WEISSWEIN

AROMEN	BEISPIEL	TYPISCH FÜR...
Blumig	*Akazie*	Junge Weißweine, Soave, Sauvignon blanc
	Linde	Reife Weißweine, Sémillon, Sauvignon blanc, Sauternes
	Rose	Gewürztraminer, Muskateller
Fruchtig	*Pfirsich, Aprikose*	Riesling, Chardonnay, Süßweine
	Apfel	Chardonnay, Riesling
	Birne, Quitte	Grauburgunder
	Zitrusfrüchte	Sauvignon blanc, Riesling
	Beeren (schwarze Johannisbeeren)	Sauvignon blanc
	Exotische Früchte (Ananas, Mango)	Chardonnay, Grauburgunder, Riesling Spätlese
	Getrocknete Früchte (Feigen, Aprikosen)	Süßweine, Weine aus warmen Klimazonen
Vegetabil	*Paprika, Stachelbeere, Gras*	Sauvignon blanc
Gewürze	*Pfeffer*	Grüner Veltliner
Nussig	*Haselnüsse*	Champagner, weißer Burgunder
Mineralisch	*Schiefer*	Riesling
	Feuerstein	Chablis, Pouilly-Fumé, Chasselas
Süß	*Honig*	Edelsüße Weine
	Butter	Chardonnay
	Vanille	Im Holzfass ausgebaute Weine
Geröstet	*Toastbrot*	Champagner

ÜBERSICHT ÜBER DIE AROMEN IM ROTWEIN

AROMEN	BEISPIEL	TYPISCH FÜR...
Blumig	*Rose*	Nebbiolo, Barbera, Montepulciano d'Abruzzo
	Veilchen	Sangiovese, Syrah, Cabernet aus Frankreich
Fruchtig	*Schwarze Früchte (Kirschen, Pflaumen)*	Merlot, Pinot noir, Syrah
	Rote Beeren (Erdbeeren, Himbeeren)	Pinot noir, Tempranillo
	Schwarze Beeren (schwarze Johannisbeeren)	Cabernet Sauvignon
	Banane	Beaujolais primeur
Kräuter	*Vegetabil (Gras, Paprika, Minze)*	Cabernet Sauvignon, Cabernet Franc
	Mediterran (Thymian, Rosmarin, Salbei)	Weine aus dem Languedoc, aus Süditalien und Sardinien
Erdig	*Laub, Wald, Pilze*	Reife Weine, Pinot noir, Nebbiolo, Merlot
	Teer	Nebbiolo, Syrah, Tannat (Madiran)
Gewürze	*Vanille*	In Eichenholz ausgebaute Weine
	Lakritze	Syrah, Merlot, Sangiovese
	Pfeffer	Syrah
	Schokolade	Bordeaux, Nebbiolo
Animalisch	*Leder*	Syrah
	Wild	Rhône-Weine

DIE VIER »GESCHMÄCKER«

Das Schmecken ist vom Riechen schwer zu trennen, denn unser Gaumen ist über den Rachen mit dem Riechzentrum verbunden. Der Wein erwärmt sich im Mund und gibt Aromastoffe frei, die über die Atemluft in die Nase steigen. So »riechen« wir ihn ein zweites Mal. Die Zunge ist an diesem Vorgang nicht beteiligt. Sie schmeckt nur vier »Geschmäcker«: süß, sauer, bitter und salzig.

Süß

Fast jeder Wein enthält einen Hauch von Süße. Wir schmecken sie mit der Zungenspitze, als ersten Eindruck. Selbst wenn wir sie in einem trockenen Wein nicht wirklich wahrnehmen, rundet sie ihn doch ab, macht ihn weich und geschmeidig. Ganz knochentrockene Weine sind die große Ausnahme, sie wirken hart und sperrig. Der Eindruck von Süße stammt in erster Linie vom Restzucker im Wein. Allerdings können sehr fruchtbetonte Weine auch süß wirken, und schließlich schmeckt auch der Alkohol selbst süß.

Sauer

Nach der Süße ist die Säure der zweite Geschmackseindruck. Wir schmecken sie an den Zungenrändern. Sie gibt vor allem Weißweinen Struktur. Ohne sie wären alle Weine fad und flach. Ihre belebende Frische bildet das Gegengewicht zur eher schweren Süße. Man spricht von einem Süße-Säure-Spiel.

Bitter

Diesen Geschmack nehmen wir hinten am Zungengrund wahr, also oft erst nach dem Schlucken. Nicht von Ungefähr spricht man von einem bitteren Nachgeschmack. Eine leichte Bitternote entdecken wir in vielen italienischen Weinen, dort wirkt sie wie bei Bitterschokolade oder Mandeln angenehm und edel. Dominiert die Bitternote, wirkt sie störend und weist auf unreifes Lesegut oder mitvergorene Stiele hin.

Salzig

Obwohl in jedem Wein verschiedene Salze chemisch gelöst sind, schmecken nur wenige danach. Am bekanntesten ist die deutliche Salznote im trockenen Sherry.

ADSTRINGENZ – DER MUND WIRD RAU UND TROCKEN

Normalerweise fühlt sich unsere Mundhöhle glatt und feucht an, wenn wir aber gewisse Weine genießen, wird sie plötzlich rau und trocken. Diese Eigenschaft des Weins nennt man Adstringenz. Wir haben das Gefühl, die Schleimhäute ziehen sich zusammen. Verantwortlich dafür ist die Gerbsäure, das Tannin. Es kommt in praktisch allen Rotweinen vor, ist in jungen Weinen oft sehr dominant und kann den Weingenuss empfindlich stören. Das Tannin stammt zum überwiegenden Teil aus den Beerenschalen und den Kernen, manchmal auch aus den Stielen und zu einem wesentlich kleineren Teil aus dem Holz des Fasses, in dem der Wein gereift ist. In Weißweinen kommt es praktisch niemals in spürbarem Maße vor.

Wofür Tannin gut ist

Das Tannin hat zwei Funktionen: Zum einen wirkt es im Wein wie ein Konservierungsmittel. Es erlaubt ihm, in Ruhe zu reifen und sein ganzes Potenzial zu entwickeln. Alle großen lagerfähigen Rotweine brauchen deshalb eine gehörige Portion Tannin. Anfangs ist es oft etwas aggressiv, später mit der Reife wird es nach und nach immer weicher, samtiger und süß.
Doch das Tannin spielt auch bei Tisch eine bedeutende Rolle. Die meisten klassischen Rotweine sind Essensbegleiter. Und hier, neben dem Teller, erfüllt das Tannin eine wichtige Funktion. Nach jedem Bissen haben wir wie von selbst Lust auf einen Schluck Wein, denn das Tannin reinigt unseren Mund und macht Lust aufs Weiteressen. Ein leicht raues, aber nicht hartes Tannin empfinden wir zusammen mit dem Essen also als durchaus angenehm (siehe S. 89).

DAS MUNDGEFÜHL

Unsere Zunge kann nicht nur schmecken, sie kann natürlich auch fühlen. Beim Essen tastet sie jeden Bissen sorgfältig ab. Ist alles schön zerkaut und weich, sind noch Fremdkörper wie Fischgräten oder Olivensteine enthalten? Erst nach dieser Prüfung wird geschluckt. Genau so macht die Zunge das auch beim Wein.

Viskosität

Die Zunge spürt, ob ein Wein sich so flüssig anfühlt wie Wasser oder eher dick wie Öl. Er kann klebrig sein, schmelzend oder cremig.

Der Körper

Die Zunge empfindet das Gewicht des Weins wie einen Körper. Dieser kann leicht und eher schlank sein, rund und ausgewogen oder dick und fett. Er kann weich sein, straff, muskulös, fleischig, wuchtig, üppig und vieles mehr.

Kohlensäure

In vielen Weißweinen ist ein klein wenig Kohlensäure gelöst. Man erkennt sie manchmal nach dem Einschenken als feinen weißen Schaum auf der Oberfläche im Glas. Durch die Wärme der Zunge löst sie sich und schenkt uns ein angenehm erfrischendes Prickeln. Sie macht den Wein leichter, manchmal fast tänzerisch.

Extraktstoffe

Darunter versteht man die Menge an Inhaltsstoffen, die im Wein gelöst sind. Je weniger Extraktstoffe ein Wein hat, umso leichter ist sein Körper und umso flüssiger seine Viskosität. Leichte, flüssige Weine stammen meist aus einem eher kühlen Anbaugebiet und enthalten auch weniger Alkohol. Sie wirken frisch und lebendig. In einen körperreichen, üppigen Wein kann man dagegen fast beißen. Er ist reichhaltig, besitzt viel Extrakt und oft auch einen hohen Alkoholgehalt. Sehr körperreiche Weine stammen meist aus warmen Anbaugebieten. Die Winzer der Neuen Welt lieben diesen Stil. Ob leicht und flüssig oder wuchtig und dick, in einem ausgewogenen Wein befinden sich alle diese Elemente in einem harmonischen Gleichgewicht.

GUTER ODER GROSSER WEIN

Was einen solchen Wein ausmacht, ist wohl die Frage aller Fragen. Es gibt Weintheoretiker, die meinen, man könne objektiv und beinahe wissenschaftlich feststellen, ob ein Wein gut oder sogar groß ist. Doch das ist fraglich. Natürlich kann man vieles anhand äußerer Kriterien feststellen. Alle Weinfachleute und -genießer rund um den Globus versuchen das. Sie prüfen,

Bekannt für große Weine: Das Château Latour ist eine von fünf Premieur-Grand-Cru-Lagen im Médoc.

beschreiben und beurteilen ihre Weine nach denselben Regeln, um am Schluss wie in einer Rechnung zu einem Gesamtergebnis zu kommen. Fällt dieses positiv aus, handelt es sich um einen guten Wein. Man kann diesem Vorgehen natürlich nicht wirklich widersprechen, denn in einem guten Wein müssen die angewandten Kriterien immer in hohem Maße erfüllt sein.

Und was macht einen Wein nun groß?

Jeder Weinliebhaber hat es doch schon erlebt, dass er von einem Wein überwältigt wurde. Das sind dann Weine, die nicht nur gut sind und uns schmecken, sie berühren uns und wühlen uns auf. Wo aber steckt das Geheimnis dieser Kraft? Es liegt in ihrer Ausstrahlung, ihrer Persönlichkeit und ihrem Charakter verborgen. Deshalb kann eine Begegnung mit ihnen zu einem unvergesslichen Erlebnis werden. Diese Ausstrahlung kann man aber nur erleben, nicht messen. Man verzeiht solchen Weinen sogar kleine Fehler, Kanten und vielleicht sogar Schroffheiten.

KORKSCHMECKER UND WEINFEHLER

Eigentlich sollte jeder Wein, der in Flaschen gefüllt wird, einwandfrei sein. Manchmal hat aber der Winzer nicht ordentlich gearbeitet. Zudem gibt es Korkstopfen, die dem Flascheninhalt einen unangenehmen Geschmack verleihen. Manche Flaschen werden auch falsch gelagert, sodass der Wein sein Aroma verändert. Dazu kommt, dass Menschen sehr unterschiedliche Geschmacksempfindungen haben – nicht jeder kann Fehler durch Riechen und Schmecken erkennen.

Korkfehler

Korken sind ein Naturprodukt und damit fehleranfällig. Raubbau an portugiesischen Korkeichen und eine nachlässige Behandlung der Korkrinde haben dazu geführt, dass sich »Korkschmecker« in den letzten Jahren häuften. Korkschmecker (auch »Stoppler« genannt) kann es bei allen Verschlüssen aus Kork geben – also auch (sogar vor allem) bei Presskork (Stopfen aus zusammengeklebten Korkbröseln). Typisch für diesen Fehler ist ein unangenehmer, muffiger oder modriger Geruch (und Geschmack) nach feuchtem Keller, der im Glas immer stärker und unangenehmer wird. Verursacher ist eine Substanz (Trichloranisol, kurz TCA), die schon in geringsten Mengen zu riechen und zu schmecken ist. Sie entsteht vermutlich in Verbindung mit chlorhaltigen Reinigungs- und Desinfektionsmitteln bei der Herstellung und in den Winzerkellern. Ein Korkschmecker kann deshalb sogar (aber sehr selten) in Flaschen ohne Korkverschluss auftreten. Er verstärkt sich noch erheblich, wenn der Wein mit Mineralwasser vermischt wird. Ein echter Korkschmecker ist immer ein Reklamationsgrund. Wird der Geruch hingegen im offenen Glas mit der Zeit schwächer, ist es ein flüchtiger Muffton, der meist durch »Umfüll-Dekantieren« (siehe S. 67) verschwindet.

Verdeckter Korkschmecker

Dieser Fehler wird auch »schleichender Kork« genannt und ist schwierig festzustellen, wenn man nicht weiß, wie der Wein eigentlich schmecken sollte. Solch ein Wein ist einfach ein Nichts, er riecht nur schwach, wirkt irgendwie »staubig«, unausgeglichen, die Fruchtigkeit fehlt. Er hinterlässt manchmal einen bitteren Nachgeschmack oder man spürt nach dem Schlucken ein ganz leichtes Korkaroma in der Nase. Es ist, als wäre der Wein einfach nicht richtig da, als hätte er keine Frische, keine Struktur und würde nur dünn und flach durch den Mund gehen. Sollten Sie bei einer teuren Flasche den Eindruck haben, der Wein müsse eigentlich besser oder anders schmecken, fragen Sie den Sommelier nach seiner Meinung. Allerdings werden nur die Geübten unter ihnen diesen Fehler in Erinnerung an den einwandfrei schmeckenden Wein erkennen (und Ihnen eine neue Flasche bringen).

PROFI-TIPP

Nicht jeder Korkfehler ist sofort zu erkennen, manche zeigen sich erst nach einiger Zeit im Glas oder in der Flasche beim Erwärmen. In diesem Fall den Wein nicht tapfer runterwürgen, sondern unbedingt beanstanden. Erfahrene Sommeliers kennen das Phänomen dieses »verspäteten Korkschmeckers«.

Untypischer Alterungston

Dieser Weinfehler (auch kurz »UTA« genannt) gibt sich durch eine blasse Weinfarbe und einen unangenehmen (aber oft nur schwach ausgeprägten) Duft zu erkennen. Der Geruch erinnert an nasses Holz, feuchte Spüllappen, Karton oder Hundefell, alte Wäsche, Bohnerwachs oder gar Mottenkugeln, der Wein wirkt irgendwie ausdruckslos stumpf, seifig und laugig. Der Fehler ist jedenfalls ein Grund zur Beanstandung.

»Brett«-Fehlton

Ein noch nicht lange definierter Weinfehler, der seinen Namen vom Verursacher, dem Hefepilz Brettanomyces, erhalten hat. Dieser bildet beim Rotweinausbau mehr oder weniger unangenehme Gerüche nach Leder, Teer, Nagellack, Pferdeschweiß, nassem Hundefell, Kuhstall, Katzenurin bis zu Verdorbenem. Beim Probieren lassen sich

Schon der Korken gibt Auskunft über manche Weinfehler.

teerähnlich rauchige, speckige, säuerliche oder medikamentenähnliche Noten erkennen. Bei länger gelagerten Weinen wirken die Gerbstoffe am Gaumen puderähnlich-staubig, sandig und sehr austrocknend. Je nach Intensität reicht dieser »Brett«-Fehlton von »noch tolerierbar« (zumal er auch bei großen Bordeauxweinen auftritt und dort sogar als charakteristisch angesehen wird) bis hin zu »nicht mehr akzeptabel«. Allerdings ist die Reizschwelle bei jedem Menschen sehr verschieden, sodass der eine einen »Brett-infizierten« Wein noch als gut, der andere bereits als untrinkbar ansieht.

Essigton

Ein schwacher bis deutlicher Geruch nach Essig (auch »flüchtige Säure« genannt), oft verbunden mit einem kratzig-säuerlichen Geschmack. Er zeigt eine unsaubere Vergärung des Weins durch Essigsäurebakterien an. Sie können sich schon auf den Beeren entwickeln, wenn diese durch Pilzinfektionen oder Insekten beschädigt werden und zu faulen beginnen; aber auch, wenn die Trauben nach der Ernte nicht schnell genug verarbeitet werden oder der Wein beim Ausbau zu viel Luft bekommt. Aus Essigsäure und Alkohol kann sich ein Essigester (Ethylacetat) bilden, der sich durch einen Geruch nach Lösungsmittel (Klebstoff oder Nagellackentferner) bemerkbar macht. Bei höherem Gehalt an »flüchtiger Säure« ist der Wein fehlerhaft.

Trübung und Weinstein

Eine deutliche Trübung oder gar schmierige Schlieren sind bei jungen Weinen ein Fehler, bei älteren könnte es sich um aufgewirbeltes Depot (siehe S. 66) handeln und ist kein Grund zur Beanstandung. Einfach die Flasche etwas stehen lassen, um den Unterschied zu erkennen. Helle Kristalle am Boden und oft auch an den Korken von Weißweinen bestehen aus Weinstein. Sie sind kein Grund zur Reklamation, sondern eher ein Zeichen dafür, dass der Wein vor der Abfüllung nur wenig behandelt wurde.

BEWERTUNG VON WEINEN

Eine Weinprobe bringt wenig, wenn man sich keine Notizen zu den Weinen macht. Wichtig sind Name, Herkunft (also Gebiet, eventuell Lagenname, Weingut), Jahrgang und Rebsorten. Dazu notiert man sich Beobachtungen über Farbe, Duft und Geschmack. Und zum Schluss gibt man dem Ganzen eine Note. Am Anfang genügen Schulnoten von 1 (supergut) bis 6 (ungenießbar). Später kann man das System weiter verfeinern.

20-Punkte-Schema

Dies ist ein Schema, bei dem die Punkte nach einem komplizierten Schlüssel berechnet werden. Bei der 20-Punkte-Skala beginnt die Wertung mit 10 Punkten (um das Schema zu kennzeichnen, wird »10/20« geschrieben – also 10 Punkte von 20 maximal möglichen).

Die amerikanische Weinkritikerlegende Robert Parker.

10 Punkte	grob fehlerhafter Wein, durchgefallen
11 Punkte	erkennbare Fehler
12 Punkte	trinkbarer Wein
13 Punkte	nichts Besonderes, aber fehlerfrei
14 Punkte	ordentlich, im Alltag trinkbar
15 Punkte	gutes Mittelmaß, ordentlich
16 Punkte	sehr guter Wein, schon beachtlich
17 Punkte	sehr guter bis großer Wein
18 Punkte	großartiger Wein
19 Punkte	außergewöhnlicher Spitzenwein
20 Punkte	perfekter, nicht zu überbietender Jahrhundertwein

Parker-Punkte

Geläufiger ist eine Punktevergabe nach Robert Parker (amerikanischer Weinkritiker), die sich – obwohl nicht unumstritten – international durchgesetzt hat. Auf seine Bewertung wird oft in Prospekten hingewiesen: »Dieser Wein hat 89 Parker-Punkte.« Um die Methode zu kennzeichnen, könnte man auch

»89/100« – 89 von 100 möglichen Punkten – schreiben. Weil Parkers Benotung dem amerikanischen Schulsystem angepasst ist, beginnt seine Skala erst bei 50 Punkten (entspricht den 10 Punkten im 20-Punkte-Schema).

< 60 Punkte	fehlerhafter Wein (»unacceptable«)
60–69 Punkte	Wein mit deutlichen Schwächen und Fehlern, belanglos (»below average«)
70–79 Punkte	durchschnittlich, macht nicht unbedingt Freude (»average«)
80–84 Punkte	ansprechender, guter Wein, empfehlenswert (»average to good«)
85–89 Punkte	sehr guter, ausgewogener Wein, sehr empfehlenswert (»very good«)
90–94 Punkte	weit überdurchschnittlicher Wein, exzellent, herausragende Qualität, große internationale Klasse (»outstanding«)
95–99 Punkte	hervorragender, perfekter Wein, Spitzenklasse, vielschichtig und von großer Tiefe, der zu trinken ein unvergessliches Erlebnis ist (»extraordinary«)
100 Punkte	der vollkommene Wein, nicht mehr zu übertreffen, ein Jahrhundertwein

WEINPROBE ZU HAUSE

Mit Freunden ein paar Weine richtig zu »verkosten«, macht Spaß und bringt neue Erfahrungen.
Was sollte alles bereitstehen?

- Liste mit Weinen, die probiert werden – mit Platz für Notizen.
- Genügend Gläser – möglichst zwei bis drei Probiergläser pro Teilnehmer, damit die Weine verglichen werden können.
- Bei verdeckter Probe: Hüllen für die Flaschen mit Nummern.
- Etwa einen Tag altes Brot, um den Geschmack zu neutralisieren.
- Reichlich stilles Wasser.
- Mehrere undurchsichtige Gefäße für das Gläserspülwasser (Wasser zum Ausschwenken der Gläser) und um den Probeschluck Wein ausspucken zu können, am besten mit Holzwolle gefüllt, dann spritzt es nicht so.
- Mehrere Karaffen zum Dekantieren von Rotweinen (siehe S. 67). Wer nur eine Karaffe hat, dekantiert den ersten Wein, säubert die Flasche und gießt den Wein (am besten mithilfe eines Trichters) wieder zurück in die Flasche.
- Weißer Untergrund (zum Beurteilen der Farbe).
- Kapselschneider und Korkenzieher (siehe S. 49 ff).
- Kleine Flaschen für die Reste. Geeignet sind kleine Mineralwasserflaschen oder halbe Weinflaschen (0,375 l).

ESSEN UND WEIN

WEGE ZUM TAFELGLÜCK

Was gibt es Schöneres, als seine Gäste mit einem liebevoll zubereiteten Essen zu verwöhnen? Fließen dann zu den einzelnen Speisen auch noch die passenden Weine ins Glas, steht dem Tafelgenuss nichts mehr im Weg. Seien Sie sicher: Mit den Kombinationen, die wir Ihnen auf den folgenden Seiten empfehlen, liegen Sie als Gastgeber immer richtig.

Warum schmeckt ein Wein, den man zum Essen genießt, meist ganz anders, als wenn er solo getrunken wird? Weil Wein und Essen sich gegenseitig beeinflussen. Auf der rechten Seite sind die Wechselwirkungen zwischen den unterschiedlichen Geschmacksrichtungen aufgeführt.

ERFOLGREICH KOMBINIEREN

Die Weine einer Landschaft passen meist zu den traditionellen regionalen Produkten und den daraus zubereiteten Gerichten. Dies gilt für beinahe alle regionaltypischen Speisen, insbesondere aber für Käse.

Harmonie der Aromen

Übereinstimmende Aromen Hier werden Speisen und Weine, die identische Aromen besitzen, geschmacklich in Gleichklang gebracht. So passen etwa Gerichte mit Paprika gut zu Weinen aus der Cabernet-Sauvignon-Traube, die oft Paprikaaromen besitzen.

Gegensätzliche Aromen Bei dieser Methode werden konträre Aromen von Wein und Speise effektvoll verknüpft, was besonders viel Fingerspitzengefühl und noch mehr Weinwissen erfordert. Ein klassisches Beispiel sind herbstlich-würzige Wildgerichte, die von fruchtigen Spätburgundern begleitet werden.

Harmonie der Geschmackseigenschaften

Zunächst muss man sich über die Haupteigenschaften des Essens und der Weine klar werden, etwa hinsichtlich ihres Gehalts an Säure, Süße, Alkohol und Tanninen. Es geht aber auch um Fettanteile, Schärfe und Garmethoden.

Die Garmethoden Stark vereinfacht könnte man alle Garmethoden in zwei Gruppen aufteilen, nämlich in Verfahren, bei denen eine sogenannte Bratenkruste entsteht, und in solche ohne Krustenbildung. Die Bratenkruste entsteht unabhängig vom Produkt beim Braten, Backen, Frittieren, Rösten, Schmoren und Grillen und passt aromatisch und geschmacklich hervorragend zu Rotwein. Je ausgeprägter die Kruste ist, desto kräftiger und tanninreicher sollte der Rotwein sein.

Beim Marinieren, Pochieren, Kochen und Dünsten bildet sich keine Bratenkruste. Deshalb passen hier überwiegend Weißweine.

Das Fett Fett ist wichtig als Geschmacksträger und für die Struktur einer Speise. Je höher der Fettgehalt ist, desto mehr Alkohol braucht der begleitende Wein. Bei der Säure verhält es sich umgekehrt: Fettreiche Speisen bedingen säurearme Weine. Meist enthalten alkoholreiche Weine ohnehin wenig Säure. Zu Gänseleber, einem Produkt mit extrem hohem Fettgehalt, passt Sauternes, ein edelsüßer Wein aus Bordeaux, oder ein trockener Grauburgunder. Beide Weine zeichnen sich durch viel Alkohol und wenig Säure aus.

Die Tannine Bei der Kombination von Wein und Essen geht es auch um die Bekömmlichkeit. Eine wichtige Rolle spielen dabei die Tannine, die aus den Häuten, Kernen und Stielen der Trauben stammen. Sie sind hauptsächlich in Rotweinen zu finden und wichtig für deren Alterungsfähigkeit. Tannin spaltet das Muzin, ein für die Gleitfähigkeit des Speichels verantwortliches Eiweiß, und erzeugt dadurch ein raues Mundgefühl. Isst man aber zum Rotwein ein Stück Fleisch, verschwindet dieser unangenehme Effekt, weil das Tannin die Fleischproteine spaltet, bevor es mit dem Muzin reagieren kann. Diese Vorverdauung steigert den Wohlgeschmack von Wein und Speise und entlastet den Verdauungsapparat. Anhand der Tabelle auf der nächsten Seite können, ausgehend von

GESCHMACKSWECHSELWIRKUNGEN

VERSTÄRKEN SICH GEGENSEITIG	SCHWÄCHEN SICH GEGENSEITIG
süß – süß	süß – salzig
salzig – salzig	süß – sauer
salzig – sauer	süß – bitter
sauer – sauer	salzig – bitter
sauer – bitter	
bitter – bitter	

ESSEN UND WEIN ERFOLGREICH KOMBINIEREN

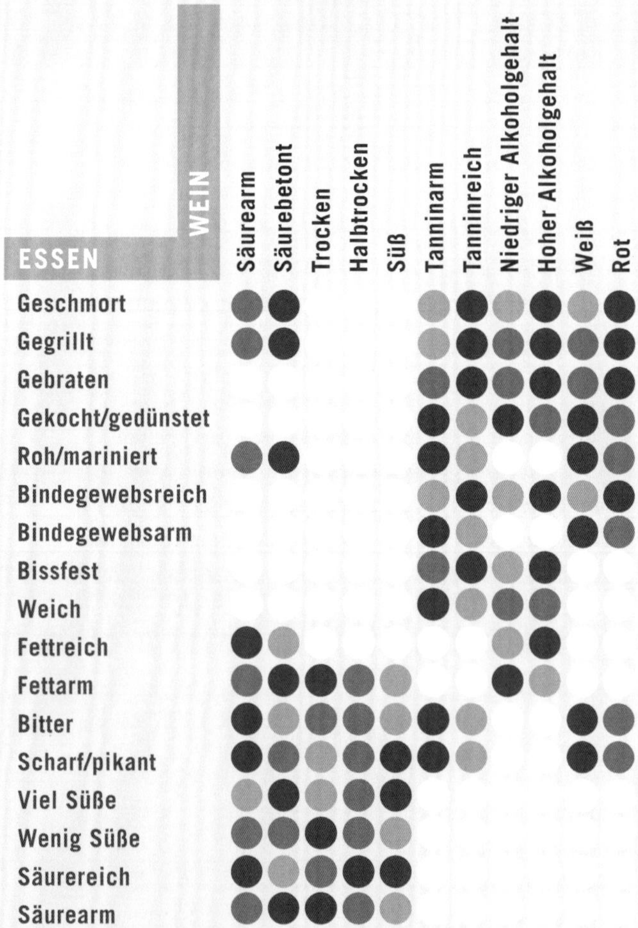

Ideale Kombination

Gute Kombination, in Ausnahmefällen problematisch

Schlechte Kombination, in Ausnahmefällen passend

Ohne wesentlichen Einfluss

den Grundeigenschaften des Weins und des Essens, ideale Kombinationen gefunden werden. Neben den einzelnen Bestandteilen eines Gerichts ist auch dessen Gesamtausdruck wichtig.

KOMBINATIONS-BEISPIELE

Forelle blau Das Gericht hat etwas Säure und wenig Süße. Der Fisch ist fettarm, weich, hat sehr wenig Bindegewebe und wurde pochiert. Ideal ist ein trockener, tanninarmer Weißwein mit wenig Alkohol. Am besten passt ein Riesling, der mit seinen fruchtigen Aromen den leicht erdigen Geschmack der Forelle belebt.

Hühnercurry Das Curry ist leicht sauer, ziemlich süß, scharf und etwas bitter, das Huhn ist weich, fett- und bindegewebsarm. Dazu soll ein trockener, tanninreicher Chianti Classico mit viel Säure und Alkohol gereicht werden. Die hellvioletten Felder auf den Schnittstellen der Eigenschaften von Chianti und Curry warnen vor dieser Kombination.

SCHWIERIGE PARTNER

Einige Lebensmittel vertragen sich gar nicht gut mit Wein. Meist sind es ihre Säuren und Bitterstoffe, die einer glücklichen Vermählung mit Weinen im Wege stehen. Dies sind die hartnäckigsten Fälle:

Artischocken Ihr hoher Gehalt an Bitterstoffen lässt die meisten Weine kapitulieren. Am ehesten passen sehr kräftige, alkoholreiche und säurearme Weißweine. Grauburgunder, Chardonnay, Fiano di Avellino sowie einige Weißweine aus dem Languedoc harmonieren am besten. Rotweine kommen nicht infrage.

Essig Gehen Sie beim Kochen unbedingt sparsam um mit Essig! Die Essigsäure zwingt jeden guten Tropfen in die Knie. Für fast alle Salatdressings kann statt Essig Zitronensaft verwendet werden, dessen Säure sich viel besser mit Wein verträgt. Essigsaure Marinaden (Rollmops, Sauerfleisch, Mixed Pickles) sind völlig tabu. Zu ihnen passt ein frisches Bier am besten.

Kohl Alle Kohlarten enthalten schwefelhaltige Senföle, deren Bitterkeit den Weingenuss empfindlich stören kann. Spitzenreiter sind Rosenkohl und Grünkohl.

Rettich Die Kombination aus ätherischen Ölen, Bitterstoffen und Säure verträgt sich wunderbar mit einem milden Bier. Wein hingegen kommt als Begleiter nur infrage, wenn der Rettich zuvor blanchiert wurde. Gleiches gilt für Meerrettich, Zwiebeln und Radieschen.

Spinat Oxalsäure und die versteckten Bitterstoffe des Spinats haben schon manchen Weingenuss vereitelt. Am besten passen extraktreiche, säurearme Weißweine wie Chardonnay, Grauburgunder, Soave Classico oder Silvaner Spätlese trocken.

STANDARD-KOMBINATIONEN, DIE IMMER PASSEN

Gemüse	*allgemein*	Sauvignon blanc
	Spargel	Silvaner
Fisch	*Süßwasserfische*	Riesling
	Meeresfische	Chardonnay
	Meeresfrüchte	Muscadet
Fleisch	*Schwein*	Spätburgunder
	Rind	Cabernet, Sauvignon, Bordeaux
	Lamm	Merlot
	Wild	Pinot noir/Spätburgunder
	Wurst und Terrinen	Beaujolais
Scharfe asiatische Gerichte	*allgemein*	Riesling halbtrocken oder lieblich
Käse	*allgemein*	Côtes du Jura, Grauburgunder, Beaujolais
	Bergkäse	Côtes du Jura
	Blauschimmelkäse	Port, Sauternes

Tomaten Der hohe Säuregehalt der Tomaten bringt vor allem leichte Weine ins Schleudern. Gerichte mit vielen Tomaten wie Pasta, Pizza oder Tomatensalate harmonieren am besten mit rustikalen Rotweinen von robuster Struktur, etwa Chianti, Nero d'Avola und Primitivo.
Obst In rohem Zustand demontiert fast jedes Obst das geschmackliche Gefüge des Weins. Schuld sind die Säuren, die aber weinverträglich sind, wenn das Obst gegart wird.
Rhabarber Die reichlich vorhandene Oxalsäure macht jeden Weingenuss unmöglich. Bei Rhabarber gilt also: Hände weg vom Wein.
Eis Parfaits oder reine Eisdesserts harmonieren nicht mit Wein. Ist das Eis nur ein untergeordneter Bestandteil des Desserts, ist gegen Wein nichts einzuwenden.

DAS PASST IMMER

Zu den meisten Speisen passt Wein aber wunderbar. Wenn einmal rasch entschieden werden muss, gibt es Standard-Kombinationen (siehe Tabelle oben), mit denen man auf jeden Fall richtig liegt.

WEIN ZUM KOCHEN

Oft wird empfohlen, zum Kochen den gleichen Wein zu nehmen, der später auch zum Essen getrunken wird. Dies ist zwar ein teurer, aber keinesweg ein guter Rat. Während des Kochens verflüchtigt sich aber nicht nur der Alkohol, es gehen auch alle geschmacklichen Feinheiten des Weins verloren. Ein verkochter Edeltropfen steigert also den Genuss keineswegs. Trotzdem sollte der Kochwein von guter Qualität sein und ein ähnliches Geschmacksprofil haben wie der Tischwein.

Tipp: Geben Sie kurz vor dem Servieren eine kleine Menge des später ausgeschenkten Tischweins in die Sauce. Dadurch bleiben seine Qualitäten erhalten, und der Geschmack des Essens wird aufgewertet.

DER MENÜAUFBAU

Ein Menü wird ein garantierter Erfolg, wenn die einzelnen Gänge und begleitenden Weine in eine harmonische Abfolge gebracht werden.

- Bis zum Hauptgang gilt: kalte Speisen vor warmen. Danach geht es umgekehrt weiter.
- Bis zum Dessert gilt: salzige Speisen vor süßen. Ein Wechsel zwischen salzig und süß vor dem Dessert führt zu geschmacklicher Unordnung. Käse sollte immer vor dem Dessert gereicht werden.
- Aroma und Würze der Speisen sollten sich von Gang zu Gang steigern. Dadurch vermeidet man, dass ein nachfolgender Gang von seinem Vorgänger geschmacklich übertrumpft wird.
- Innerhalb eines Menüs sollten alle Gänge in einem gut nachvollziehbaren inhaltlichen Zusammenhang stehen wie zum Besipiel ein saisonales oder regionalens Thema.

DIE WEINFOLGE

Werden einige Grundregeln beachtet, ergibt sich leicht eine stimmige Dramaturgie der Weinfolge:

- Neutrale Weine vor aromatischeren Gewächsen.
- Junge Weine vor gereiften Weinen.
- Leichte Weine vor gehaltvolleren, schweren Weinen.
- Trockene vor halbtrockenen und süßen Weinen.
- Weißweine vor Rotweinen.

SPEISEN UND WEIN

Die Angaben auf den folgenden Seiten lesen Sie wie folgt: Der am besten passende Wein wird nach dem Pfeilsymbol als erster aufgeführt, danach folgen Alternativen. Die Farbe der Schrift zeigt an, ob es sich um Rotwein, Rosé oder Weißwein handelt. Die weiteren Angaben betreffen Trinkreife und optimale Trinktemperatur. Die Preisspanne entspricht dem Preisniveau passender Qualitäten im Fachhandel.

Preisklassen: **1** 5–10 € **2** 10–15 € **3** 15–20 € **4** 20–25 € **5** > 25 €

VORSPEISEN UND WEIN

Seitdem das Essen immer mehr Ereignischarakter angenommen hat, genießt die Vorspeise einen höheren Stellenwert denn je. Mut zu fantasievollen Kreationen und Einflüsse exotischer Küchen spielen eine große Rolle. Die Weine zur Vorspeise sollten nach Möglichkeit trocken und leicht sein, damit bei den nachfolgenden Gängen geschmackliche Steigerungen möglich sind.

EINGELEGTES GEMÜSE, ESCALIVADA

Nach dem Grillen, Braten oder Backen werden die Gemüse in Olivenöl eingelegt und mit Knoblauch und Salz gewürzt. Manchmal ist ein Spritzer Zitronensaft dabei. Eingelegtes Gemüse besitzt Süße und durch das Grillen oder Braten verstärkte Bitterstoffe. Daher kommen nur Weine mit moderater Säure in Betracht. Aufgrund des sehr sommerlichen Charakters dieser Gerichte sollte man immer einen entsprechend frischen Wein wählen.

SAUVIGNON BLANC

Friaul (Italien)

2–3 • 1–3 Jahre • 8–10 °C

Die Sauvignons aus Friaul von überwiegend lehmigen Böden sind meist kräftig. Dank ihrer milden Säuren und der sortentypischen Frische passen sie ideal zu Gemüsegerichten.

Rueda
Kastilien-León (Spanien)
1–2 • 1–3 Jahre • 7–9 °C

Weißburgunder trocken
Baden (Deutschland)
1–2 • 1–5 Jahre • 9–11 °C

Sauvignon blanc trocken
Rheinhessen (Deutschland)
1–2 • 1–3 Jahre • 8–10 °C

Info Die Escalivada ist eine katalanische Spezialität aus gegrilltem Gemüse und wird als Vorspeise oder kaltes Abendessen gereicht. Sie besteht meist aus Auberginen und Paprikaschoten. Das Wort bedeutet »in der Asche zubereiten«, weil das Gericht traditionell in der Glut eines Holzfeuers gegart wurde.

GESCHMORTER CHICORÉE

Die anregende Bitterkeit des Chicorées ist eine Herausforderung für den Wein. Oft wird Chicorée mit karamellisiertem Zucker zubereitet, der dem Gericht Körper verleiht und die Bitterkeit etwas mildert. Eine Alternative ist Chicoréegratin mit oder ohne Schinken. Hier verringert der Käse die Bitterkeit. An säurearmen Weißweinen kommt man beim Chicorée nicht vorbei, denn Rotweintannine verstärken die Bitterkeit unangenehm.

GRAUBURGUNDER TROCKEN

Pfalz (Deutschland)

1–3 • 1–5 Jahre • 9–11 °C

Ein kraftvoller Grauburgunder (ohne Barrique) bringt Schmelz und zart salzige Noten mit – ideale Puffer für Bitterkeit. Zu Chicoréegratin passen Silvaner und Müller-Thurgau.

Silvaner trocken
Rheinhessen (Deutschland)
1 • 1–3 Jahre • 8–10 °C

Müller-Thurgau trocken
Baden (Deutschland)
1 • 1–3 Jahre • 8–10 °C

Pinot bianco
Südtirol (Italien)
1–2 • 1–3 Jahre • 8–10 °C

Tipp Die Bitterkeit von Chicorée kann mit Salz gemildert werden. Salzen Sie daher etwas mehr als üblich, dies lässt einen großen Teil der Bitterkeit verschwinden.

AUSTERN

Nur roh entfalten Austern den unvergleichlichen Meeresgeschmack, der je nach Sorte, Herkunft und Zuchtmethode enorm variieren kann. Austern enthalten wenig Fett, aber viel Eiweiß und haben einen angenehmen Biss. Die ideale und einzig akzeptable Würze zu dieser Gourmetspeise ist ein Spritzer Zitronensaft. Muscadet (den man unbedingt im Fachhandel kaufen muss!) schmeckt vor allem zu Felsenaustern. Zu den nussigeren Belon-Austern sind Chablis oder sehr trockener Blanc de Blancs aus der Champagne ideal.

MUSCADET

Loire (Frankreich)

1–2 • 1–5 Jahre • 7–10 °C

Mineralische Noten und eine Ahnung von Zitrone sind die Merkmale des leichten Weißweins von der Loiremündung. Zusammen mit Austern entfacht er im Mund ein Geschmacksfeuerwerk.

Chablis
Burgund (Frankreich)
2–4 • 2–10 Jahre • 8–10 °C

Champagne Blanc de Blancs
Champagne (Frankreich)
5 • 1–5 Jahre • 8–10 °C

Picpoul de Pinet
Languedoc (Frankreich)
1 • 1–2 Jahre • 7–10 °C

FISCHCARPACCIO

Hauchdünne Scheiben von rohem Meeresfisch werden mit feinstem Öl beträufelt und dezent mit Pfeffer und Salz gewürzt. Im Vordergund stehen hier der subtile Geschmack und die zarte Struktur des Fischs. Je nach verwendetem Öl (Olive, Sesam, Mandel) kann man unterschiedliche Garnituren wie Salat, Sprossen oder die delikaten Salicornes, die auch als Meeresspargel gehandelt werden, hinzufügen. Der passende Wein dazu muss fruchtig und mineralisch sein.

RIESLING TROCKEN

Mittelmosel (Deutschland)

1–3 • 1–5 Jahre • 7–10 °C

Zarte Weine mit wenig Alkohol und marinierter Fisch ergänzen sich perfekt. Fruchtaromen können spannende Akzente setzen. Zu Lachs passen Rieslinge aus der Pfalz oder aus dem Kremstal am besten.

Riesling trocken
Kremstal (Österreich)
1–3 • 2–10 Jahre • 8–10 °C

Vermentino di Sardegna
Sardinien (Italien)
1–2 • 1–5 Jahre • 7–10 °C

Sancerre
Loire (Frankreich)
2–3 • 1–2 Jahre • 8–10 °C

GRAVED LACHS MIT HONIG-SENF-SAUCE

Der Lachs wird mit Salz, Zitronensaft und frischem Dill mariniert. Sein zartes Fleisch schmilzt geradezu auf der Zunge und entwickelt einen vollmundigen Geschmack. Eine süß-sauer-scharfe Honig-Senf-Sauce, die man übrigens sehr einfach selbst herstellen kann, rundet den Genuss ab. Die Kombination mit einem restsüßen, delikaten Wein, beispielsweise einem zarten Riesling der Qualitätsstufe Kabinett, ist eine kulinarische Offenbarung.

RIESLING KABINETT

Mosel (Deutschland)

1–2 • 2–10 Jahre • 7–10 °C

Frucht und Mineralität des Rieslings steigern den komplexen Geschmack des Fischs, während das Süße-Säure-Spiel des Weins der Sauce zu einzigartiger Frische verhilft.

Riesling Spätlese
Mittelrhein (Deutschland)
1–3 • 2–15 Jahre • 7–10 °C

Muskateller Kabinett
Baden (Deutschland)
1–2 • 1–3 Jahre • 7–10 °C

Rosé d'Anjou
Loire (Frankreich)
1–2 • 1–2 Jahre • 7–9 °C

Tipp Auch Süßwasserfische wie Forelle oder Saibling können als Carpaccio zubereitet werden. Dafür eignen sich aber nur beste Qualitäten aus absolut sauberen Fließgewässern.

GARNELENCOCKTAIL

Gekochte Garnelen oder Crevetten werden umhüllt von einer Cocktailsauce aus Mayonnaise und Ketchup, gewürzt mit Cognac, Worcestersauce und Tabasco. Die bissfeste Struktur der Garnelen, die cremige Sauce, der hohe Eiweißanteil, etwas Süße und viel Aroma bilden einen geschmacklichen Spannungsbogen, der nach einem aromatischen Weißwein mit dezenter Säure und mindestens mittlerem Alkoholgehalt verlangt.

SAUVIGNON BLANC

Marlborough (Neuseeland)

2–4 · 1–4 Jahre · 8–10 °C

Sauvignons aus Neuseeland duften nach Grasschnitt, Stachelbeeren und Kiwis. Zu Hummercocktail passt ein Sauvignon aus Kalifornien oder ein Petite Arvine besser.

Sauvignon blanc
Steiermark (Österreich)
1–4 · 2–5 Jahre · 8–10 °C

Riesling trocken
Pfalz (Deutschland)
1–4 · 2–10 Jahre · 7–11 °C

Petite Arvine
Wallis (Schweiz)
4–5 · 2–10 Jahre · 9–12 °C

FLEISCHCARPACCIO

Hauchdünne Scheiben von rohem Rinderfilet werden mit bestem Olivenöl mariniert und mit Pfeffer gewürzt. Das Fleisch entwickelt ein delikates Aroma und wird mit einer Sauce auf Mayonnaisebasis und fein gehobeltem Parmesan serviert. Bitter-scharfer Rucola ist eine beliebte Garnitur. Zum französischen Vetter, dem Steak Tartar mit seiner herzhaften Struktur, passt ein leichter Rotwein.

VERNACCIA DI SAN GIMIGNANO

Toskana (Italien)

2–3 · 1–2 Jahre · 7–10 °C

Trotz des recht hohen Alkoholgehalts wirkt der Vernaccia leicht. Sein Duft von Mandeln, Blüten und Zitronen harmoniert perfekt mit dem Olivenöl. Zur Rucolavariante passt der fülligere Chenin blanc besser.

Furmint
Tokaj (Ungarn)
2–3 · 1–3 Jahre · 7–10 °C

Chenin blanc
Stellenbosch (Südafrika)
2–4 · 1–5 Jahre · 8–10 °C

Saumur-Champigny
Loire (Frankreich)
2–5 · 2–20 Jahre · 15–17 °C

FLEISCHPASTETE

Pasteten besitzen eine Hülle aus mürbem Pastetenteig. Wegen der einfachen Verfügbarkeit als Fertigprodukt werden neuerdings immer mehr Blätterteigpasteten angeboten. Ihnen fehlt aber die einzigartige Harmonie zwischen krustigem Mürbteig und geschmeidiger Füllung. Die Geschmacksrichtungen reichen von rustikal bis hochfein. Je nach Ausführung wird die ziemlich fettreiche Füllung mit exotischen Gewürzen verfeinert.

CHARDONNAY

Colchagua (Chile)

1–3 • 2–4 Jahre • 8–10 °C

Chardonnay und Pastete harmonisieren perfekt. Die cremige Textur des Weins nimmt die weiche Struktur der Füllung auf, sein üppiges Aroma ergänzt deren Gewürze.

Gewürztraminer trocken
Rheinhessen (Deutschland)
1–3 • 1–4 Jahre • 8–11 °C

Fleurie
Beaujolais (Frankreich)
1–2 • 1–5 Jahre • 14–16 °C

Saint-Emilion Grand cru
Bordeaux (Frankreich)
5 • 5–20 Jahre • 16–18 °C

GEFLÜGELLEBERTERRINE

Wegen ihres hohen Fettgehalts schmilzt die zarte Terrine geradezu auf der Zunge. Sie wird mit fruchtigen oder würzigen Beilagen oder einfach nur mit geröstetem Weißbrot und grobem Meersalz serviert. Dazu passen trockene genauso wie edelsüße Weine, wenn sie über ausreichend Alkohol und mäßige Säure verfügen. Weil die Terrine in der Regel als Vorspeise serviert wird, ist im Sinne einer harmonischen Weinfolge ein trockener Wein vorzuziehen.

GEWÜRZTRAMINER TROCKEN

Baden (Deutschland)

1–3 • 2–6 Jahre • 9–11 °C

Der stattliche Alkoholgehalt und die mäßige Säure passen optimal zum hohen Fettgehalt der Leber. Das edle Bukett von Rosen, Litschis und exotischen Gewürzen rundet das Aroma der Terrine ab.

Pinot gris
Elsass (Frankreich)
2–5 • 2–10 Jahre • 9–12 °C

Traminer
Steiermark (Österreich)
2–3 • 2–5 Jahre • 8–11 °C

Sauternes
Bordeaux (Frankreich)
4–5 • 4–20 Jahre • 9–12 °C

APERITIF

Unsere südlichen Nachbarn pflegen die schöne Gewohnheit, sich vor dem Essen zu einer entspannten Runde zu treffen, bei der viel geredet und ein Gläschen oder zwei genossen wird. Dazu gibt es Nüsse, Salzgebäck, Oliven, Crostini oder andere unkomplizierte Appetithäppchen. Der Aperitif soll die Verdauungsorgane auf die kommende Mahlzeit vorbereiten.
Als Aperitif ist ein trockener, spritziger Weißwein neben den meist bitteren Aperitifgetränken die erste Wahl. Am besten sind neutrale Sorten wie Silvaner aus Franken oder Württemberg sowie Aligoté aus dem Burgund. Aus dem italienischen Repertoire kommen Lugana oder Gavi infrage. An warmen Sommerabenden mundet ein aromatischer trockener Muskateller aus Baden oder der Pfalz hervorragend. Rotweine eignen sich nicht als Apertif.

TROCKEN ODER SÜSS?

Obwohl die meisten Aperitifweine trocken sind, werden in manchen Regionen auch edelsüße Weine wie Muscat de Beaumes-de-Venise, Sauternes oder Monbazillac vor dem Essen serviert, und zwar eiskalt oder sogar mit Eiswürfeln.

SHERRY: FRISCH AM BESTEN

Fino oder Manzanilla Sherry sind Klassiker, die heutzutage leider nicht angemessen gewürdigt werden. Sie sehen nicht nur aus wie normale Weißweine, sondern müssen auch unbedingt frisch geöffnet und kühl serviert werden. Einmal geöffnet, sind sie nur noch einen Tag haltbar. Ihre dunkleren Vettern Amontillado, Palo Cortado oder Oloroso halten ihre Qualität zwar im Anbruch besser, doch sind sie längst nicht so geeignet als Apéro.

CHAMPAGNER – DER KLASSIKER SCHLECHTHIN

Fast alle Schaumweine sind gute Aperitifs. Ihre Kohlensäure und der frische Geschmack regen den Appetit besonders stark an. Champagner ist und bleibt dabei die erste Wahl, allen voran die ganz trockenen Ausführungen (»extra brut«). Eine hervorragende und meist sehr viel günstigere Alternative ist Cava. Wer es gern etwas fruchtiger mag, wird einen Sekt bevorzugen. Alle Schaumweine harmonieren sehr gut mit Nüssen, Käse- und Blätterteiggebäck, Toasts mit Käseaufstrich oder Leberpastete sowie salzigem Hefegebäck.

Ein spritziger Sekt oder edler Champagner eignen sich ideal als Aperitif.

TOMATE MIT MOZZARELLA

Die Qualität dieser italienischen Vorspeise steht und fällt mit der Güte ihrer Zutaten. Tomaten- und Mozzarellascheiben werden abwechselnd mit Basilikumblättern hübsch angerichtet, mit Olivenöl beträufelt und dezent mit Pfeffer und Salz gewürzt. Im Original wird kein Essig verwendet, weil die Tomaten, auch wenn sie vollreif sind, bereits genügend Säure mitbringen. Eine köstliche Variante ist Tomate mit cremig-milder Burrata und frischem Oregano.

FIANO DI AVELLINO

Kampanien (Italien)

1–2 • 1–3 Jahre • 8–10 °C

Mit Frische und Substanz kontert der Fiano die Säureattacke der Tomate. Seine dezenten mediterranen Anklänge intensivieren das fruchtige Aromenspektrum dieser Vorspeise.

Weißburgunder trocken
Pfalz (Deutschland)
1–2 • 1–4 Jahre • 8–10 °C

Sauvignon blanc
Constantia (Südafrika)
2–3 • 1–3 Jahre • 8–10 °C

Vermentino
Korsika (Frankreich)
1–3 • 1–3 Jahre • 8–10 °C

TAPAS

Die köstlichen Appetithäppchen werden nicht nur im Rahmen eines Menüs gereicht, sondern sind auch als Imbiss zu jeder Tageszeit oder als abendfüllendes Kulinarikprogramm beliebt. Die üppige Auswahl bietet Oliven, Gemüse, Salate, marinierte Anchovis, Meeresfrüchte, Wurst, Schinken, Käse und vieles mehr. Als Alternative zum traditionellen Sherry bietet sich Weißwein an, doch auch ein nicht zu schwerer Roter kann viele Tapas gut begleiten.

FINO SHERRY

Jerez (Spanien)

2–3 • ohne Jahrgang • 7–10 °C

Der vielseitige, frische Fino mit seinen mineralisch-salzigen Noten ist im Anbruch maximal einen Tag haltbar. Er sollte nur aus frisch geöffneten Flaschen serviert werden.

Rueda
Kastilien-León (Spanien)
1–2 • 1–4 Jahre • 8–10 °C

Xarel-lo
Penedès (Spanien)
2–3 • 1–3 Jahre • 8–10 °C

Ribeira Sacra
Galizien (Spanien)
2–3 • 2–5 Jahre • 15–17 °C

Tipp Helle Sherrys müssen rasch getrunken werden. Daher sind halbe Flaschen für den Hausgebrauch ideal. Die dunkleren Varianten sind im Anbruch sogar problemlos über mehrere Wochen haltbar.

MEZZE

Die kalten, vorwiegend vegetarischen Spezialitäten sind vor allem aus der libanesischen und türkischen Küche bekannt. Neben Teigtaschen, Falafel und Taboulé werden Gemüse, Paprika, Salate und gefüllte Weinblätter gereicht. Die einzelnen Gerichte sind intensiv gewürzt und besitzen die warme Aromatik des Orients. Daran und an der überwiegend reichen Textur der Speisen und der sämigen, nahrhaften Dips orientiert sich die Weinauswahl.

VIOGNIER

Rhône (Frankreich)

2–5 • 1–8 Jahre • 9–11 °C

Viognier harmoniert dank kräftiger Struktur und fruchtiger Aromen. Arneis und Grüner Veltliner frischen mit ihren Bitternoten die üppige Textur und Süße der Mezze auf.

Anjou blanc
Loire (Frankreich)
2–4 • 2–7 Jahre • 9–11 °C

Grüner Veltliner Smaragd
Wachau (Österreich)
3–4 • 2–7 Jahre • 8–10 °C

Roero Arneis
Piemont (Italien)
1–2 • 1–3 Jahre • 8–10 °C

FRÜHLINGSROLLEN

Neben rein vegetarischen Ausführungen gibt es zahlreiche Varianten diverser Landesküchen mit Schweinefleisch, Ente, Huhn, Fisch oder Krustentieren. Frühlingsrollen werden meist frittiert, einige Arten werden auch als erfrischende Vorspeise mit scharfer Sauce roh verzehrt. Bei uns werden sie meist mit süßsauren Saucen serviert. Dazu passen fruchtige, fast trockene Weißweine sehr gut. Zu scharfen Saucen schmecken halbtrockene Weine besser.

SCHEUREBE TROCKEN

Franken (Deutschland)

2–3 • 1–4 Jahre • 7–10 °C

In Franken gibt es gehaltvolle Spitzenweine aus der Scheurebe, die dank ihres hohen Alkoholgehalts mild schmecken. Zu rohen Frühlingsrollen passt Sauvignon, zu fruchtigen Saucen Viognier.

Viognier
Santa Barbara County (Kalifornien)
3–4 • 2–4 Jahre • 8–10 °C

Riesling halbtrocken
Nahe (Deutschland)
1–3 • 1–10 Jahre • 7–10 °C

Sauvignon blanc
Napa Valley (Kalifornien)
2–4 • 2–4 Jahre • 8–10 °C

CEVICHE

Die peruanische Küche ist weltweit eine der vielfältigsten und feinsten. Ihre berühmteste Spezialität ist Ceviche, in Limonensaft marinierter roher Fisch, der pikant mit Chili, Zwiebeln und einigen Süßkartoffelscheiben angerichtet wird. Die kräftige Säure, die raffinierten Aromen und die feurige Schärfe des Chilis stellen den begleitenden Wein vor eine extreme Herausforderung. Ein Riesling mit dezenter Süße ist ihr am besten gewachsen.

RIESLING FEINHERB

Mosel (Deutschland)

1–3 • 2–10 Jahre • 7–10 °C

Die Süße des Rieslings nimmt sowohl die Schärfe als auch die Säure der Ceviche auf, seine Mineralität und Frucht ergänzen das raffinierte Aroma des Gerichts. Allerdings darf der Wein nicht zu üppig sein.

Riesling halbtrocken
Rheingau (Deutschland)
1–3 • 2–10 Jahre • 7–10 °C

Vouvray demi-sec
Loire (Frankreich)
2–3 • 2–10 Jahre • 8–10 °C

Scheurebe halbtrocken
Baden (Deutschland)
1–2 • 1–4 Jahre • 7–10 °C

SALATE UND WEIN

Ob als Vorspeise, Zwischenmahlzeit, leichter Hauptgang oder Partyessen – Salate sind aus der zeitgemäßen Ernährung nicht wegzudenken. Weil sie meist mit Essig, dem natürlichen Feind des Weins, gesäuert sind, ist die Wahl des passenden Weins nicht immer einfach. Daher ist es ratsam, das Dressing mit einem milden Essig oder mit Zitronensaft zuzubereiten.

BLATT- UND KRÄUTERSALAT

Salatsorte und Dressing bestimmen maßgeblich den Geschmack des Salats und die Wahl des Weins. Mit sämigen Dressings harmonieren kräftige Weine, mit Essig-Öl-Saucen dagegen leichte oder mittelschwere Weißweine. Zu bitteren Salaten wie Chicorée oder Wildkräutern schmecken vollmundige, zu süßen Sorten wie Eisbergsalat rassige Weine. Wird der Salat mit Fleisch garniert, kann auch ein Rotwein passen. Er sollte aber wegen der Säure des Dressings gerbstoffarm sein.

WEISSBURGUNDER TROCKEN
Pfalz (Deutschland)
1–2 • 1–5 Jahre • 8–10 °C

Weißburgunder passt zu Vinaigrette und milden Salaten, Grauburgunder zu bitteren Wildkräutern und sämigen Saucen. Rosé und leichter Bordeaux schmecken zu Salaten mit Fleisch.

Grauburgunder trocken
Baden (Deutschland)
1–2 • 1–4 Jahre • 8–10 °C

Spätburgunder rosé trocken
Ahr (Deutschland)
1–2 • 1–10 Jahre • 7–10 °C

Bordeaux Clairet
Bordeaux (Frankreich)
1–2 • 2–4 Jahre • 14–16 °C

KARTOFFELSALAT

Im Norden kommt er meist knackig mit Mayonnaise oder saurer Sahne und Gewürzgurken auf den Tisch, im Süden bevorzugt man ihn sämig, oft fast lauwarm, mit Vinaigrette, etwas Fleischbrühe und Salatgurkenscheiben. Die Zubereitungsart des Salats und die begleitenden Speisen sind für die Weinwahl entscheidend. Alkoholreiche Weine passen zu Mayonnaise, leichtere zu Vinaigrette.

GRAUBURGUNDER TROCKEN

Baden (Deutschland)

1–3 • 1–5 Jahre • 8–11 °C

Kräftige Grauburgunder schmecken zu Mayonnaisedressing und Backfisch, Riesling zum Schnitzel mit Vinaigrette-Kartoffelsalat, Silvaner zu Kasseler, Trollinger zu Maultaschen.

Silvaner trocken
Franken (Deutschland)
1–3 • 1–5 Jahre • 8–10 °C

Riesling trocken
Rheingau (Deutschland)
1–3 • 2–10 Jahre • 7–10 °C

Trollinger trocken
Württemberg (Deutschland)
1–2 • 1–3 Jahre • 14–16 °C

LINSENSALAT

Das Image als billiger Hungerstiller haben die Linsen längst abgelegt, nicht zuletzt dank vielfältiger Rezepte aus orientalischen Küchen. Den Linsensalaten fällt dabei besondere Bedeutung zu, denn sie sind hervorragende Weinbegleiter. Ob mittelschwerer Chardonnay, leichter Sommerrotwein oder tanninreicher Bordeaux – fast alle Weine harmonieren wunderbar. Nur spritzige leichte Weine können zu Linsensalat manchmal bitter schmecken.

CHARDONNAY

South Australia (Australien)

1–3 • 1–3 Jahre • 7–10 °C

Üppige Chardonnays passen sehr gut zu Linsen mit Curry, würzige Weiße aus dem Languedoc zu arabischen Varianten. Pinotage und Douro schmecken mit Linsen milder.

Coteaux du Languedoc blanc
Languedoc (Frankreich)
1–3 • 2–8 Jahre • 9–11 °C

Pinotage
Stellenbosch (Südafrika)
1–4 • 2–10 Jahre • 16–18 °C

Douro
Douro (Portugal)
2–5 • 2–10 Jahre • 16–18 °C

Info Weißweine aus Übersee besitzen meist eine stärker ausgeprägte Restsüße als europäische Weißweine. Sie passen daher sehr gut zu würzigen Speisen.

MEERESFRÜCHTESALAT

Meeresfrüchtesalate sind aromaintensiv und besitzen durch die Tintenfische Bissfestigkeit. Deshalb darf der begleitende Wein nicht zu leicht ausfallen. Weine mit ausgeprägter Fruchtaromatik sind zu meiden, weil sie den feinen Meeresfrüchtegeschmack übertönen. Ideal passen kräftige Weißweine aus dem Mittelmeerraum. Sie verfügen über die richtige Säurestruktur und sind nicht zu aromatisch.

SICILIA BIANCO IGT

Sizilien (Italien)

1–2 • 1–3 Jahre • 7–9 °C

Achten Sie auf lokale Rebsorten wie Inzolia oder Grecanico. Ein guter Sicilia Bianco lässt Orangendüfte, Kräuteraromen und den jodhaltigen Meereshauch erahnen.

Santorini
Ägäische Inseln (Griechenland)
2–3 • 1–4 Jahre • 8–10 °C

Vermentino di Sardegna
Sardinien (Italien)
1–2 • 1–3 Jahre • 7–9 °C

Rebula
Brda (Slowenien)
2–3 • 2–8 Jahre • 8–11 °C

SALAT MIT GEBRATENEN FISCHFILETS

Die Weinauswahl richtet sich nach der Herkunft des Fischs. Süßwasserfische, zu denen ausnahmsweise der Lachs zählen soll, passen mit ihren erdigen Geschmacksnoten sehr gut zu fruchtigen Weinen. Salate mit Meeresfischen werden oft mit sehr aromatischen Mittelmeerfischen, etwa Rotbarbe, zubereitet und mit mediterranen Gewürzen wie Fenchel, Anis oder Dill verfeinert. Hierzu schmecken mineralisch-würzige Weine am besten.

GRÜNER VELTLINER TROCKEN

Traisental (Österreich)

1–3 • 1–5 Jahre • 8–10 °C

Grüner Veltliner passt mit seinem mineralischen Aroma zu Fischen aus Bergseen, Riesling zu Lachs und Forelle, Languedoc blanc zu mediterranen Rezepten, Bandol rosé zur Rotbarbe.

Riesling trocken
Mittelrhein (Deutschland)
1–2 • 2–8 Jahre • 8–10 °C

Coteaux du Languedoc blanc
Languedoc (Frankreich)
1–3 • 1–8 Jahre • 8–10 °C

Bandol rosé
Provence (Frankreich)
2–3 • 1–5 Jahre • 9–11 °C

SUPPEN UND WEIN

»Wein zur Suppe? Das passt doch nicht!« Kaum ein Vorurteil hält sich so hartnäckig wie dieses, wenn es um Essen und Wein geht. Natürlich muss man zur Suppe nicht etwas trinken, weil sie ohnehin reichlich Flüssigkeit enthält. Aber mit der Wiederentdeckung der Suppe als eigenständige Mahlzeit hat auch die Kombination von Suppe und Wein an Aktualität gewonnen.

KLARE GEMÜSESUPPE

Die leichte Suppe mit ihrem klaren Geschmack verlangt nach leichteren aromatischen Weißweinen. Ideale Begleiter sind Gewächse mit pflanzlichen Aromen, wie Sauvignon blanc und Silvaner. Achten Sie besonders auf den Säuregehalt des Weins: je weniger, desto besser. Wird die Suppe mit nahrhaften Einlagen wie Käse, geröstetem Brot oder Nockerln gereicht, können auch kräftigere Weine dazu serviert werden.

SAUVIGNON BLANC

Südtirol (Italien)

1–3 • 1–4 Jahre • 7–10 °C

Duftige Sauvignons besitzen viele pflanzliche Aromen (grüner Spargel, Paprika) und passen zu Gemüsegerichten. Chardonnay empfiehlt sich zu Suppen mit herzhaften Einlagen.

Silvaner trocken
Franken (Deutschland)
1–2 • 1–4 Jahre • 8–10 °C

Chardonnay
Navarra (Spanien)
1–2 • 1–3 Jahre • 8–11 °C

Riesling × Sylvaner
Thurgau (Schweiz)
2–3 • 1–3 Jahre • 7–10 °C

GEMÜSECREMESUPPE

Für Cremesuppen werden die Gemüse mit Sahne und eventuell etwas Butter püriert. Manchmal wird mit Stärke gebunden, was einen reicheren Geschmack und eine samtig-cremige Struktur ergibt. Der Fettgehalt ist deutlich höher als bei einer klaren Suppe. Wird die Suppe ohne Sahne zubereitet, heißt sie Samtsuppe oder Velouté. Die begleitenden Weine sind von der Rebsorte und Herkunft her dieselben wie bei der Cremesuppe, sie dürfen jedoch leichter sein.

WEISSBURGUNDER TROCKEN

Burgenland (Österreich)

1–2 • 1–4 Jahre • 8–10 °C

Weißburgunder passt fast immer. Am besten sind kräftige Exemplare mit wenig Säure. Traminer schmeckt vor allem zu Kartoffelsuppe, Sauvignon zu Spargelcremesuppe, Viognier zu Kürbissuppe.

Traminer trocken
Baden (Deutschland)
1–2 • 1–3 Jahre • 9–11 °C

Sauvignon de Touraine
Loire (Frankreich)
1–2 • 1–3 Jahre • 7–10 °C

Viognier
Rhône (Frankreich)
2–3 • 1–3 Jahre • 9–11 °C

FLEISCHSUPPE, CONSOMMÉ

Eine Fleischbrühe ist die Grundlage vieler Suppen. Wird sie mit Hackfleisch, Eiklar und Gemüse geklärt, entsteht die gehaltvolle Consommé oder Kraftbrühe. Durch verschiedene Suppeneinlagen wird ihr Geschmack wesentlich beeinflusst. Brät- oder Leberklößchen bringen besonders würzige Noten mit ein. Grießknödel, Flädle und Eierstich geben Volumen und samtige Struktur, während Markklößchen einen eleganten Geschmack ergeben.

SHERRY AMONTILLADO

Andalusien (Spanien)

2–4 • ohne Jahrgang • 12–14 °C

Die Weine sollten möglichst lange im Fass gereift sein. Amontillado schmeckt sehr gut zur Consommé, Madeira zu würzigen Einlagen, Anjou blanc zu Markklößchen, Savagnin zu (Pilz-)Nockerln.

Madeira Sercial
Madeira (Portugal)
3–4 • 5–10 Jahre • 12–14 °C

Anjou blanc
Loire (Frankreich)
2–4 • 2–10 Jahre • 8–11 °C

Savagnin
Jura (Frankreich)
2–4 • 3–10 Jahre • 10–12 °C

FISCHSUPPE, BOUILLABAISSE

Die Bouillabaisse besteht aus einem kräftig gewürzten Fischsud und aromatischen Mittelmeerfischen, Muscheln und Krustentieren. Dazu werden geröstetes Weißbrot und knoblauchgeschwängerte Rouille gereicht. Die zweite bekannte Fischsuppe ist die bretonische Fischsuppe. Sie wird aus angerösteten Krustentieren, Tomaten und allerlei Fischen gekocht und anschließend passiert. Sie besitzt eine sämige Struktur und einen würzigen Krustentiergeschmack.

BANDOL ROUGE

Provence (Frankreich)

2–4 • 3–15 Jahre • 16–18 °C

Zu Fischsuppen passt Rotwein ausgezeichnet. Im Bandol und Fitou schwingt dank ihrer Herkunft ein Hauch Seeluft mit. Weißweine müssen besonders ausdrucksvoll sein.

Fitou
Languedoc (Frankreich)
1–2 • 2–5 Jahre • 15–17 °C

Les Baux-de-Provence rosé
Provence (Frankreich)
2–3 • 1–5 Jahre • 8–12 °C

Heida/Païen
Wallis (Schweiz)
3–5 • 2–10 Jahre • 9–12 °C

GAZPACHO

Die kalte Gemüsesuppe aus Andalusien besteht vor allem aus roher pürierter Gurke, Paprika und Tomate. Puristen essen sie ohne Einlage, aber auch Kombinationen mit Krustentieren wie Gambas können sehr reizvoll sein. Die Mischung aus Säure, einer leichten Schärfe und pfeffrigen Paprikaaromen bestimmt die Weinauswahl. Einen aromatischen Gleichklang erzielt man am einfachsten mit einem frischen Sauvignon blanc.

SAUVIGNON BLANC

Steiermark (Österreich)

2–4 • 1–4 Jahre • 7–10 °C

Ein pflanzlich geprägtes Bukett und Paprikaaromen zeichnen den sommerlichen Weißen aus. Auch Rosés und leichte Rote aus Cabernetsorten passen dank ihrer Paprikaaromen.

Bordeaux rosé
Bordeaux (Frankreich)
1–2 • 1–2 Jahre • 7–9 °C

Cabernet franc
Friaul (Italien)
2–3 • 2–7 Jahre • 15–17 °C

Cabernet Sauvignon
Navarra (Spanien)
1–2 • 2–5 Jahre • 15–17 °C

FISCH UND WEIN

Für die Wahl des passenden Weins ist meistens die Zubereitungsart des Gerichts ausschlaggebend. Grundsätzlich ist Weißwein besser geeignet als Rotwein, was mit der zarten Struktur und den Aromen der Fische zusammenhängt. Wird Fisch mit festem Fleisch aber geschmort, gebraten oder gegrillt, kann die dabei entstehende Bratenkruste den Bogen zum Rotwein spannen.

SÜSSWASSERFISCH BLAU

Beim Blaukochen werden die Fische im Würzsud unterhalb des Siedepunkts schonend gegart, was ihnen ein Maximum an Eigengeschmack belässt. Meist haben Süßwasserfische einen mehr oder weniger erdigen Geschmack, vor allem bei Schleien, Karpfen und Aalen. Fische aus Gebirgsgewässern wie Felchen, Bachforelle und Saibling besitzen den feinsten Geschmack. Wählen Sie in jedem Fall einen leichten, frischen Wein.

RIESLING TROCKEN

Mosel (Deutschland)

1–2 • 2–7 Jahre • 7–10 °C

Trockene Rieslinge passen zu fast allen Süßwasserfischen. Mit fetten Fischen (Aal, Karpfen) harmonieren kräftige Rieslinge oder Veltliner, mit Gebirgswasserfischen Roussette und Müller-Thurgau.

Grüner Veltliner trocken
Kremstal (Österreich)
1–2 • 1–4 Jahre • 8–10 °C

Müller-Thurgau trocken
Baden (Deutschland)
1–2 • 1–2 Jahre • 7–9 °C

Roussette de Savoie
Savoyen (Frankreich)
2–3 • 1–4 Jahre • 8–11 °C

GEBRATENES SÜSSWASSERFISCHFILET

Außer der bekannten Garnitur Müllerin können gebratene Süßwasserfische auf vielerlei Arten serviert werden. Herzhafte Fische wie Zander vertragen gehaltvolle Beilagen wie etwa Linsen, Speck oder mildes Sauerkraut. Als Begleiter zu fett- und eiweißreichen Garnituren kommen nur kräftige Weine infrage. Weil die beim Braten entstehenden Röstaromen die erdigen Noten des Fischs überdecken, passen auch Weine mit nussigen Aromen oder Blütendüften.

SILVANER TROCKEN

Franken (Deutschland)

1–3 • 1–10 Jahre • 8–10 °C

Ein fränkischer Silvaner duftet frisch, aber auch erdig und manchmal leicht nach Mandeln und Nüssen. Das passt hervorragend zu komplexen Gerichten wie beispielsweise Zander mit Sauerkraut.

Grauburgunder trocken
Württemberg (Deutschland)
1–2 • 1–4 Jahre • 8–11 °C

Gutedel trocken
Baden (Deutschland)
1 • 1–3 Jahre • 7–10 °C

Anjou blanc
Loire (Frankreich)
2–4 • 1–10 Jahre • 9–12 °C

GERÄUCHERTER SÜSSWASSERFISCH

Durch die Hitzeeinwirkung beim Räuchern entstehen intensive Röstnoten. Die vielen Rauch- und Gewürzaromen verleihen dem Fisch einen kräftigeren Geschmack und eine vollmundige, weiche Textur. Hier sind starke Weinpersönlichkeiten gefragt. Einen Volltreffer landet man fast immer mit Rieslingen von Schieferböden. Ihre mineralischen Aromen erinnern an Geräuchertes, ihre Frucht bringt die nötige Frische in die Kombination ein.

RIESLING TROCKEN

Mittelrhein (Deutschland)

1–3 • 2–10 Jahre • 7–10 °C

Die Frucht-, Rauch- und Feuersteinaromen des Rieslings harmonieren mit jedem Räucherfisch. Beaujolais blanc und Ribeiro passen zu mild geräucherten Fischen.

Riesling Grand cru
Elsass (Frankreich)
3–5 • 2–10 Jahre • 8–11 °C

Beaujolais blanc
Beaujolais (Frankreich)
2–3 • 1–5 Jahre • 8–11 °C

Ribeiro
Galizien (Spanien)
1–2 • 1–4 Jahre • 7–10 °C

Tipp Geräucherte Fische schmecken am besten, wenn sie direkt aus dem Räucherofen kommen. Räucheröfen für den Hausgebrauch gibt es günstig im Anglerladen zu kaufen.

GEDÜNSTETER FISCH IN WEINSAUCE

Durch das Dünsten wird der Eigengeschmack des Fischs hervorgehoben. Die dazugehörige, mit Butter aufgeschlagene Weißweinsauce ist schön cremig und ziemlich fett. Fleischige Meeresfische wie Steinbutt, Heilbutt und Kabeljau eignen sich besonders gut für diese Garmethode. Als Begleitung wird dann ein Wein benötigt, der genügend Alkohol besitzt, um es einerseits mit der Butter aufzunehmen, aber andererseits Mineralität und Aroma des Fischs respektiert.

CHABLIS PREMIER CRU

Burgund (Frankreich)

3–4 • 2–10 Jahre • 9–12 °C

Der mineralische Geschmack des Chablis erinnert an eine Meeresbrise und geröstete Haselnüsse. Kaufen Sie Chablis nur im Fachhandel. Alternativen sind Pouilly-Fumé oder Pouilly-Vinzelles.

Weißburgunder trocken
Saale-Unstrut (Deutschland)
2–3 • 1–3 Jahre • 7–10 °C

Saumur blanc
Loire (Frankreich)
2–3 • 2–8 Jahre • 9–12 °C

Champagne Blanc de Blancs
Champagne (Frankreich)
4–5 • ohne Jahrgang • 8–10 °C

GEGRILLTE FISCHSTEAKS

Thunfisch, Lachs, Steinbutt, Schwertfisch und viele andere große Fische mit festem Fleisch können als Steaks auf dem Grill zubereitet werden. Damit sie außen schön knusprig werden und innen saftig bleiben, muss der Garvorgang kurz und die Temperatur hoch sein. Die feste Struktur des Fischs sowie die Kruste und die intensiven Aromen, die beim Grillen entstehen, rufen geradezu nach Tanninen. Deshalb liegt man hier mit Rotwein immer richtig.

LA CLAPE

Languedoc (Frankreich)

1–2 • 2–6 Jahre • 15–17 °C

Von La Clape aus sieht – und riecht – man das Mittelmeer. Seine Aromen finden sich in Trauben und Wein wieder. La Clape, Castel del Monte und Utiel-Requena passen zu Schwert- und Thunfisch.

Castel del Monte
Apulien (Italien)
1–2 • 2–5 Jahre • 16–18 °C

Utiel-Requena
Valencia (Spanien)
1–2 • 2–5 Jahre • 16–18 °C

Nemea
Peloponnes (Griechenland)
2–3 • 2–5 Jahre • 16–18 °C

WEINE FÜR PARTY UND GARTENFEST

Die Auswahl eines passenden Weins zu einem Fest hängt auch von dessen Anlass ab. Während sich im Restaurant die Aufmerksamkeit der Gäste in besonderem Maße auf Wein und Speisen richtet, ist bei der Inszenierung einer Party die Schaffung einer entspannten Atmosphäre das oberste Ziel. Essen und Trinken finden eher beiläufig statt.

JE BUNTER DAS FEST, DESTO »LAUTER« DIE WEINE

Für eine Party oder ein Gartenfest sollten Sie Weine mit intensiven Aromen oder üppiger Geschmacksfülle auswählen. Solche Weine sind von sich aus schon so »laut«, dass sie trotz Ablenkung viel Genuss bieten. Rotweine dürfen nicht zu viel Tannin haben. Da man bei Partys nicht ständig isst, würden tanninreiche Weine zu hart schmecken und bald ein unangenehm raues Gefühl an Zunge und Zähnen hervorrufen, zudem ermüden Rotweine viel schneller als Weißweine. Daher sind Weiß- und Schaumweine eigentlich die besseren Partyweine. Alternative Weinverpackungen können die Organisation einer Fete deutlich erleichtern, zum Beispiel sogenannte Bag-in-Boxen (Weinschläuche).

DIE PARTYFAVORITEN

Schaumweine Beim auf Partys so beliebten Prosecco ist Vorsicht geboten, denn meist verbirgt sich unter der oberflächlichen Süße ziemlich viel verdeckte Säure, was dem Magen auf Dauer nicht guttut. Alternativen sind Sekt, Cava, Crémant oder Spumante. Wählen Sie die Geschmacksrichtung »brut«, die meist ein ehrlicheres Produkt bezeichnet als »trocken« oder »extra dry«.

Weißweine Sauvignon blanc mit seinem intensiven Duft und erfrischenden Geschmack ist der absolute Partyheld. Auch Riesling eignet sich zum beiläufigen Trinken, doch sollte man darauf achten, dass der Säuregehalt nicht zu hoch ausfällt. Fruchtige Chardonnays ohne Barriqueausbau, am besten aus Südafrika, Navarra, Italien oder Deutschland, passen ebenfalls sehr gut.

Rotweine Wie bereits erwähnt, ist bei Partyrotweinen besonders auf weiche Gerbstoffe und Vollmundigkeit zu achten. Falls es an Ihrem Einkaufsort keine Beratung geben sollte, greifen Sie am besten zu Dornfelder aus der Pfalz oder Rheinhessen oder zu Merlot und Syrah aus Südafrika, Australien, Südfrankreich oder Navarra.

Ein fruchtiger Weißwein wie Sauvignon aus kühl beschlagenen Gläsern passt ideal fürs Sommerfest.

BACALAO

Stockfisch ist eine Spezialität vieler Mittelmeerländer und Portugals. In Südfrankreich bereitet man daraus Brandade de morue, ein Stockfischmus, zur Vorspeise, in Italien heißt er Stoccafisso und in Spanien Bacalao. Das Gelingen des Gerichts hängt wesentlich von der Güte des Grundprodukts ab. Erstklassige Qualitäten sind delikat und können sogar wie Ceviche (siehe S. 103) roh genossen werden. Meist wird Stockfisch deftig und mit kräftigen Saucen zubereitet.

FRIULANO

Friaul (Italien)

1–2 · 1–3 Jahre · 7–10 °C

Friulano (bis 2007 hieß er Tocai friulano) schmeckt dank robuster Struktur und Bitternoten gut zu Bacalao mit cremigen Saucen. Rías Baixas und Loureiro passen dagegen zu leichteren Varianten.

Rías Baixas
Galizien (Spanien)
2–3 · 1–4 Jahre · 7–10 °C

Loureiro
Vinho Verde (Portugal)
1–2 · 1–3 Jahre · 7–10 °C

Rioja blanco
La Rioja (Spanien)
1–3 · 1–5 Jahre · 8–10 °C

GEBRATENER MEERESFISCH

Die Seezunge Müllerin ist ein Paradebeispiel für gebratene Meeresfische. Ihr Fleisch hat Biss und einen intensiven Geschmack. Werden Fische im Ganzen gebraten, bleiben sie saftiger als Filets und sind daher schmackhafter. Sind die Filets aber dick genug, bleiben auch sie beim Braten saftig. Besonders gut schmecken Wolfsbarsch oder Steinbutt, die man auf der Haut knusprig brät. Zu gebratenem Meeresfisch passen am besten mineralische, kraftvolle Weine.

CHASSAGNE-MONTRACHET

Burgund (Frankreich)

5 · 3–10 Jahre · 9–12 °C

Chassagne-Montrachet passt hervorragend, ist aber leider ein teurer Wein. Alternativen sind Rully und Montagny. Der Vin de Pays des Côtes Catalanes schmeckt sehr gut zu mediterranen Beilagen.

Silvaner trocken
Franken (Deutschland)
1–3 · 2–8 Jahre · 8–11 °C

Vin de Pays des Côtes Catalanes
Roussillon, Gemeinde Calce (Frankreich)
2–4 · 2–8 Jahre · 9–12 °C

Fiefs Vendéens Brem blanc
Loire (Frankreich)
1–3 · 1–5 Jahre · 8–10 °C

MEERESFISCH IM OFEN GEGART

Gebratene Fische aus dem Ofen harmonieren dank ihres herzhaften Charakters gut mit milden, vollmundigen Weißweinen, kräftigen Rosés und sogar mit Rotweinen. Werden die Fische im Bratschlauch, Römertopf oder in Pergamentpapier zubereitet, bleiben sie besonders saftig und nehmen die Aromen der mitgegarten Kräuter und Gewürze auf. Garen in der Salzkruste hebt den Eigengeschmack des Fischs und hält das Fleisch saftig.

BANDOL ROSÉ

Provence (Frankreich)

2–4 · 1–5 Jahre · 9–12 °C

Provence rosé und ein weißer Douro aus Portugal passen sehr gut zu gebratenen oder mit mediterranen Kräutern gegarten Fischen. Soave und Muskateller dagegen sind spannende Begleiter von Fischen in der Salzkruste.

Douro branco
Douro (Portugal)
2–4 · 1–4 Jahre · 8–10 °C

Muskateller trocken
Baden (Deutschland)
2–4 · 1–3 Jahre · 7–10 °C

Soave Classico Superiore
Venetien (Italien)
2–3 · 1–3 Jahre · 8–10 °C

MUSCHELN IM SUD

Miesmuscheln werden in einem Weißwein-Wurzelsud gekocht und mit ihm zusammen serviert. Die Belgier essen ihre berühmte Erfindung Pommes frites dazu, doch ein einfaches frisches Baguette passt natürlich auch. Der eigenartig würzige Geschmack der Muscheln steht dabei klar im Vordergrund. Fruchtbetonte Weißweine wie Riesling harmonieren zwar recht gut, können aber den Muschelgeschmack ein wenig zu stark dominieren. Daher ist der Griff nach einem neutraleren Wein als Riesling die sichere Lösung.

RÍAS BAIXAS

Galizien (Spanien)

2–3 • 1–4 Jahre • 7–10 °C

Der spritzige Rías Baixas passt mit seinem mineralischen Geschmack ideal zu Meeresfrüchten. Die Alternativweine besitzen mit Ausnahme des aromatischen Entre-Deux-Mers diskrete Aromen.

Muscadet
Loire (Frankreich)
1–2 • 2–8 Jahre • 8–10 °C

Vinho Verde
Vinho Verde (Portugal)
1–2 • 1–3 Jahre • 7–10 °C

Entre-Deux-Mers
Bordeaux (Frankreich)
1–2 • 1–3 Jahre • 7–9 °C

GEKOCHTER HUMMER

Das bissfeste Fleisch des Hummers besitzt ein kräftiges, hochfeines Aroma. Um den Geschmack des edlen Krustentiers noch zu verstärken, wird dazu meist eine Sauce auf der Basis angerösteter Hummerschalen, oft mit Kümmel markant gewürzt, serviert. Das feste, äußerst delikate Hummerfleisch benötigt einen kraftvoll-aromatischen, ausdrucksstarken und gleichzeitig sehr feinen Wein als ebenbürtigen Partner. Dieser Aufgabe sind nur hochklassige Tropfen gewachsen.

PULIGNY-MONTRACHET

Burgund (Frankreich)

5 • 3–15 Jahre • 9–12 °C

Wucht und Finesse verschmelzen beim Puligny-Montrachet zu perfekter Harmonie. Eine günstigere und originelle Alternative dazu ist ein Chardonnay aus dem Jura.

Chardonnay Carneros
Napa Valley (Kalifornien)
4–5 • 2–5 Jahre • 8–11 °C

Riesling Großes Gewächs
Rheingau (Deutschland)
4–5 • 3–15 Jahre • 8–11 °C

Grüner Veltliner Smaragd
Wachau (Österreich)
3–5 • 2–8 Jahre • 8–11 °C

Tipp Guter Hummer aus dem Fachgeschäft ist ein luxuriöses und leider teures Produkt. Vermeintlich günstige Tiefkühlware aus dem Supermarkt hält einem Vergleich nicht stand.

GARNELEN VOM GRILL

Garnelen, ersatzweise Gambas oder Scampi, haben festes Fleisch und einen intensiven Geschmack. Durch das Garen auf dem Grill, möglichst in der Schale, wird das Aroma noch verstärkt. Oft mariniert man die Krustentiere vor dem Grillen noch in Olivenöl, Knoblauch und Petersilie, was den mediterranen Charakter des Gerichts hervorhebt. Dazu passen jedoch keineswegs nur Gewächse vom Mittelmeer, sondern auch andere kräftige, aromatische Weißweine.

POUILLY-FUMÉ

Loire (Frankreich)

3–5 · 2–8 Jahre · 8–11 °C

Das wichtigste Kriterium der vier vorgeschlagenen Weine ist ihr sommerlich-frischer Charakter. Selbst der Chardonnay besitzt Frische. Die beiden Sauvignons, vor allem der Pouilly-Fumé, dessen Name ja schon darauf hinweist, bestechen mit rauchig-mineralischem Feuersteingeschmack.

Sauvignon blanc
Robertson (Südafrika)
2–4 · 1–5 Jahre · 7–10 °C

Chardonnay Barrique
Südtirol (Italien)
2–4 · 2–7 Jahre · 9–11 °C

Rueda
Kastilien-León (Spanien)
1–2 · 1–4 Jahre · 7–10 °C

PAELLA DE MARISCO

Für diese Variante des berühmten spanischen Gerichts werden Reis und Meeresfrüchte in einer großen Pfanne gegart und mit Safran aromatisiert und so appetitlich gefärbt. Dies ist eine sehr gehaltvolle und würzige Zubereitung, für die im Unterschied zur Paella Valenciana kein Fleisch wie Huhn oder Kaninchen verwendet wird. Als Begleitung sind daher durchwegs kräftige Weine gefragt, die unbedingt auch über einen frischen Charakter verfügen sollten und mit den starken Aromen von Safran und Meeresfrüchten harmonieren müssen.

CHARDONNAY

Penedès (Spanien)

1–3 · 1–5 Jahre · 8–10 °C

Chardonnay und Weißburgunder passen mit ihrer Kraft und den dezenten Fruchtaromen sehr gut zur Paella. Savagnin und Manzanilla sind oxidativ ausgebaut und sorgen für aromatische Spannung.

Weißburgunder trocken
Franken (Deutschland)
1–3 · 1–7 Jahre · 8–10 °C

Savagnin
Jura (Frankreich)
2–4 · 3–10 Jahre · 9–12 °C

Sherry Manzanilla
Andalusien (Spanien)
2–4 · ohne Jahrgang · 8–11 °C

SPAGHETTI VONGOLE

Pasta, Olivenöl, Petersilie, Muschelfond und knackige Herzmuscheln: In diesem italienischen Klassiker vereint sich feiner Nudelgeschmack mit der Frische des Meeres. Die sublimen Aromen und die kernige Struktur des Gerichts fordern einen feinen Weißwein, der das zarte Aromenspiel nicht aus dem Gleichgewicht bringt und trotzdem standfest bleibt. Bei einem Wein, der im Barrique ausgebaut wurde, sollte sichergestellt werden, dass er keinesfalls nach Holz schmeckt.

SOAVE CLASSICO SUPERIORE

Venetien (Italien)

1–3 · 1–4 Jahre · 8–10 °C

Der Soave mit seinen feinfruchtigen Aromen und der soliden, mineralischen Struktur ist ideal. Ein Südtiroler Müller-Thurgau bildet eine interessante würzige Alternative, während der Friulano erfrischend bittere Akzente setzt.

Müller-Thurgau
Südtirol (Italien)
1–2 · 1–3 Jahre · 7–10 °C

Friulano
Friaul (Italien)
1–2 · 1–3 Jahre · 8–10 °C

Montlouis
Loire (Frankreich)
2 · 2–8 Jahre · 9–12 °C

Tipp Käse, zum Beispiel Parmesan, und Meeresfrüchte passen nicht zusammen.

SUSHI

Bei uns werden aus der riesigen Sushivielfalt meist nur Maki-Sushi, Nigiri-Sushi und Sashimi angeboten. Aber selbst diese beschränkte Auswahl bietet einen enormen Variantenreichtum. Sushi werden überwiegend mit Fisch zubereitet. Mit Sojasauce und Wasabi kann individuell nachgewürzt werden. Eingelegte Ingwerscheiben helfen beim Neutralisieren zwischen den einzelnen Happen. Die Vielfalt der Zutaten macht die Weinauswahl nicht ganz einfach.

RIESLING FEINHERB

Mosel (Deutschland)

1–2 · 2–10 Jahre · 7–10 °C

Riesling mit einem Hauch Restsüße besitzt die perfekte Struktur für Sushi, darf aber nicht zu fruchtbetont ausfallen. Saumur und Vouvray unterstreichen vor allem die Meeres- und Fischaromen.

Saumur blanc
Loire (Frankreich)
2–3 · 2–10 Jahre · 8–11 °C

Vouvray sec-tendre
Loire (Frankreich)
2–3 · 1–4 Jahre · 7–10 °C

Verdicchio dei Castelli di Jesi
Marken (Italien)
1–2 · 1–3 Jahre · 8–10 °C

GEFLÜGEL UND WEIN

Geflügel guter Qualität hat mehr Eigengeschmack als andere Fleischsorten. Daher richtet sich die Weinauswahl vor allem nach der Geflügelart. Natürlich muss man auch die Art der Zubereitung berücksichtigen, aber sie ist nicht so entscheidend wie bei anderen Speisen. Sehr leichte und säurebetonte Weine passen nicht besonders gut. Der Wein sollte mindestens 13 Prozent Alkohol haben.

BRATHÄHNCHEN

Das zarte, saftige Fleisch des Brathähnchens besitzt ein feines Aroma und ziemlich viel Süße. Zudem ist es bindegewebs- und fettarm. Während des Bratens im Ofen bildet sich eine knusprige, würzige Bratenkruste. Am besten passt dazu ein körperreicher, möglichst im Holz ausgebauter Weißwein. Wird das Hähnchen jedoch mit einer feinen Sauce serviert, kann auch ein tanninarmer Rotwein ein sehr guter Partner sein. Ideal geeignet ist ein Spätburgunder beziehungsweise Pinot noir.

MÂCON-VILLAGES
Burgund (Frankreich)
1–2 • 1–5 Jahre • 9–12 °C

Ein Chardonnay aus dem Südburgund von seidiger Struktur und kräftigem Geschmack. Mit seiner Fülle und milden Säure nimmt er den Geschmack des Fleischs perfekt auf.

Chardonnay trocken
Rheinhessen (Deutschland)
1–4 • 1–5 Jahre • 8–10 °C

Spätburgunder trocken
Baden (Deutschland)
2–4 • 1–8 Jahre • 14–17 °C

Beaune
Burgund (Frankreich)
3–4 • 2–10 Jahre • 15–17 °C

Tipp Die Qualität des Geflügels ist für die Güte dieses Gerichts von größter Bedeutung. Verwenden Sie nur Tiere aus Freilandhaltung, zum Beispiel die mit dem Label Rouge ausgezeichneten Hühner aus Frankreich.

BACKHENDL

Die panierten, im Öl oder in geklärter Butter knusprig ausgebackenen Hähnchenteile ergeben ein schlichtes, aber köstliches Mahl. Gerade bei einfachen Zubereitungsarten muss man auf allerbeste Zutaten achten, denn hier kommt die Produktqualität besonders stark zur Geltung. Bei diesem Gericht verleiht die goldbraune Panade dem Hendl Geschmack und angenehmen Biss. Am besten passt ein kräftiger Weißwein mit feinen Fruchtaromen.

GRÜNER VELTLINER DAC

Weinviertel (Österreich)

1–2 · 1–4 Jahre · 8–10 °C

Grüner Veltliner hat beachtliches Volumen und genug Säure, um nicht plump zu wirken. Der fruchtige Riesling belebt das Gericht, Weißburgunder und Morillon passen sich an.

Riesling trocken
Pfalz (Deutschland)
1–3 · 2–6 Jahre · 7–10 °C

Weißburgunder trocken
Baden (Deutschland)
1–3 · 1–4 Jahre · 8–10 °C

Morillon
Steiermark (Österreich)
1–2 · 1–4 Jahre · 8–10 °C

GÄNSE- UND ENTENBRATEN

Diese traditionellen Herbst- und Wintergerichte sind kulinarische Schwergewichte. Mit ihrem fettreichen, kräftigen, bindegewebsreichen Fleisch brauchen Gänse- und Entenbraten unbedingt gerbstoff- und alkoholstarke Rotweine. Oft wird Spätburgunder empfohlen, doch sind dessen Gerbstoffe zu zahm. Rotweine aus Südwestfrankreich passen viel besser. Sie sollten mindestens eine halbe Stunde vor dem Servieren karaffiert werden.

MADIRAN

Gascogne (Frankreich)

2–4 · 4–20 Jahre · 16–18 °C

Madiran, überwiegend aus Tannat gekeltert, hat eine enorme Tanninfülle und einen urwüchsigen Geschmack. Ähnlich im Charakter ist der Cahors. Malbec und Carmenère sind milder und vollmundiger.

Cahors
Lot (Frankreich)
2–4 · 5–30 Jahre · 16–18 °C

Malbec
Mendoza (Argentinien)
1–4 · 2–10 Jahre · 16–18 °C

Carmenère
Aconcagua (Chile)
1–3 · 3–7 Jahre · 15–17 °C

GEBRATENE ENTENBRUST

Das feste Entenfleisch enthält viel Bindegewebe und ist fettreich. Daher beschränkt sich die Weinwahl auf kräftige, tanninreiche Rotweine. Besonders zarte Entenbrüste, die perfekt auf den Punkt gebraten sind und von einer mit Früchten (zum Beispiel Kirschen) zubereiteten Sauce begleitet werden, harmonieren auch gut mit jüngeren Weinen aus dem Burgund. Spätburgunder aus Deutschland, Österreich und der Schweiz dagegen haben meist zu sanfte Tannine für die herzhafte Entenbrust.

DOURO

Douro (Portugal)

2–4 • 3–10 Jahre • 16–18 °C

Die trockenen Weine des Dourotals besitzen neben fülligem Geschmack und kräftigen Tanninen auch Kirschnoten, die gut zur Ente passen. Maranges ist ein gerbstoffbetonter, preiswerter Burgunder.

Priorat
Katalonien (Spanien)
3–5 • 3–15 Jahre • 16–18 °C

Pinotage
Paarl (Südafrika)
1–3 • 2–5 Jahre • 16–18 °C

Maranges
Burgund (Frankreich)
2–3 • 2–10 Jahre • 15–17 °C

GEBRATENER WILDFASAN

Je länger das Fleisch des Wildfasans reift, desto stärker wird der Wildgeschmack. Durch langes Abhängen entsteht ein besonders aromatisches Produkt mit mürber Struktur. Werden neutraler schmeckende Zuchtfasane verwendet, sollten die Weine weniger intensiv sein. Die klassische Garnitur von Wildfasan ist eine Sauce mit Muskatellertrauben. Dazu passen Weiß- wie auch Rotweine. Zu Sauerkraut als Beilage passt Weißwein besser.

GEWÜRZTRAMINER TROCKEN

Pfalz (Deutschland)

2–3 • 2–6 Jahre • 9–12 °C

Gewürztraminer passt zu Wild mit Sauerkraut. Der Muscat greift das Fruchtige der Muskatellertrauben-Sauce auf. Spätburgunder passen, weil sie sanft und fruchtig sind.

Muscat sec
Languedoc (Frankreich)
1–2 • 1–2 Jahre • 7–10 °C

Spätburgunder trocken
Ahr (Deutschland)
2–4 • 1–4 Jahre • 14–16 °C

Blauburgunder
Graubünden (Schweiz)
3–5 • 2–10 Jahre • 14–16 °C

Tipp Viele sogenannte Wildfasane stammen dennoch aus Zuchten und werden unmittelbar vor dem Abschuss freigelassen. Ihr Fleisch schmeckt verhältnismäßig fad.

SYRAH ZUM KEBAB

Das Fastfoodangebot ist vielfältig und wird laufend durch neue Ideen bereichert. Man könnte nun denken, dass Wein auf keinen Fall zu dieser Art von Nahrung passt – und schon gar nicht zur Art und Weise, wie sie oft verzehrt wird. In Wirklichkeit gibt es jedoch eine ganze Reihe typischer Fastfoodprodukte, die sehr gut mit Wein harmonieren.

GESCHMACKSEIGENSCHAFTEN VON FASTFOOD

Bei aller Vielfalt der Zutaten sind die meisten Fastfoodgerichte auf den Durchschnittskonsumenten ausgerichtet und haben klar erkennbare Gemeinsamkeiten. So ist immer eine süße Geschmackskomponente vorhanden, ebenso eine fruchtige Aromenfülle. Die Struktur der einzelnen Komponenten ist eher weich, die Saucen sind reich und cremig. Aus diesen Gemeinsamkeiten können Weineigenschaften abgeleitet werden, die mit diesen Gerichten bestens harmonieren.

VOLLMUNDIGE ÜBERSEEWEINE SIND ERSTE WAHL

Weine, die mit Fastfood harmonieren, müssen körperreich sein, dazu eine ausgeprägt fruchtige Aromatik und einen moderaten Säuregehalt aufweisen. Sie sollten trocken, aber nicht zu herb sein. Betonte Mineralität und kräftige Tannine sind unerwünscht. Diese Überlegungen führen uns zu einem Weintyp, der am häufigsten in Übersee erzeugt wird. Zu einem Hamburger passt Cabernet Sauvignon aus Kalifornien, Chile, Argentinien, Südafrika oder Westaustralien sehr gut. Tortillas, Tacos, Fajitas, Burritos und Enchiladas sind oft pikant abgeschmeckt und brauchen daher noch vollmundigere Weine. Ideal sind Zinfandel, argentinischer Malbec oder australischer Shiraz. Ein guter Kebab oder Lahmacun verträgt einen sehr würzigen Rotwein wie Primitivo, Pinotage, Syrah oder Merlot.
Zu Wraps mit Scampi, Thunfisch und anderen Fischen empfiehlt sich ein vollmundiger Sauvignon blanc oder ein Chardonnay ohne barriquemäßigen Holzgeschmack. Baguette-Sandwiches harmonieren sehr gut mit kräftigen Chardonnays. Einige Fastfoodgerichte können sich aber beim besten Willen nicht mit Wein anfreunden. Dazu zählen Fish and Chips, fast alle Bratwurstsorten und Currywurst. In diesen Fällen geht nichts über ein frisches Bier.

Warum nicht einen fruchtigen Rotwein zum saftigen Hamburger trinken?

GEBRATENE WACHTEL

Weil das zarte Fleisch der kleinen Vögel schnell trocken wird, brät man sie nicht scharf an. Auf diese Weise entsteht praktisch keine Bratenkruste, die zu kräftigen Rotweinen passen würde. Daher wählt man je nach Garnitur einen nicht zu schweren Weißwein oder einen leichten Rotwein. Reicht man zur Wachtel Sahnesauce und Pilze, harmonieren kraftvolle Weißweine, mit Speck oder Linsen als Beilage auch mittelschwere Rotweine.

WEISSBURGUNDER TROCKEN

Südtirol (Italien)

1–2 • 1–4 Jahre • 8–10 °C

Weißburgunder aus Südtirol passt ideal zu Wachteln. Silvaner und Gutedel schmecken zu leichten Zubereitungen. Beim Rotwein ist der fruchtig-zarte Schwarzriesling erste Wahl.

Silvaner trocken
Franken (Deutschland)
1–2 • 2–5 Jahre • 8–10 °C

Gutedel trocken
Baden (Deutschland)
1–2 • 1–3 Jahre • 8–10 °C

Schwarzriesling trocken
Württemberg (Deutschland)
1–2 • 2–4 Jahre • 14–16 °C

GEFLÜGELRAGOUT

Zarte Geflügelstückchen werden zusammen mit Spargel und Champignons in einer Geflügelbrühe gegart und diese dann mit Sahne und Mehl gebunden. Oft werden auch grüne Erbsen als Zutat verwendet. Die klassische Beilage ist Reis. Dieses Essen besitzt eine reiche, cremige Struktur, das Fleisch ist weich, die Aromen sind zart. Insgesamt herrscht eine gewisse Süße vor. Zum Geflügelragout passen am besten kraftvolle Weißweine mit dezenter Säure.

GRAUBURGUNDER TROCKEN

Baden (Deutschland)

1–3 • 2–6 Jahre • 9–11 °C

Die meisten badischen Grauburgunder besitzen nussige Aromen, die hervorragend mit dem Ragout harmonieren. Weißburgunder, Chardonnay und Silvaner bringen etwas fruchtigere Akzente ein.

Chardonnay trocken
Pfalz (Deutschland)
2–3 • 2–5 Jahre • 9–11 °C

Silvaner trocken
Rheinhessen (Deutschland)
1–2 • 1–4 Jahre • 8–10 °C

Weißburgunder trocken
Burgenland (Österreich)
1–2 • 1–5 Jahre • 8–11 °C

COQ AU VIN

Für den Klassiker aus Burgund mariniert man einen in Stücke geschnittenen Hahn in rotem Burgunder und schmort ihn in der Marinade. Zum Schluss werden Perlzwiebeln, Champignons und Speckwürfel hinzugefügt. Eine besonders delikate Variante ist der Coq au vin jaune. Hier wird der Hahn im typischen oxidativen Weißwein aus dem Jura zusammen mit Morcheln und Crème fraîche geschmort.

BOURGOGNE PINOT NOIR

Burgund (Frankreich)

2–3 • 2–10 Jahre • 15–17 °C

Zum Coq au vin passt fast jeder samtige, nicht zu gerbstoffbetonte Pinot noir. Savagnin und Chardonnay harmonieren hervorragend mit dem Coq au vin jaune.

Pinot noir
Willamette Valley (Oregon)
3–5 • 3–10 Jahre • 15–17 °C

Savagnin
Jura (Frankreich)
2–4 • 4–10 Jahre • 9–12 °C

Chardonnay
Navarra (Spanien)
1–2 • 1–3 Jahre • 8–10 °C

ENTE SÜSSSAUER

Entenbruststreifen mit Gemüse in einer süß-sauer-pikanten Sauce ist eine der beliebtesten Speisen der chinesischen Küche. Sie vereint die pikante Frische der fruchtigen Sauce mit der festen Struktur des Entenfleischs. Bei der Weinauswahl müssen gewohnte Pfade verlassen werden, denn zur Ente passen nur Rotweine und zur süßsauren Sauce nur restsüße Weißweine. Weil hier die Zubereitungsart den Charakter des Gerichts bestimmt, wird der Wein auf die Sauce abgestimmt.

RIESLING SPÄTLESE HALBTROCKEN

Rheinhessen (Deutschland)

2–3 · 2–10 Jahre · 7–10 °C

Je schärfer das Gericht ist, desto süßer muss der dazu ausgewählte Wein sein. Aber Achtung: Rotweine schmecken zu süßsauren Speisen bitter. Als Alternative ist der halbtrockene Rosé d'Anjou zu empfehlen.

Riesling Kabinett
Rheingau (Deutschland)
1–2 · 2–6 Jahre · 7–10 °C

Scheurebe Spätlese
Baden (Deutschland)
2–3 · 2–6 Jahre · 7–10 °C

Rosé d'Anjou
Loire (Frankreich)
1–2 · 1–2 Jahre · 7–10 °C

TANDOORI-HUHN

Hühnerteile werden in Tandoori Masala (indische Gewürzmischung) und Joghurt mariniert, je nach Vorliebe pikant bis sehr scharf, und anschließend samt Marinade gebacken. Intensität und Schärfe der Gewürze prägen das Gericht. Die Süße des Hühnerfleischs und die dezente Säure des Joghurts bauen einen geschmacklichen Spannungsbogen auf, der vom Wein aufgenommen werden sollte.

RIESLING HALBTROCKEN

Nahe (Deutschland)

1–3 · 1–10 Jahre · 7–10 °C

Zum scharfen Tandoori-Huhn passen halbtrockene Weine. Rotweinliebhaber sollten halbtrockenen Lambrusco probieren, diesen aber unbedingt im Fachhandel kaufen.

Chardonnay
Aconcagua (Chile)
1–2 · 1–3 Jahre · 8–10 °C

Gewurztraminer
Elsass (Frankreich)
2–4 · 1–5 Jahre · 9–12 °C

Lambrusco
Emilia-Romagna (Italien)
1–2 · 1–2 Jahre · 12–14 °C

FLEISCH UND WEIN

Die Faustregel, wonach zu rotem Fleisch nur roter und zu weißem Fleisch ausschließlich weißer Wein passt, hat sich längst überholt. Entscheidend ist nicht die Farbe des Fleischs, sondern die Art der Zubereitung. Mit gekochtem Fleisch harmoniert am besten Weißwein. Erhält das Fleisch beim Grillen, Braten oder Schmoren eine Bratenkruste, kommt nur noch Rotwein infrage.

GEBRATENES SCHWEINEKOTELETT

Meist wird Schweinekotelett natur oder paniert in geklärter Butter gebraten. Der Rippenknochen gibt beim Braten Aroma ab und trägt dazu bei, dass das Fleisch saftig bleibt. Durch das Panieren wird das Kotelett zudem aromatischer. Ideale Begleiter sind kräftige, fruchtige Weißweine. Wer lieber Rotwein mag, wählt ein Mitglied der Pinot-Familie. Deren Frucht setzt wie beim Weißwein schöne Akzente zum würzigen Schweinefleisch.

WEISSBURGUNDER TROCKEN

Baden (Deutschland)

1–3 • 2–5 Jahre • 8–11 °C

Alle drei Weißweine passen gleich gut. Sie verfügen über eine kräftige Struktur, fruchtige Aromen und genügend Alkohol. Samtrot, ein Cousin des Spätburgunders, ist fruchtig und hat feine Tannine.

Riesling Smaragd
Wachau (Österreich)
3–4 • 2–8 Jahre • 8–10 °C

Mâcon blanc
Burgund (Frankreich)
2–3 • 2–15 Jahre • 9–12 °C

Samtrot trocken
Württemberg (Deutschland)
2–3 • 2–6 Jahre • 14–16 °C

SCHWEINEBRATEN

Knusprig krachende Schwartenkruste, kümmelwürzige Sauce, saftig aromatisches Bratenfleisch, Knödel: Das ist große Küche und ein heutzutage seltener Augenblick irdischen Glücks. Und das Glück lässt sich noch steigern, indem man dem Schweinebraten statt eines guten Biers, das natürlich immer passt, einen Spätburgunder zur Seite stellt, dessen betonte, feine Fruchtigkeit einen spannenden Kontrapunkt zum würzigen Fleisch setzt.

SPÄTBURGUNDER TROCKEN

Ahr (Deutschland)

2–3 • 2–5 Jahre • 14–16 °C

Weine der Burgundersorten passen fast immer zu Schweinefleisch. Beim Schweinebraten ist die Kombination geradezu perfekt. Wichtig sind samtige Gerbstoffe und ausgeprägte Fruchtaromen.

Frühburgunder trocken
Franken (Deutschland)
2–5 • 2–10 Jahre • 15–17 °C

Samtrot trocken
Württemberg (Deutschland)
2–3 • 2–6 Jahre • 14–16 °C

Schwarzriesling trocken
Württemberg (Deutschland)
1–2 • 1–4 Jahre • 14–16 °C

WOK-SCHWEINEFLEISCH MIT SENFKOHL

Im Wok werden die Zutaten unter ständiger Bewegung bei sehr großer Hitze in kürzester Zeit gegart. So bleibt das Gemüse knackig und das Fleisch saftig. Neben der Chilischärfe spielt bei Wokgerichten häufig der charakteristische Sojasaucengeschmack eine maßgebliche Rolle. Als gute Begleiter erweisen sich körperreiche Weißweine mit unterschwelliger Süße. Wählt man einen zu säurereichen Wein, überlagern sich Wein und Senfkohl gegenseitig im Geschmack.

GRÜNER VELTLINER SMARAGD

Wachau (Österreich)

2–4 • 2–8 Jahre • 8–11 °C

In der Qualitätsstufe Smaragd fallen Veltliner wuchtig aus. Ihr mächtiger Geschmack besitzt einen süßlichen Schmelz, der selbst pikant gewürzten Speisen die Stirn bieten kann.

Condrieu
Rhône (Frankreich)
4–5 • 2–10 Jahre • 9–12 °C

Chardonnay
Sonoma Valley (Kalifornien)
3–5 • 2–5 Jahre • 9–12 °C

Anjou blanc
Loire (Frankreich)
2–4 • 2–8 Jahre • 9–12 °C

WIENER SCHNITZEL

Der beliebte Klassiker der österreichischen und deutschen Küche wird leider oft in schlechter Qualität angeboten. Steht er aber in einem guten Restaurant auf der Karte, sollten Sie zugreifen. Das zarte Kalbfleisch wird von der locker-knusprigen, nussigen Panade saftig gehalten. Ein Spritzer Zitrone frischt den leicht buttrigen Duft dieser königlichen Speise auf. Dazu ein Glas Riesling, und Sie sind dem Himmel ein Stück näher.

RIESLING TROCKEN

Rheingau (Deutschland)

2–4 • 2–10 Jahre • 8–10 °C

Die solide Struktur der Rieslinge des östlichen Rheingaus geht mit dem zarten Kalbfleisch eine perfekte Verbindung ein. Frische, nicht allzu fruchtige Aromen setzen Akzente.

Grüner Veltliner
Weinviertel (Österreich)
1–3 • 1–3 Jahre • 8–10 °C

Weißburgunder trocken
Württemberg (Deutschland)
2–3 • 1–4 Jahre • 9–11 °C

Grauburgunder trocken
Nahe (Deutschland)
2–3 • 1–4 Jahre • 9–11 °C

OSSOBUCO

Das kräftige, bindegewebsreiche Fleisch, die fruchtige Sauce, die zitronige Gremolata und das zarte Knochenmark im Inneren der Beinscheiben verleihen diesem rustikalen italienischen Schmorgericht Aromen und Strukturen von seltener Vielfalt. Auch das begleitende Risotto trägt zu diesem Geschmacksbild bei. Ein finessenreicher Wein wäre hier hoffnungslos überfordert. Gefragt ist stattdessen ein bodenständiger Roter mit viel Fruchtaroma.

MONTEPULCIANO D'ABRUZZO

Abruzzen (Italien)

1–3 • 2–5 Jahre • 15–17 °C

Im fruchtigen Bukett des Montepulciano geben Veilchen und Rosen den Ton an. Der kantige Barbera hat Kirschenduft, Zweigelt und Merlot sind üppig und weich.

Barbera d'Asti
Piemont (Italien)
1–4 • 3–8 Jahre • 15–17 °C

Zweigelt
Burgenland (Österreich)
1–3 • 2–7 Jahre • 15–17 °C

Merlot
Maule (Chile)
1–3 • 2–5 Jahre • 16–18 °C

RINDERSTEAK

Ein Steak ruft geradezu nach kraftvollen, eleganten Rotweinen. Ideale Begleiter sind die rassigen roten Bordeauxweine aus dem Médoc. Auch die meisten anderen Weine aus der Rebsorte Cabernet Sauvignon passen sehr gut. Die mit robusten Tanninen und frischer Säure ausgestatteten Gewächse sind für sich allein getrunken oft alles andere als charmant, doch in Verbindung mit einem saftigen Steak offenbaren sie ungeahnte Qualitäten.

MÉDOC CRU BOURGEOIS

Bordeaux (Frankreich)

2–5 • 3–15 Jahre • 15–17 °C

Die Zauberformel für elegante Médocs lautet: viel Cabernet Sauvignon, dazu Merlot und Cabernet franc. Auch die Alternativweine sind rassige, säure- und gerbstoffbetonte Rote.

Chianti Classico
Toskana (Italien)
2–4 • 3–10 Jahre • 15–17 °C

Blaufränkisch trocken
Burgenland (Österreich)
1–4 • 2–7 Jahre • 15–17 °C

Saumur-Champigny
Loire (Frankreich)
1–4 • 2–10 Jahre • 14–16 °C

GULASCH

Schmorgerichte werden aus bindegewebsreichem Fleisch zubereitet. Das Schmoren ist eine Garmethode, mit der selbst zähe Stücke einigermaßen mürbe werden. Dabei entstehen intensive Aromen, die durch großzügiges Würzen, vor allem mit Paprika, verstärkt werden. Die Bindung der reichhaltigen Sauce entsteht durch die mitgeschmorten Zwiebeln. Für die Weinwahl ist die Zubereitungsart, nicht die Fleischart ausschlaggebend, sodass sich hier ausnahmslos kräftige Rotweine empfehlen.

SZEKSZÁRDI KÉKFRANKOS

Szekszárdi (Ungarn)

1–3 • 2–8 Jahre • 16–18 °C

Alle genannten Weine sind kraftvoll und fruchtig. Sie zeichnen sich durch Volumen und Alkohol aus. Feingliedrige, finessenreiche Rotweine wären dem kräftigen Gulaschgeschmack nicht gewachsen.

Malbec
Mendoza (Argentinien)
1–3 • 2–8 Jahre • 16–18 °C

Carignano del Sulcis
Sardinien (Italien)
2–3 • 2–5 Jahre • 16–18 °C

Shiraz
Paarl (Südafrika)
1–3 • 2–8 Jahre • 16–18 °C

TAFELSPITZ

Auch in der deutschen Küche wird gerne und häufig gekochtes Rindfleisch (Tellerfleisch, Suppenfleisch, Ochsenbrust) serviert, doch seine Vollendung erfährt dieser feine Fleischklassiker in Österreich, wo er unter dem Namen Tafelspitz auf den Tisch kommt. Das weich gekochte Rindfleisch wird mit seiner Brühe serviert, dazu gibt es Schnittlauchsauce, Apfelkren (Apfelmeerrettich) und Röstkartoffeln. Weil das Fleisch keine Bratenkruste hat, muss unbedingt Weißwein dazu gereicht werden.

GRÜNER VELTLINER TROCKEN

Kremstal (Österreich)

1–2 • 2–5 Jahre • 8–10 °C

Garmethode und Beilagen des Tafelspitz fordern einen Weißwein als Begleiter. Stilecht sind Grüner Veltliner und Gemischter Satz aus Wien. In jedem Fall sollten die Weine nicht zu leicht sein.

Gemischter Satz
Wien (Österreich)
1–3 • 1–4 Jahre • 8–10 °C

Silvaner trocken
Rheinhessen (Deutschland)
1–2 • 1–4 Jahre • 8–10 °C

Auxerrois trocken
Baden (Deutschland)
1–2 • 1–3 Jahre • 8–10 °C

RINDERBRATEN

Durch das scharfe Anbraten zu Beginn des Garvorgangs bildet der Rinderbraten eine aromatische Bratenkruste, die wesentlich zum Charakter dieses Gerichts beiträgt. Eine dunkle Sauce, basierend auf gerösteten Rinderknochen und Gemüse, steuert geschmackliche Fülle und würzige Aromen bei. Der oft dazu gereichte Rotkohl ist mit seinem fruchtig-würzigen Charakter eine ideale Ergänzung. Je kräftiger das Fleisch angebraten wurde, desto schwerer darf der begleitende Wein sein.

LEMBERGER TROCKEN

Württemberg (Deutschland)

2–4 • 2–8 Jahre • 14–16 °C

Gefragt sind hier Rote mit kräftiger Struktur, samtigen Tanninen und ausgeprägter Frucht. Von allen vier Weinen gibt es auch leichte Ausführungen, für dieses Gericht sollten Sie aber unbedingt die kräftigen kaufen.

Dornfelder trocken
Pfalz (Deutschland)
1–2 • 1–3 Jahre • 14–16 °C

St. Laurent
Velké Pavlovice (Tschechien)
1–2 • 2–6 Jahre • 14–16 °C

Zweigelt
Neusiedlersee (Österreich)
1–3 • 1–6 Jahre • 15–17 °C

SAUCE UND WEIN

Oft entscheidet die Sauce über die Gesamtqualität einer Speise. Daher wird bis zu ihrer Vollendung geröstet, geschmort, reduziert, was das Zeug hält. Es wird gewürzt, mit Wein aufgefüllt, mit edelsten Zutaten verfeinert und noch einmal konzentriert, sodass das Ergebnis manchmal nicht viel mehr als ein Klecks auf dem Teller ist. Aber dieser Klecks ist ein Geschmackskonzentrat, das es in sich hat. Er ist das Bindeglied zwischen den einzelnen Komponenten eines Gerichts.

DUNKLE SAUCE – DUNKLER WEIN

Eine dunkle Sauce entsteht durch intensives Rösten der Zutaten und die Verwendung von Rotwein. Beides gibt bei der Weinauswahl ganz klar den Ton an: Hier kommt nichts anderes als Rotwein infrage. In der Regel werden dunkle Saucen nur zu kräftig gebratenem Fleisch gereicht, dessen Bratenkruste auch nach Rotwein verlangt.
Helle Saucen enthalten fast keine Röststoffe, denn sie werden mit Weißwein und Sahne gekocht. Dazu passt Weißwein einfach am besten. Ausnahmen sind helle, würzige Steaksaucen wie Roquefortsauce und Sauce béarnaise, die zu Rotwein viel besser schmecken. Wichtig bei der Feinabstimmung mit dem Wein ist der Fettgehalt der Sauce. Während Saucen mit geringem Fettgehalt mit leichteren Weinen kombiniert werden können, brauchen fettreiche Sahnesaucen oder Emulsionen wie Mayonnaise einen alkoholreichen Wein.

ÜPPIGE SCHWERGEWICHTE ZUR GRILLSAUCE

Eine besondere Stellung nehmen Grillsaucen ein. Sie werden oft auf Tomatenbasis, manchmal auch aus Mayonnaise hergestellt und meist kalt zum Grillsteak verzehrt. Ihre Textur ist immer cremig, sie besitzen meistens eine deutliche Süße und relativ viel Säure. Häufig sind Fruchtaromen mit im Spiel und natürlich jede Menge Gewürze. Die dazu passenden Weine müssen rot, sehr kraftvoll und vollmundig sein. Rote Schwergewichte wie kalifornischer Zinfandel, Shiraz aus Australien oder Südafrika und üppiger Malbec aus Argentinien sind ideal. Legen Sie die Flaschen vor dem Öffnen eine kleine Weile ins Eis, denn eine leichte Kühlung ist während der Grillsaison von Vorteil.

Zum Ansetzen einer Sauce sind – trotz anders lautender Tipps – einfache Weine die beste Wahl.

RINDERROULADEN

Die Fleischrollen mit Senf und Gewürzgurke werden scharf angebraten und anschließend bei schwacher Hitze weich geschmort. Die Sauce, bestehend aus dem Bratensaft und dem pürierten Schmorgemüse, wird manchmal noch mit Sahne verfeinert. Zwischen den pikant-würzigen Rouladen und der sämigen, hellen Sauce mit leicht süßlicher Note entwickelt sich eine schöne Spannung, die von gerbstoffbetonten Rotweinen perfekt aufgenommen wird.

FRONSAC

Bordeaux (Frankreich)

2–3 • 2–10 Jahre • 15–17 °C

Die auf Merlot basierende Rotweincuvée aus Fronsac greift ebenso wie der Gattinara die würzige Note der Rouladen auf. Gaillac und Rioja bringen Frucht, Frische und Lebendigkeit ein.

Gaillac
Tarn (Frankreich)
1–2 • 2–6 Jahre • 15–17 °C

Gattinara
Piemont (Italien)
2–3 • 4–10 Jahre • 16–18 °C

Rioja Crianza
La Rioja (Spanien)
1–3 • 1–6 Jahre • 15–17 °C

CHILI CON CARNE

Dieser Eintopf aus dem Südwesten Nordamerikas ist ein ideales Gericht für eine gesellige Runde. Es gibt ihn in vielen Varianten, mit und ohne Bohnen. Geprägt sind sie alle von der Schärfe der Chilischoten, den intensiven Gewürzaromen des Kreuzkümmels und des mexikanischen Oreganos sowie einer sämigen Struktur. Meist wird Rindfleisch verwendet, gehackt oder gewürfelt, aber auch Schweinefleisch und Wild sind erlaubt.

CABERNET-SHIRAZ

South Australia (Australien)

1–2 · 2–4 Jahre · 16–18 °C

Die Chilischärfe wird nicht wie in der asiatischen Küche mit Säure und Bitterkeit verstärkt, sondern mit einer sämigen Süße gemildert. Dazu passen voluminöse, milde Rotweine mit viel Frucht.

Zinfandel
Lodi (Kalifornien)
1–3 · 2–5 Jahre · 16–18 °C

Tempranillo
Baja California (Mexiko)
2–3 · 2–5 Jahre · 15–17 °C

Collioure
Roussillon (Frankreich)
2–4 · 3–10 Jahre · 15–17 °C

SPAGHETTI BOLOGNESE

Zu der würzigen Hackfleischsauce, den bissfest gekochten Spaghetti und dem frisch geriebenen aromatischen Parmesankäse schmecken robuste Rotweine mit lebendig-frischem Geschmacksbild am besten. In der italienischen Speisenfolge gehören Pasta und Risotto zu den Primi piatti, den ersten Hauptgängen, die vor den Fleischgerichten serviert werden, doch außerhalb Italiens haben sie sich als eigenständige Hauptgerichte etabliert.

CHIANTI CLASSICO

Toskana (Italien)

2–3 · 2–8 Jahre · 15–17 °C

Alle vier Weine besitzen feine Säure und samtige Tannine, was das rustikale, nahrhafte Pastagericht bekömmlicher macht. Man sollte immer bodenständige Weine dazu trinken.

Barbera d'Alba
Piemont (Italien)
1–4 · 2–6 Jahre · 14–17 °C

Rosso Piceno
Marken (Italien)
1–2 · 2–4 Jahre · 15–17 °C

Teroldego Rotaliano
Trentino (Italien)
1–3 · 2–5 Jahre · 15–17 °C

LAMMRÜCKEN ROSA GEBRATEN

Der Lammrücken kann sein besonders feines Aroma am besten entfalten, wenn er rosa gebraten wird. Auch seine sanfte Struktur kommt dann optimal zur Geltung. Gleiches gilt für das noch zartere Lammfilet. Schwere Weine sind hier als Begleitung nicht geeignet. Sie würden die Feinheiten des Lammfleischs übertönen. Hingegen sind elegante Rotweine mit eher sanften Tanninen gefragt. Über die Herkunft der Weine entscheiden Würze und Beilagen des Lamms.

LES BAUX-DE-PROVENCE

Provence (Frankreich)

2–4 • 4–10 Jahre • 16–18 °C

Les Baux-de-Provence und Terrasses du Larzac, finessenreich und mit dezenten Kräuternoten, passen zu mediterranen Zubereitungen, Ribeiro und Blaufränkisch zu Lamm mit Bratensauce.

Terrasses du Larzac
Languedoc (Frankreich)
1–3 • 2–6 Jahre • 15–17 °C

Ribeiro
Galizien (Spanien)
2–3 • 2–6 Jahre • 14–16 °C

Blaufränkisch
Burgenland (Österreich)
1–4 • 2–8 Jahre • 15–17 °C

GESCHMORTE LAMMKEULE

Das feste, bindegewebsreiche Fleisch der Lammkeule eignet sich sehr gut zum Schmoren. Es hat nicht nur eine kräftigere Struktur, sondern auch ein intensiveres Aroma als der Rücken oder das Filet. Durch das langsame Schmoren bei niedriger Temperatur kann sich das Aroma noch besser entfalten. Zu herzhaften Fleischstücken wie Lammkeule werden kräftige Rotweine serviert. Auch hier entscheidet der Geschmack der Sauce und der Beilagen über die Provenienz.

NIELLUCCIO

Korsika (Frankreich)

2–3 • 2–8 Jahre • 15–17 °C

Die kräuterwürzigen Nielluccio und Salice Salentino mit ihrem ungestümen Charakter passen seht gut zu Lamm mit Rosmarin, Utiel-Requena und der fruchtige Saint-Joseph zur Keule mit Bratensauce.

Salice Salentino
Apulien (Italien)
1–2 • 2–5 Jahre • 16–18 °C

Utiel-Requena
Valencia (Spanien)
1–2 • 3–8 Jahre • 15–17 °C

Saint-Joseph
Rhône (Frankreich)
2–4 • 3–8 Jahre • 15–17 °C

COUSCOUS MIT LAMM

Der lockere Hartweizengrieß ist die Grundlage für viele nordafrikanische Gerichte. Eines der beliebtesten ist Couscous mit Lammragout aus der Schulter. Dieses wird klassisch in der Tajine, einem marokkanischen Tontopf, geschmort. Das Lammragout ist scharf gewürzt und schmeckt sehr aromatisch. Getrocknete Aprikosen und Kichererbsen bringen eine dezente, orientalisch angehauchte Süße und einen reichhaltigen Geschmack mit hinein. Weil insgesamt wenig Säure im Spiel ist, passen dazu schwere Rotweine mit sanften Tanninen.

ZINFANDEL

Sonoma (Kalifornien)

3–4 • 2–8 Jahre • 15–17 °C

Zinfandel und Primitivo sind mundfüllend und mildern mit ihrer feinen Würze und scheinbaren Süße die Schärfe des Ragouts. Carignan und Cabernet-Syrah sind mild, aber viel fruchtiger.

Primitivo
Apulien (Italien)
1–2 • 2–6 Jahre • 15–17 °C

Carignan
Sidi Salem (Tunesien)
2–3 • 2–6 Jahre • 15–17 °C

Cabernet-Syrah
Bekaa Valley (Libanon)
2–4 • 3–8 Jahre • 16–18 °C

GESCHMORTES KANINCHEN

Das sehr zarte Kaninchenfleisch wird praktisch immer mit Weißwein geschmort. Selbst leichte Rotweine wären mit ihren Tanninen sehr schnell zu dominant. Daher sollte zum Kaninchen auch auf jeden Fall Weißwein serviert werden. Grundsätzlich unterscheidet man zwei Rezeptfamilien mit jeweils zahlreichen Varianten: Auf der einen Seite sind das die aromatischen mediterranen Rezepte, bei denen das Fleisch mit Thymian, Salbei, Oliven oder Tomaten gereicht wird, auf der andern Seite die cremigen Zubereitungen mit Sahnesaucen, wie sie überwiegend in Mitteleuropa auf dem Speiseplan stehen.

GRAUBURGUNDER TROCKEN

Sachsen (Deutschland)

2–3 • 1–4 Jahre • 8–10 °C

Der sanfte Charakter von Grauburgunder und Chardonnay passt sehr gut zu Sahnesaucen. Der Montpeyroux aus dem Languedoc oder ein Fiano di Avellino schmecken besser zu mediterran gewürztem Kaninchen.

Bourgogne Chardonnay
Burgund (Frankreich)
2–3 • 2–5 Jahre • 9–12 °C

Montpeyroux
Languedoc (Frankreich)
2–3 • 2–6 Jahre • 9–12 °C

Fiano di Avellino
Kampanien (Italien)
1–2 • 1–3 Jahre • 8–10 °C

GEBRATENER REHRÜCKEN

Im Ganzen gebraten ist Rehrücken wohl das zarteste Stück Wild. Seine sanfte Struktur und der süße, volle Wildgeschmack stehen im Mittelpunkt des opulenten Gerichts, das gerne von einer würzigen Sahnesauce und reichhaltigen Beilagen begleitet wird. Als Wein kommt hier nur ein Rotwein mit seidigen Tanninen und fruchtiger Fülle infrage. Wird der Rehrücken mit einer fruchtigen Sauce ohne Sahne serviert, können alte Riesling-Auslesen hervorragend passen.

VOSNE-ROMANÉE

Burgund (Frankreich)

4–5 • 4–20 Jahre • 14–16 °C

Aus Vosne-Romanée kommen die allerfeinsten Burgunder. Ihr Finessenreichtum ist legendär, die Preise sind allerdings genauso saftig wie ein perfekt gebratener Rehrücken.

Riesling Auslese
Rheingau (Deutschland)
3–5 • 15–25 Jahre • 9–12 °C

Spätburgunder trocken
Ahr (Deutschland)
2–4 • 1–5 Jahre • 14–16 °C

Blauburgunder
Graubünden (Schweiz)
3–5 • 3–10 Jahre • 14–16 °C

HIRSCHRÜCKENSTEAK

Steaks vom Hirschrücken besitzen ein feines, zurückhaltendes Wildaroma und dabei eine feste Struktur. Dank des festeren Fleischs können sie durchaus kräftig angebraten oder sogar gegrillt werden. Die bei solchen intensiveren Garvorgängen entstehende Bratenkruste schlägt eine geschmackliche Brücke zu robusten Rotweinen, die allerdings unbedingt eine samtige Tanninstruktur und einen fruchtigen Ausdruck aufweisen sollten. Auch reife Bordeauxweine aus dem Libournais mit ihrem hohem Merlot-Anteil bieten sich zum Hirschrückensteak an.

CHÂTEAUNEUF-DU-PAPE

Rhône (Frankreich)

4–5 • 8–15 Jahre • 16–18 °C

Der legendäre Rhône-Wein Châteauneuf-du-Pape entwickelt im Alter ein reiches Aroma mit Trüffelnoten und einen milden Geschmack. Der hohe Anteil von Grenache-Trauben sorgt für ausreichende Fruchtigkeit.

Barolo
Piemont (Italien)
4–5 • 6–15 Jahre • 16–18 °C

Saint-Emilion Grand cru
Bordeaux (Frankreich)
3–5 • 8–15 Jahre • 16–18 °C

Spätburgunder trocken
Württemberg (Deutschland)
1–4 • 3–8 Jahre • 15–17 °C

WILDSCHWEINKEULE

Kerniges, aromatisches Fleisch und eine sehr würzige Sauce mit Wacholder, Nelken und Muskatblüte geben der geschmorten Wildschweinkeule ihren vollmundigen, rustikalen Charakter. Als Weinbegleitung passt dazu ein kraftvoll-würziger Rotwein. Im Mittelmeerraum wird Wildschweinkeule ebenfalls mit Wacholder, aber auch mit Rosmarin und Thymian aromatisiert. Dazu kommen oft die typisch mediterranen Zutaten Oliven, Knoblauch oder Tomaten. Hier eignet sich ein Rotwein mit Kräuteraromatik am besten.

PINOTAGE

Paarl (Südafrika)

2–3 • 2–7 Jahre • 16–18 °C

Die hauptsächlich in Südafrika angebaute Rebsorte Pinotage und der spanische Rioja sind sehr würzig und duften oft nach Backpflaumen. Grés de Montpellier und Monica di Sardegna harmonieren geschmacklich gut zu mediterranem Wildschwein.

Rioja Reserva
Rioja (Spanien)
2–4 • 6–12 Jahre • 15–17 °C

Grés de Montpellier
Languedoc (Frankreich)
1–3 • 3–10 Jahre • 15–17 °C

Monica di Sardegna
Sardinien (Italien)
1–2 • 2–4 Jahre • 14–16 °C

WILDRAGOUT

In einem Wildragout können eine oder mehrere Wildarten verarbeitet sein. Weil es wie alle Schmorgerichte aus den festeren Fleischteilen zubereitet wird, ist es bissfest. In aller Regel wird es kräftig abgeschmeckt und fällt dann würzig und aromatisch aus. Die dazu gereichte Sauce entsteht beim Schmoren aus der Rotweinmarinade, dem Bratensaft und den verschiedenen Röstgemüsen. Zu diesem rustikalen Wildgericht passt ein vollmundiger milder Rotwein mit kräftigen Tanninen.

SHIRAZ

South Australia (Australien)

1–3 • 2–8 Jahre • 16–18 °C

Shiraz aus Australien und Merlot aus Chile sind dank des sonnigen Klimas weich und fruchtig mit unterschwelliger Süße. Priorat und Ribera del Duero, ebenso kraftvoll, aber trocken, verfügen über kräftigere Tannine.

Merlot
Colchagua (Chile)
1–3 • 2–8 Jahre • 16–18 °C

Priorat
Katalonien (Spanien)
3–5 • 3–10 Jahre • 16–18 °C

Ribera del Duero
Kastilien-León (Spanien)
2–4 • 3–10 Jahre • 16–18 °C

GEBRATENE LEBER

Leber ist wohl die beliebteste aller Innereien. Sie muss absolut frisch sein, da sie sonst einen aufdringlichen Geschmack entwickelt. Die beste Qualität bietet die Kalbsleber, deren Aroma viel feiner ist als das der rustikalen Schweineleber. Ihr süßlicher Geschmack und die zarte Konsistenz werden durch milde Zutaten wie Zwiebeln oder Äpfel sowie durch üppige Saucen noch hervorgehoben. Der perfekte Wein dazu ist der Lemberger, der in Österreich unter der Bezeichnung Blaufränkisch und in Ungarn als Kékfrankos bekannt ist.

LEMBERGER TROCKEN

Württemberg (Deutschland)

1–3 • 2–6 Jahre • 15–17 °C

Die Harmonie zwischen Lemberger und Leber kann nicht schlüssig erklärt werden, bestätigt sich aber immer wieder neu. Es ist einfach eine Frage der Erfahrung. Der Cabernet fällt nach langer Fassreife recht mild aus.

Blaufränkisch
Neusiedlersee-Hügelland (Österreich)
1–4 • 2–6 Jahre • 15–17 °C

Villányi Kékfrankos
Villányi (Ungarn)
1–4 • 2–8 Jahre • 15–17 °C

Cabernet Sauvignon
Brda (Slowenien)
2–4 • 5–12 Jahre • 16–18 °C

KALBSNIEREN IN ROTWEIN

Für viele mag es überraschend klingen, doch Nieren besitzen einen feinen und klaren Geschmack. Dies lässt sich allerdings nur dann garantieren, wenn sie absolut frisch sind. Es ist ratsam, sie möglichst noch am Schlachttag zu verarbeiten, denn mit jedem Tag der Lagerung nimmt ihre Qualität ab.

CHIANTI COLLI SENESI

Toskana (Italien)

2–3 • 2–8 Jahre • 15–17 °C

Zu Nieren passt ein möglichst rassiger, fruchtiger Rotwein wie Chianti ohne Merlot- oder Cabernet-Anteile. Wer es üppiger mag, kann zum Valpolicella greifen.

Valpolicella Classico Superiore
Venetien (Italien)
2–3 • 2–4 Jahre • 15–17 °C

Pinot noir
Jura (Frankreich)
2–4 • 3–10 Jahre • 15–17 °C

Lagrein
Südtirol (Italien)
1–3 • 2–6 Jahre • 14–16 °C

Tipp Schmecken Sie die Sauce mit einem Schuss des begleitenden Weins ab. Liebhaber von Innereien schwören auf Nieren, die im eigenen Fettmantel gegart wurden. Das intensive Aroma ist aber nicht jedermanns Sache.

VEGETARISCHE KÜCHE UND WEIN

Dank des Produktreichtums der vegetarischen Küche müssen sich Vegetarier bei der Weinwahl keineswegs einschränken. Sogar gerbstoffbetonte Rotweine können problemlos zu gebratenen oder gebackenen Getreide- und Käsegerichten gereicht werden. Auch diese Speisen bilden beim Braten, Grillen und Schmoren jene Bratenkruste, die so wunderbar zu schweren Roten passt.

GEBRATENER TOFU

Tofu enthält wenig Fett und viele Proteine und hat eine weiche, doch bissfeste Struktur. Er schmeckt am besten, wenn man ihn vor dem Braten mariniert. Die Würze der Marinade, die Art der Sauce und die Beilagen bestimmen den Wein. Vom kräftigen Weißen mit milder Säure bis hin zu kräftigen Roten ist fast jede Kombination möglich. Wird Tofu süßsauer zubereitet, kommen einmal mehr die bewährten restsüßen Rieslinge ins Spiel.

CHARDONNAY TROCKEN

Rheinhessen (Deutschland)

1–2 • 1–4 Jahre • 8–11 °C

Chardonnay passt zu milden, Scheurebe auch zu exotisch-fruchtigen Zubereitungen.

Die beiden Rotweine sind mittelschwer und nicht zu tanninlastig, damit der Tofu nicht dominiert wird.

Scheurebe trocken
Pfalz (Deutschland)
1–2 • 1–4 Jahre • 7–10 °C

Bergerac
Dordogne (Frankreich)
1–2 • 2–5 Jahre • 15–17 °C

Maremma rosso
Toskana (Italien)
1–3 • 2–6 Jahre • 15–17 °C

GETREIDEBRATLINGE

Getreidebratlinge gibt es in großer Auswahl. Sie werden meist scharf angebraten. Die dabei entstehende Bratenkruste harmoniert hervorragend mit kräftigen Rotweinen. Die körnige Struktur mit Biss und der nussige Grundgeschmack der Bratlinge sprechen ebenfalls klar für Rotwein. Die endgültige Wahl wird von der Getreideart, der Beimischung weiterer Zutaten wie Gemüse, Sprossen oder Nüssen sowie von den Gewürzen und Beilagen bestimmt.

CHINON

Loire (Frankreich)

1–3 · 2–8 Jahre · 14–16 °C

Der frische Chinon von der Loire passt zu Bratlingen mit Gemüse, der würzige Rioja zu solchen mit Nüssen oder aus Buchweizen. Merlot und Syrah sind ideal, wenn viel Paprika oder Pfeffer im Spiel ist.

Rioja
Rioja (Spanien)
1–3 · 2–8 Jahre · 15–17 °C

Merlot
Navarra (Spanien)
1–2 · 2–5 Jahre · 15–17 °C

Syrah
Rhône (Frankreich)
1–3 · 2–6 Jahre · 15–17 °C

GEBRATENE POLENTA

Scheiben aus erkaltetem Maisgrieß werden in Butter gebraten. Die Struktur ist innen griesig-cremig und außen knusprig. Butter und Käse im Polentateig machen den Geschmack reich und vollmundig. Gebratene Polenta kann sehr vielfältig kombiniert werden, beispielsweise mit Tomaten, Gemüse oder Pilzen. In der Grundvariante passt die gebratene Polenta am besten zu einem kräftigen Weißwein, je nach Beigaben aber auch hervorragend zu Rotwein.

PETITE ARVINE

Wallis (Schweiz)

3–5 · 2–10 Jahre · 8–11 °C

Petite Arvine passt gut zur Polenta natur. Kräftiger Pinot grigio aus dem Collio schmeckt zur Polenta mit Pilzen, Teroldego zu Polenta mit Tomate. Cabernet Sauvignon harmoniert mit Paprika.

Pinot grigio Collio
Friaul (Italien)
1–3 · 1–4 Jahre · 8–10 °C

Teroldego Rotaliano
Trentino (Italien)
1–3 · 2–6 Jahre · 15–17 °C

Cabernet Sauvignon
Franschhoek (Südafrika)
2–4 · 2–7 Jahre · 15–17 °C

GEFÜLLTES GEMÜSE

Vegetarisch gefülltes und im Ofen gegartes Gemüse enthält meist Schafskäse oder Reis, seltener Bulgur oder anderes Getreide. Zum Füllen sehr gut geeignet sind Paprika, Tomaten, Gurken, Auberginen und Zucchini. Während Gurken geschmacklich ideal mit Weißwein harmonieren, passen zu den übrigen Gemüsen auch Rotweine. Zur neutraleren Reisfüllung schmecken alle Weine, zu Füllungen mit Feta und Oliven dagegen vorwiegend Rotweine.

CABERNET VIN DE PAYS D'OC

Languedoc (Frankreich)

1–2 • 2–4 Jahre • 15–17 °C

Cabernet ist dank seiner Paprikaaromen ideal zu gefüllten Paprika. Die würzigen Saint-Chinian und Rapsani passen zu Schafskäsefüllungen, Sauvignon sehr gut zu Gurken.

Saint-Chinian
Languedoc (Frankreich)
1–3 • 2–8 Jahre • 16–18 °C

Rapsani
Thessalien (Griechenland)
2–3 • 3–8 Jahre • 15–17 °C

Sauvignon blanc Collio
Friaul (Italien)
1–3 • 1–3 Jahre • 8–10 °C

SPARGEL

Wären da nicht die versteckten Bitterstoffe, könnte man zum Spargel eine ganze Reihe von Weißweinen servieren. Wegen dieser leichten Bitternote kommt aber doch nur eine überschaubare Anzahl in Frage. Grundvoraussetzung für eine harmonische Verbindung ist ein moderater Säuregehalt. Daher scheidet der feinsäuerliche Riesling, obwohl er häufig empfohlen wird, kategorisch aus. Ein universeller Spargelwein ist der Silvaner. Je nach Beilage kann man die Weinauswahl auch noch weiter verfeinern.

SILVANER TROCKEN

Rheinhessen (Deutschland)

1–3 • 1–3 Jahre • 8–10 °C

Silvaner und Weißburgunder passen hervorragend zu Spargel mit Butter oder Sauce hollandaise, Müller-Thurgau zu polnischer und Sauvignon zu grüner Sauce.

Weißburgunder trocken
Baden (Deutschland)
1–3 • 1–3 Jahre • 8–10 °C

Müller-Thurgau trocken
Franken (Deutschland)
1–2 • 1–3 Jahre • 8–10 °C

Sauvignon blanc trocken
Württemberg (Deutschland)
1–3 • 1–3 Jahre • 8–10 °C

PILZE IN SAHNESAUCE

Pilze, Sahne, ein Schuss Weißwein und Petersilie – das Ganze ist sehr proteinreich und enthält eine ordentliche Menge Fett. Je nach verwendeter Pilzart variiert der Geschmack. Steinpilze zeichnen sich durch ein sehr feines Aroma, Pfifferlinge durch festen Biss und pfeffrigen Geschmack aus. Champignons schmecken oft nach Anis. Meist harmonieren erdig-nussige Weißweine mit wenig Säure.

GRAUBURGUNDER TROCKEN

Baden (Deutschland)

1–3 • 2–5 Jahre • 9–11 °C

Grauburgunder harmoniert mit den unterschiedlichsten Pilzen, Weißburgunder mit Champignons, Chardonnay aus Rully mit Steinpilzen und Savagnin vor allem mit aromatischen Pilzen.

Weißburgunder trocken
Pfalz (Deutschland)
1–3 • 2–5 Jahre • 8–10 °C

Savagnin
Jura (Frankreich)
2–4 • 4–10 Jahre • 9–12 °C

Rully
Burgund (Frankreich)
2–3 • 2–6 Jahre • 9–11 °C

GEMÜSEQUICHE

Die Quiche ist ein wahres Universaltalent. Sie schmeckt sowohl warm als auch kalt, man kann sie als Vorspeise, als Hauptgang oder als Snack zur Weinprobe reichen. Auch wenn es um die Weinbegleitung geht, ist sie völlig unkompliziert. Tendenziell sollte man Quiches mit Paprika oder Tomaten eher mit Rotweinen, Quiches mit süßlichen Gemüsen wie Zwiebeln oder Kürbis eher mit Weißweinen kombinieren. Die Vielzahl der Rezepturen macht eine eindeutige Empfehlung aber sehr schwer. Ist die Quiche mit provenzalischen Kräutern verfeinert, passt sie ideal zu mediterranen Weinen.

MONTEPULCIANO D'ABRUZZO

Abruzzen (Italien)

1–2 • 2–5 Jahre • 15–17 °C

Der Montepulciano d'Abruzzo ist ein unkomplizierter, fruchtiger und aromatischer Rotwein, der sich sehr gut zu Quiches mit mediterranem Einschlag kombinieren lässt.

Beaujolais
Beaujolais (Frankreich)
1–2 • 1–4 Jahre • 13–15 °C

Sauvignon blanc
Steiermark (Österreich)
1–3 • 1–4 Jahre • 8–10 °C

Müller-Thurgau trocken
Baden (Deutschland)
1–2 • 1–3 Jahre • 8–10 °C

PIZZA MARGHERITA

Einst zu Ehren der Königin von Neapel in den italienischen Landesfarben kreiert, zählt die Pizza Margherita rund um den Globus zu den beliebtesten Gerichten. Ihr Belag besteht aus Tomaten, Mozzarella und Basilikum. Wegen des hohen Tomatenanteils ist sie, wie die meisten anderen Pizzasorten, der Angstgegner feiner Weine. Am besten harmonieren robuste Rotweine mediterraner Herkunft. Für eine Pizza Napoli belegt man die Pizza Margherita zusätzlich mit Sardellenfilets.

ROSSO CONERO

Marken (Italien)

1–2 • 2–4 Jahre • 14–16 °C

Der Rosso Conero, ein sympathischer Roter aus Montepulciano- und Sangiovese-Trauben, hat ein unbekümmertes, sonniges Wesen und lässt sich auch ganz beiläufig genießen.

Primitivo di Manduria
Apulien (Italien)
1–2 • 2–5 Jahre • 15–17 °C

Morellino di Scansano
Toskana (Italien)
1–4 • 2–6 Jahre • 15–17 °C

Sicilia Rosso IGT
Sizilien (Italien)
1–2 • 2–5 Jahre • 15–17 °C

PASTA MIT NUSSSAUCE

Die Pasta, am besten Penne oder Tortellini mit Frischkäsefüllung, wird von einer reichhaltigen Sauce aus Sahne und zerkleinerten Nüssen umhüllt. Der leicht süßliche und aromatische Geschmack der Nusssauce macht diesen Pastateller zum kulinarischen Schwergewicht. Die leicht säuerliche Füllung der Frischkäsetortellini mildert diese Schwere ein wenig ab. Denselben Zweck erfüllt ein extra-alter, pikanter Reibkäse. Als Begleitung passen am besten kraftvolle, milde Weißweine der Burgunderfamilie.

CHARDONNAY BARRIQUE

Südtirol (Italien)

2–4 • 2–6 Jahre • 9–12 °C

Südtiroler Chardonnays besitzen trotz aller Kraft immer eine gewisse Frische. Ihr nussiger Geschmack und die dezenten Holznoten passen sehr gut zu Pasta mit Sahnesaucen.

Grauburgunder trocken
Saale-Unstrut (Deutschland)
1–2 • 1–3 Jahre • 8–10 °C

Auxerrois trocken
Baden (Deutschland)
2–4 • 4–10 Jahre • 8–10 °C

Rotgipfler trocken
Weinviertel (Österreich)
1–2 • 1–4 Jahre • 8–10 °C

SPAGHETTI MIT ÖL UND KNOBLAUCH

Dieses einfache Pastagericht kann ein kulinarisches Meisterwerk sein, vorausgesetzt, es wird aus wirklich hochwertigen Zutaten bereitet. Der Reiz liegt hier im aromatischen Zusammenspiel von Olivenöl und Parmesan mit salzig-bitterer Charakteristik, eventuell mit leichter Schärfe, und der bissfesten, aber dennoch geschmeidigen Struktur der Pasta. Der feine Geschmack des frischen Knoblauchs und der Petersilie unterstreicht das angenehme Mundgefühl.

REFOSCO DAL PEDUNCOLO ROSSO

Friaul (Italien)

1–2 • 1–5 Jahre • 14–16 °C

Der Refosco ist ein rassiger Rotwein aus Friaul. In Slowenien heißt er Teran. Er hat zwar eine sehr tiefe Farbe, überrascht aber immer wieder mit seinem säurebetonten, fruchtigen Geschmack.

Côtes du Roussillon
Roussillon (Frankreich)
1–3 • 2–8 Jahre • 16–18 °C

Roero rosso
Piemont (Italien)
1–3 • 2–8 Jahre • 15–17 °C

Salento bianco
Apulien (Italien)
1–2 • 1–3 Jahre • 7–9 °C

GEMÜSELASAGNE

Das etwas aufwendige Gericht entschädigt mit opulenter, abwechslungsreicher Aromatik. Der Geschmack der Lasagne variiert natürlich je nach verwendetem Gemüse, aber Tomaten- und Béchamelsauce gehören in jedem Fall dazu. Ohne die einzigartige Spannung zwischen der gehaltvollen, milden Béchamelsauce und der fruchtig-frischen Tomatensauce würde die Lasagne ziemlich langweilig schmecken. Als Begleitung passen Weißweine mit wenig Säure ebenso wie tanninarme Rotweine.

WEISSBURGUNDER TROCKEN

Rheinhessen (Deutschland)

1–2 • 1–4 Jahre • 8–10 °C

Gemüselasagne ist ein opulentes Gericht mit reicher Textur. Die Weine sollten deshalb nicht zu leicht sein und wenig Säure enthalten. Wählen Sie also kräftige Gewächse aus.

Pinot bianco
Südtirol (Italien)
1–2 • 1–4 Jahre • 8–10 °C

Silvaner trocken
Franken (Deutschland)
1–3 • 1–8 Jahre • 8–10 °C

Gamay
Touraine (Loire)
1–2 • 1–4 Jahre • 14–16 °C

Der feste Biss und das kräftige Aroma des Steinpilzes machen ihn zum beliebtesten Risottopilz.

RISOTTO MIT STEINPILZEN

Die Steinpilzscheiben, die mit dem Reis gegart werden, verleihen diesem Risotto ein besonders feines Aroma. Wer es etwas kräftiger mag, kann getrocknete Steinpilze verwenden, die intensiver, wenn auch nicht ganz so edel schmecken. Zum Schluss wird eine ordentliche Portion Butter und geriebener Parmesan untergerührt. Der Risotto ist dann perfekt gegart, wenn er leicht fließt und der Reis einen bissfesten Kern hat. Kräftige Weißweine mit Schmelz und Körper sind hierzu die idealen Begleiter.

GRAUBURGUNDER TROCKEN

Baden (Deutschland)

1–3 • 2–5 Jahre • 9–11 °C

Die nussigen Aromen badischer Grauburgunder harmonieren gut mit Pilzen. Der kräftige, runde und milde Geschmack fügt sich perfekt in die üppige Struktur des Risottos ein.

Franciacorta bianco
Lombardei (Italien)
2–4 • 1–4 Jahre • 8–11 °C

Pinot bianco
Südtirol (Italien)
1–2 • 1–4 Jahre • 9–11 °C

Bourgogne Chardonnay
Burgund (Frankreich)
2–3 • 2–6 Jahre • 9–11 °C

KÄSE UND WEIN

Für viele mag es eine im wörtlichen Sinn bittere Erkenntnis sein, dass Käse ausgerechnet mit schwerem Rotwein seine größten Probleme hat. Dessen Gerbstoffe stehen einer harmonischen Verbindung viel zu oft im Weg. Dagegen kann man wahre kulinarische Glücksmomente erleben, wenn man Käse mit kräftigen, säurearmen Weißweinen zusammenbringt.

WEICHKÄSE

MILD UND CREMIG

Brie, Brillat-Savarin, Chaource

Kräftige, geschmacklich nuancenreiche Weißweine passen hier am besten.

Champagne brut, *Champagne (Frankreich)*
4–5 • 2–8 Jahre • 8–12 °C

Chardonnay trocken, *Pfalz*
2–3 • 2–5 Jahre • 8–10 °C

AROMATISCH UND CREMIG

Camembert

Elegante, fruchtige Rotweine mit samtigen Tanninen setzen frische Akzente.

Médoc Cru bourgeois, *Bordeaux (Frankr.)*
2–3 • 2–15 Jahre • 15–17 °C

Morgon, *Beaujolais (Frankreich)*
2–3 • 2–10 Jahre • 14–16 °C

PIKANT UND LEICHT SÄUERLICH

Munster

Es passen säurearme, hocharomatische Weiße.

Gewurztraminer, *Elsass (Frankreich)*
2–3 • 2–6 Jahre • 9–12 °C

Traminer Spätlese, *Baden*
2–3 • 1–6 Jahre • 9–12 °C

AROMATISCH BIS PIKANT

Livarot, Maroilles

Zum pikanten Geschmack und erdig-nussigem Aroma passen reife, vollmundige Rote.

Fronsac, *Bordeaux (Frankreich)*
2–3 • 2–10 Jahre • 15–17 °C

Cidre, *Normandie (Frankreich)*
1–2 • 1–4 Jahre • 8–12 °C

FLIESSEND UND NUSSIG

Vacherin Mont d'Or

Vacherin Mont d'Or und weißer Jurawein – eine kulinarische Sensation.

Côtes du Jura, *Jura (Frankreich)*
2–3 · 3–10 Jahre · 9–12 °C

Chasselas, *Waadt (Schweiz)*
1–2 · 1–3 Jahre · 8–10 °C

SCHNITT- UND HARTKÄSE

CREMIG UND LEICHT SÄUERLICH

Reblochon, Taleggio

Junge, fruchtige Weiß- und Rotweine eignen sich dazu am besten.

Roussette de Savoie, *Savoyen (Frankreich)*
2–3 · 2–5 Jahre · 8–10 °C

Fleurie, *Beaujolais (Frankreich)*
2–3 · 2–8 Jahre · 14–18 °C

AROMATISCH UND MILD

Fontina, Tomme de Savoie, Morbier, Trappistenkäse

Zur geschmeidigen Struktur, den Milcharomen und erdig-nussigen Noten passen kraftvolle Weißweine mit mildem Geschmack.

Grauburgunder trocken Barrique, *Baden*
2–4 · 2–8 Jahre · 9–12 °C

Chardonnay, *Jura (Frankreich)*
2–4 · 2–10 Jahre · 9–12 °C

LEICHT SALZIG, SEHR AROMATISCH

Tête de Moine, Greyerzer/Gruyère, Appenzeller, Beaufort, Comté, Emmentaler, Allgäuer Bergkäse

Dazu ist Savagnin unschlagbar.

Savagnin, *Jura (Frankreich)*
3–4 · 4–12 Jahre · 10–12 °C

Fendant, *Wallis (Schweiz)*
2–3 · 1–3 Jahre · 9–12 °C

SEHR AROMATISCH BIS PIKANT

Gouda alt, Mimolette

Madeira harmoniert mit seiner Süße, Médoc mit Mineralität.

Médoc Cru bourgeois, *Bordeaux (Frankr.)*
2–5 · 5–15 Jahre · 15–17 °C

Sercial, *Madeira (Portugal)*
3–5 · 5–50 Jahre · 12–14 °C

SÄUERLICH UND SEHR AROMATISCH

Salers, Cantal, Cheddar, Cheshire

Diese Käse harmonieren nur mit ausgesprochen charaktervollen, robusten Weißweinen.

Savagnin, *Jura (Frankreich)*
3–4 · 4–10 Jahre · 10–12 °C

Rully, *Burgund (Frankeich)*
2–3 · 2–6 Jahre · 10–12 °C

SALZIG UND FRUCHTIG

Grana Padano, Parmigiano Reggiano

Sie harmonieren mit milden Weißen und gerbstoffbetonten Roten.

Grauburgunder trocken, *Pfalz*
2–3 · 3–6 Jahre · 9–12 °C

Nebbiolo, *Piemont (Italien)*
2–3 · 3–8 Jahre · 15–17 °C

BLAUSCHIMMELKÄSE

CREMIG UND LEICHT SALZIG

Bleu d'Auvergne, Fourme d'Ambert, Gorgonzola

Wuchtige Rote mit leichter Süße und voller Frucht schmecken dazu am besten.

Amarone della Valpolicella, *Venetien (Italien)*
4–5 • 4–15 Jahre • 16–18 °C

Tawny Port, *Douro (Portugal)*
4–5 • 10–30 Jahre • 14–16 °C

AROMATISCH UND HART

Stilton

Aus Erfahrung gut: Die traditionelle Kombination von Stilton und fruchtigem Port ist einfach unschlagbar – and very British!

Vintage Port, *Douro (Portugal)*
4–5 • 6–20 Jahre • 14–16 °C

Maury, *Roussillon (Frankreich)*
2–3 • 3–10 Jahre • 14–16 °C

SALZIG UND WEICH

Roquefort

Der salzige Geschmack mildert die Tannine von gerbstoffbetonten Rotweinen und harmoniert gut mit der Süße des Barsac.

Coteaux du Languedoc, *Languedoc (Frankreich)*
1–3 • 2–10 Jahre • 15–17 °C

Barsac, *Bordeaux (Frankreich)*
4–5 • 4–10 Jahre • 10–12 °C

ZIEGENKÄSE

SÄUERLICH

Saint-Maure, Saint-Pierre, Crottin

Sie passen zu fruchtig-trockenen Weißen.

Sancerre, *Loire (Frankreich)*
2–3 • 2–5 Jahre • 9–12 °C

Riesling trocken, *Rheingau*
1–4 • 2–10 Jahre • 8–10 °C

WÜRZIG

Banon

Mittelschwere, kräuterwürzige Rotweine.

Les Baux-de-Provence, *Provence (Frankr.)*
2–4 • 3–10 Jahre • 15–17 °C

Mâcon, *Burgund (Frankreich)*
2–4 • 3–10 Jahre • 15–17 °C

SCHAFSKÄSE

AROMATISCH (KRÄUTERGESCHMACK)

Brin d'Amour, Fleur de Maquis

Schwere Rote mit aromatischem Kräuterduft.

Vacqueyras, *Rhône (Frankreich)*
1–3 • 2–8 Jahre • 15–17 °C

SALZIG UND HART

Tomme de Brebis, Pecorino, Manchego

Mächtige Rote mit stattlichen Tanninen.

Priorat, *Katalonien (Spanien)*
4–5 • 4–15 Jahre • 15–17 °C

DESSERT UND WEIN

Eine Harmonie zwischen Wein und Dessert entsteht nur, wenn der Wein mindestens genauso süß ist wie das Dessert. Natürlich muss die Süße im Wein durch Säure, Mineralität oder Alkohol ausgeglichen werden. Zu weniger süßen Desserts schmecken auch weniger süße, jedoch keinesfalls trockene Weine. Besonders heikel sind Champagner und andere trockene Schaumweine.

CRÈME CARAMEL

Das außergewöhnliche Aroma und der reiche Geschmack dieser beliebten Nachspeise entstehen durch eine beachtliche Menge Vanille und den karamellisierten Zuckersirup auf der zarten Crème. Frische Beeren sind eine perfekte Ergänzung und geschmackliche Abrundung der Crème caramel. Dazu harmonieren am besten kräftige Süßweine aus dem Barrique. Wird die Crème mit würzigen Zutaten wie Süßholz und Tonkabohnen aromatisiert, sind oxidativ ausgebaute Dessertweine die erste Wahl.

COTEAUX DU LAYON
Loire (Frankreich)
3–5 • 3–20 Jahre • 9–12 °C

Coteaux du Layon, aus Trauben der Sorte Chenin blanc gekeltert und meist im Barrique ausgebaut, besitzt oft Karamellnoten. Er passt auch zu Desserts mit Trockenfrüchten.

Pinot Gris Sélection de Grains Nobles
Elsass (Frankreich)
4–5 • 3–10 Jahre • 9–12 °C

Vin de Paille
Jura (Frankreich)
4–5 • 4–10 Jahre • 9–12 °C

Madeira Bual
Madeira (Portugal)
4–5 • 10–50 Jahre • 9–12 °C

PANNA COTTA

Die »gekochte Sahne« ist eine mäßig süße Creme aus gestockter Sahne, deren feiner Geschmack sich auch gegen aromatische Beilagen durchzusetzen vermag. Oft werden zur Panna cotta frische Beeren oder eine Beerensauce serviert. Als Begleitung eignen sich frisch-fruchtige Dessertweine mit dezenter Süße. Ideal ist Picolit aus dem Friaul. Leider ist dieser Wein so selten, dass er außerhalb des Anbaugebiets nur schwer aufzutreiben ist.

MOSCATO D'ASTI

Piemont (Italien)

2–3 · 1–2 Jahre · 7–10 °C

Der munter prickelnde Moscato d'Asti ist ein erfrischender Perlwein mit sehr niedrigem Alkoholgehalt und intensiver Frucht. Er wirkt selbst nach einem opulenten Mahl belebend.

Jurançon
Südwestfrankreich (Frankreich)
3–5 · 2–10 Jahre · 9–11 °C

Muskateller Spätlese
Baden (Deutschland)
2–4 · 1–6 Jahre · 8–10 °C

Scheurebe Spätlese
Franken (Deutschland)
3–4 · 1–8 Jahre · 8–10 °C

MOUSSE AU CHOCOLAT

Die schaumig geschlagene Creme aus Bitterschokolade, Sahne und Eiern ist ein reichhaltiges Dessert mit vollem Aroma und üppigem Geschmacksvolumen. Das intensive Schokoladenaroma mit einem kaum wahrnehmbaren Hauch von Cognac und die cremige Struktur verlangen nach einem aromastarken und alkoholreichen Partner, welche die Herausforderungen der Schokolade annehmen können, wie zum Beispiel Madeira, Port und Sherry.

MADEIRA MALVASIA

Madeira (Portugal)

4–5 · 10–50 Jahre · 12–14 °C

Der mystische, fast vergessene Madeira wird aus weißen Trauben gekeltert und unter Sauerstoffeinfluss sehr lange ausgebaut. Malvasia, der süßeste Madeira, passt perfekt zu Bitterschokolade.

Sherry Pedro Ximénez
Andalusien (Spanien)
3–4 · ohne Jahrgang · 12–14 °C

Vintage Port
Douro (Portugal)
5 · 10–40 Jahre · 13–16 °C

Banyuls
Roussillon (Frankreich)
3–5 · 5–20 Jahre · 13–16 °C

TIRAMISÙ

Das leckere Dessert aus Schichten kaffee- und weinbrandgetränkter Löffelbiskuits und üppiger Mascarponecreme, mit Kakaopulver bestreut und eiskalt serviert, ist allgegenwärtig. Leider wird viel zu oft zu Fertigprodukten gegriffen, die sich in keiner Weise mit dem Original messen können. Die intensiven Aromen von Kaffee, Schokolade und Creme sowie die reiche Struktur beschränken die Weinauswahl auf alkoholstarke, fassgereifte Dessertweine.

PASSITO DI PANTELLERIA

Pantelleria (Italien)

4–5 • 5–10 Jahre • 10–12 °C

Passito di Pantelleria ist ein Dessertwein aus getrockneten Muskatellertrauben. Nach langer Fassreife entwickelt er ein vielschichtiges Aroma, das hervorragend zum Tiramisù passt.

Maury
Roussillon (Frankreich)
3–5 • 3–10 Jahre • 12–15 °C

Muscat de Beaumes-de-Venise
Rhône (Frankreich)
2–3 • 5–10 Jahre • 9–12 °C

Marsala
Sizilien (Italien)
3–5 • 5–10 Jahre • 10–13 °C

ZABAIONE

Bei diesem köstlichen Dessert wird Eigelb zusammen mit Wein und Zucker über dem Wasserbad zu einem festen, duftigen Schaum aufgeschlagen. Dabei verbindet sich die schaumige Konsistenz mit dem wunderbar süß-säuerlichen Geschmack. Wird die Zabaione gratiniert, dann kommen noch Karamellaromen hinzu. Als Beilagen können Früchte und Eis serviert werden.

MUSCAT DE RIVESALTES

Roussillon (Frankreich)

2–3 • 1–6 Jahre • 9–12 °C

Muscat de Rivesaltes ist der leichteste südfranzösische Muscat. Seine klaren, floralen Düfte und eine Pfirsichnote harmonieren bestens mit dem Weinschaum. Muscat schmeckt auch gereift sehr gut.

Muscat d'Alsace Vendange tardive
Elsass (Frankreich)
3–5 • 2–15 Jahre • 8–10 °C

Gewurztraminer Vendange tardive
Elsass (Frankreich)
3–5 • 2–15 Jahre • 9–12 °C

Scheurebe Auslese
Pfalz (Deutschland)
3–4 • 2–10 Jahre • 8–10 °C

SCHOKOLADE UND WEIN

Der Geschmack von Schokolade wird von den verwendeten Kakaosorten und ihrer Herkunft, eventuellen Zusätzen, dem Kakaogehalt und der Verarbeitung bestimmt. Die Herkunft des Kakaos hat für den Geschmack einer Schokolade dieselbe Bedeutung wie die Herkunft der Trauben für den Geschmack eines Weins. Leider sind die Informationen auf den Schokoladenverpackungen nur lückenhaft. Deshalb bleiben gelungene Kombinationen von Schokolade und Wein meist dem Zufall überlassen.

PORT, MADEIRA & CO. – KLASSISCHE BEGLEITER

Schokolade ist von ihrer Zusammensetzung her – große Mengen Zucker, Tannine, Bitterstoffe, Fett und überraschend viel Säure – alles andere als weinfreundlich. Trotzdem kann man sie genussvoll mit Wein kombinieren. Am besten kommen verstärkte Süßweine mit diesen erschwerten Bedingungen zurecht. Ihr hoher Alkoholgehalt von mindestens 15 Prozent nimmt das Fett gut auf und ihre Süße gleicht die Säure der Schokolade aus. Port, süße Sherrys, Madeira, Banyuls und Maury schmecken zu fast allen Schokoladen sehr gut. Madeira aus den Traubensorten Bual und Malmsey (Malvasia) kann es sogar mit ganz bitteren Sorten aufnehmen. Mit »normalen« Weinen sind harmonische Verbindungen viel schwieriger herzustellen. Fabelhafte Kombinationen von Schokolade und Wein sind entweder Zufallstreffer oder beruhen auf ausgefuchsten Konstruktionen begabter Chocolatiers, die es verstehen, hochwertige Schokoladerezepturen auf spezielle Weine abzustimmen. Meist werden präzise Weinempfehlungen mitgeliefert, denen man unbedingt Folge leisten sollte.

ANLEITUNG FÜR DEN SELBSTVERSUCH

Wer auf eigene Faust experimentieren möchte, sollte dies am besten mit Schokoladen mit einem Kakaogehalt bis maximal 70 Prozent und schweren, fruchtigen Rotweinen versuchen. Mit Amarone, Syrah, Zinfandel, Grenache, Priorat oder Weinen aus dem Roussillon erzielt man die meisten Treffer. Zwar sind auch hier Enttäuschungen nicht immer zu vermeiden, doch sollte man sich dadurch keinesfalls entmutigen lassen.

Perfekte Kombinationen von Schokolade und Wein können kulinarische Feuerwerke zünden.

ROTE GRÜTZE

Das erfrischende, leicht sämige Beerendessert wird mit Sahne, Vanillesauce oder Vanilleeis abgerundet, deren Süße durch die kräftige Fruchtsäure im Zaum gehalten wird. Intensive Beerenaromen und die manchmal deutlich schmeckbaren Tannine der Beeren stehen in einem delikaten Gleichgewicht mit dem süß-säuerlichen Geschmack. Die Grütze darf keinesfalls süß sein, weil sonst ihre erfrischende Wirkung verpufft. Der begleitende Wein muss reintönig und fruchtig schmecken.

MUSKATTROLLINGER

Württemberg (Deutschland)

1–2 • 1–3 Jahre • 10–12 °C

Dieser helle, leichte Rotwein fügt sich mit seinem klaren Bukett von Kirschen und Muskattrauben in die Aromatik der roten Grütze ein und betont deren Frische mit seinem dezent süßen Geschmack.

Brachetto d'Acqui
Piemont (Italien)
2–3 • 3–10 Jahre • 15–17 °C

Rosenmuskateller
Südtirol (Italien)
1–2 • 1–3 Jahre • 8–10 °C

Scheurebe Auslese
Pfalz (Deutschland)
3–4 • 2–10 Jahre • 8–10 °C

MARILLENKNÖDEL

Für diese klassische österreichische Mehlspeise werden frische Marillen (Aprikosen), umhüllt von Topfen- oder seltener Kartoffelteig, im Salzwasser gegart, anschließend in zerlassener Butter und Semmelbröseln geschwenkt und mit Puderzucker bestreut serviert. Mit der reichen Konsistenz und erfrischenden Fruchtigkeit dieses Desserts harmonieren am besten weiße Dessertweine mit höherem Alkoholgehalt, die nicht zu kalt serviert werden sollten.

RUSTER AUSBRUCH

Neusiedlersee-Hügelland (Österreich)

3–5 · 2–15 Jahre · 9–12 °C

Der berühmte Dessertwein mit intensiver Süße und pikanter Säure ist mit einer Beeren- oder Trockenbeerenauslese vergleichbar. Wählen Sie einen Ausbruch aus weißen Sorten.

Riesling Beerenauslese
Nahe (Deutschland)
4–5 · 3–15 Jahre · 8–10 °C

Sauternes
Bordeaux (Frankreich)
4–5 · 3–15 Jahre · 9–12 °C

Petite Arvine Grain Noble
Wallis (Schweiz)
4–5 · 3–15 Jahre · 9–12 °C

APFELTARTE

Ein duftender, sehr flacher Apfelkuchen, besonders fein mit karamellisierter Oberfläche, dazu cremiges Vanilleeis – ein herrliches, bekömmliches Dessert. Die säuerlichen Äpfel bringen Frische, Teig und Eis ausgleichende Süße und geschmackliches Volumen. Edelsüße Rieslinge schmecken dazu am besten. Ist der Kuchen nur mäßig gesüßt, kann schon eine Spätlese ausreichen, ansonsten sollte es eine Auslese oder Beerenauslese sein.

RIESLING AUSLESE

Rheinhessen (Deutschland)

2–4 · 2–10 Jahre · 8–10 °C

Riesling-Auslesen aus Rheinhessen oder der Pfalz sind meist recht üppig und eignen sich daher sehr gut als Dessertweine. Wer die Mosel dem Mittelrhein vorzieht, sollte zu Beerenauslesen greifen.

Riesling Beerenauslese
Mosel (Deutschland)
4–5 · 3–20 Jahre · 8–10 °C

Rieslaner Auslese
Franken (Deutschland)
3–4 · 3–10 Jahre · 8–10 °C

Vouvray moelleux
Loire (Frankreich)
4–5 · 3–20 Jahre · 8–10 °C

Tipp Statt Äpfeln kann man problemlos Quitten oder Birnen verwenden. Zu Quittentarte passen Vouvray und edelsüße Grauburgunder besonders gut.

FRÜCHTE IN BIERTEIG

Aromatische Früchte werden in Bierteig getaucht und im heißen Fett knusprig ausgebacken. Im schützenden Teigmantel bleibt ihr Geschmack wunderbar erhalten. Eine besonders delikate Frühlingsvariante sind in Bierteig gebackene Holunderblüten. Meist wird zu Früchten in Bierteig eine Kugel Vanilleeis serviert. Als Begleitung passt ein fruchtiger, junger Dessertwein mit geringem Alkoholgehalt. Holzbetonte Dessertweine, beispielsweise Sauternes, harmonieren dagegen weniger gut.

MOSCATO D'ASTI

Piemont (Italien)

2–3 • 1–2 Jahre • 7–10 °C

Muskattrauben- und Pfirsicharomen ergänzen die gebackenen Früchte perfekt. Die Schwere des Bierteigs wird von der erfrischenden Art des Moscato ausgeglichen.

Cadillac
Bordeaux (Frankreich)
2–3 • 2–6 Jahre • 9–11 °C

Weißburgunder Beerenauslese
Neusiedlersee (Österreich)
2–4 • 2–10 Jahre • 8–10 °C

Jurançon
Südwestfrankreich (Frankreich)
3–5 • 2–10 Jahre • 9–11 °C

CRÊPES

Die berühmten hauchdünnen Pfannkuchen aus der Normandie gibt es in ungezählten Varianten, von der einfachsten, mit Zucker bestreuten Art bis hin zu flambierten Crêpes Suzette mit Orangensauce. Die dazu passende Weinauswahl richtet sich vor allem nach der Füllung der Crêpes. Zu Crêpes Suzette schmecken ältere Sauternes sehr gut, zu anderen Fruchtbeilagen passen meist jüngere, kräftige Dessertweine besser. Nussige und schokoladige Füllungen harmonieren mit oxidativen Weinen.

SAUTERNES

Bordeaux (Frankreich)

4–5 • 8–20 Jahre • 9–12 °C

Die Orangennoten alter Sauternes passen zu Crêpes Suzette. Port und Vin de Paille harmonieren mit nussigen und schokoladigen (nur Port) Füllungen, Riesling Auslese schmeckt zu Fruchtkompott.

Riesling Auslese
Rheingau (Deutschland)
2–4 • 3–10 Jahre • 8–10 °C

Vin de Paille
Jura (Frankreich)
4–5 • 4–10 Jahre • 9–12 °C

Tawny Port
Douro (Portugal)
3–5 • 5–10 Jahre • 12–14 °C

HERSTELLUNG ANBAULÄNDER REBSORTEN

WEIN HERSTELLEN

Für viele Weinfreunde hat das Geschehen im Dunkel des Kellers etwas Geheimnisvolles, angesiedelt zwischen Schwarzer Magie und Hightech. Da kann es nicht falsch sein, sich einmal genau zu informieren, wie viel Wissen, Erfahrung und Kunst es braucht, um aus »simplem« Traubensaft Wein zu machen.

WEINBEREITUNG – HANDWERK, KUNST UND WISSENSCHAFT

Sicher haben die Menschen schon vor Zehntausenden von Jahren die Freuden des vergorenen Traubensaftes entdeckt. In der Jungsteinzeit haben sie gelernt, Tonkrüge mit engem, verschließbaren Hals herzustellen, in denen man Wein für einige Monate aufbewahren konnte. Jetzt (ab 5000 vor Christus lässt sich Weinbau nachweisen) lohnte es sich, Reben zu kultivieren und Wein in größeren Mengen herzustellen. Die Winzer stampften die Trauben in großen Wannen und füllten den Saft in Krüge. Nach Abschluss der Gärung wurden sie verschlossen, der Wein war im Prinzip fertig.

Reicher Erfahrungsschatz

Ausgehend von diesem »primitiven« Anfang, hat sich im Lauf der Jahrtausende ein immenser Schatz an Wissen angesammelt. Die Winzer konnten den Vorgang der Weinbereitung immer besser beherrschen und verfeinern. Die Weinherstellung war ein hoch entwickeltes Handwerk geworden, das einige Vertreter bis zur Kunst steigerten. Was aber genau bei der Gärung und Reifung im Fass geschah, blieb weiter ein Geheimnis.
Das änderte sich, als Louis Pasteur 1860 entdeckte, dass die Gärung kein mystischer Vorgang, sondern das Werk von Hefen und Bakterien ist. Jetzt wurde es möglich, jeden Schritt der Weinbereitung zu analy-

sieren und dem Kellermeister verfahrenstechnische Instrumente zur Verfügung zu stellen. Die Kellertechnik wurde zu einer wahren Wissenschaft, die sich rasant bis zu den Hightech-Anlagen moderner Kellereien entwickelt hat.

Und das Handwerk, die Kunst? Auch das Wissen der Wissenschaft ist nur Stückwerk. Und daher wird es immer den Erfahrungsschatz und das Fingerspitzengefühl des Winzers brauchen, der genau weiß, wie er in jedem speziellen Jahr seinen Wein neu erfinden kann.

DIE WEISSWEIN-PRODUKTION

Die Bereitung von Weißwein unterscheidet sich ganz grundsätzlich von der des Rotweins: Beim Weißwein werden die Trauben nämlich vor der Gärung abgepresst, beim Rotwein erst nachher.

Das hat seinen guten Grund: Der Winzer will beim Weißwein vermeiden, dass Tannine und andere bittere oder adstringierende Inhaltsstoffe aus den Schalen, Kernen und Stielen in den Wein gelangen und seine saubere Frische zerstören. Er presst die Trauben daher sofort nach der Anlieferung im Keller. Viele Winzer lesen ihre Weißweintrauben zudem in der Kühle der Nacht, damit die Gärung nicht vorzeitig einsetzt und dadurch doch Tannine und Bitterstoffe aus den Traubenschalen in

BEREITUNG VON WEISSWEIN

1. Gleich nach der Lese werden die Trauben entstielt und gequetscht.

2. Bevor die Gärung beginnt, wird der Most abgepresst.

3. Die Gärung findet in temperaturgesteuerten Stahltanks statt.

4. Nach Abschluss der Gärung wird der Weißwein gefiltert.

5. Der fertige Wein wird abgefüllt und kommt gleich in den Verkauf.

Beim Rotwein werden die festen und flüssigen Bestandteile der Maische gemeinsam vergoren.

den Most gelangen. Das erklärt auch, weshalb viele der feinsten und bekanntesten Weißweine aus eher kühlen Anbaugebieten wie den nördlichen Weinregionen in Frankreich, aus Deutschland oder Österreich stammen.

Auch bei der Gärung selbst und der anschließenden Klärung des Weins ist höchste Sorgfalt geboten, denn höhere Temperaturen und der Kontakt mit Sauerstoff gefährden die Frische und Fruchtigkeit des Weins. Viele Winzer nutzen zur Weißweinherstellung daher Stahltanks, in denen die Temperatur kontrolliert und gesteuert werden kann. Nur wenige besonders hochwertige Weißweine, vor allem aus der Chardonnay-Traube, werden nach der Gärung im Holzfass weiter ausgebaut.

DIE ROTWEIN-PRODUKTION

Die Beerenhäute der Rotweintrauben enthalten viele wichtige Inhaltsstoffe für den späteren Wein – vor allem die Farbe, das Tannin und eine breite Palette an Geschmacksstoffen. Sie werden während der

Gärung aus den Häuten gelöst. Die Pressung erfolgt in diesem Fall also erst, nachdem dieser Prozess abgeschlossen ist. Das ist der entscheidende Unterschied zur Weißweinbereitung.

Nach der Lese kommen die Trauben zuerst in eine Abbeermaschine, die die Stiele von den Beeren trennt. Anschließend werden die Beeren zu einem Brei gemahlen, der Maische, die aus Häuten, Fleisch, Kernen und einigen Stielresten besteht. Diese Maische wird als Ganzes vergoren: Die Hefen beginnen ihre Arbeit und verwandeln den Zucker in Alkohol, der nun das Tannin, die Farbe und vieles mehr aus der Maische, vor allem den Häuten, herauslöst. Die dabei entstehende Kohlensäure treibt die festen Bestandteile der Maische im Gärbehälter immer wieder nach oben zu einem sogenannten Tresterhut. In ihm konzentrieren sich all die wertvollen Inhaltsstoffe, die der Kellermeister herauslösen möchte. Damit das vollständig gelingt, muss dieser Hut immer wieder unter den Saft gedrückt werden. In moderneren Gärtanks kann man den gärenden Most von unten über den Hut pumpen oder sogar den ganzen Tank rotieren lassen. Nach dem Ende der Gärung wird der Wein dann abgepresst und je nach Weinstil in Holzfässern oder in Stahltanks weiter gelagert und ausgebaut.

BEREITUNG VON ROTWEIN

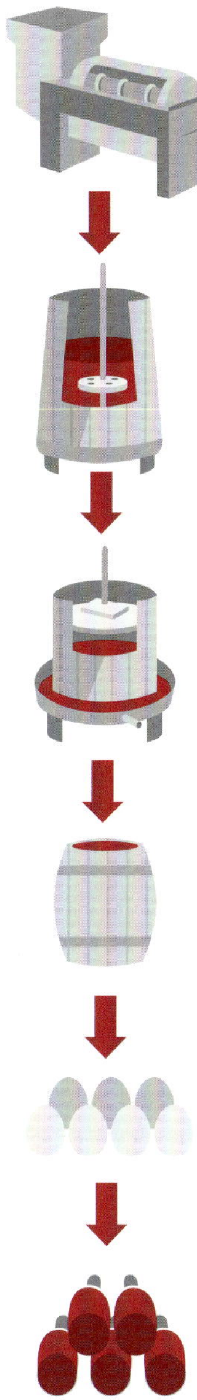

1. Gleich nach der Lese werden die Trauben entstielt und gequetscht.
2. Die Maische aus Häuten, Fleisch, Kernen und einigen Stielresten wird vergoren.
3. Der Rotwein wird erst nach Abschluss der Gärung gepresst.
4. Die meisten Rotweine reifen nach der Gärung eine gewisse Zeit im Fass oder im Stahltank.
5. Nach der Reifung wird der Wein geklärt. Für hochwertige Weine wird dafür häufig Eiweiß verwendet.
6. Der fertige Wein wird abgefüllt, reift in der Flasche weiter und kommt dann erst in den Verkauf.

DIE ROSÉ-PRODUKTION

Es gibt zwei Wege, um Roséweine zu gewinnen.

Rosé aus roten Trauben

Der »richtige« Rosé stammt von roten Trauben. Sie werden zu Brei vermahlen – gemaischt – wie für einen Rotwein. Nach ein paar Stunden trennt der Winzer einen Teil des Saftes von der Maische und gewinnt so einen hellroten Most, den er nun weiter verarbeitet wie für einen Weißwein.
Die im Gärbehälter verbleibende Maische ist jetzt so konzentriert, dass sie einen besonders gehaltvollen Rotwein ergibt. Man nennt dieses weitverbreitete Verfahren Saignée. Wenn man so will, dient es vor allem zur Anreicherung des Rotweins, bei dem der Rosé eher als Nebenprodukt entsteht. Da dieses Verfahren vor allem bei qualitätsbewussten Winzern angewendet wird, die bestes Traubengut verarbeiten, sind auch die Rosés von diesen Weingütern oft sehr fein.
Natürlich kann der Winzer auch die gesamte Maische zu Rosé verarbeiten. Kurz gesagt: Rosé ist also ein Rotwein, der schon nach kurzer Gärung abgepresst wurde.

Rosé aus einem Verschnitt

Billiger Rosé hingegen entsteht vor allem außerhalb der EU oft aus dem Verschnitt von Rotwein und Weißwein. Der Qualitätsunterschied ist mit »Händen« zu greifen. Eine wichtige Ausnahme macht der Rosé-Champagner, der fast immer ein Verschnitt von roten Pinot- und weißen Chardonnay-Weinen ist.

WEISSWEIN AUS ROTEN TRAUBEN

Wenn man eine rote Weintraube schält, sieht man, dass das Fleisch innen in den meisten Fällen gar nicht rot ist, sondern grünlich-durchscheinend, also nicht wesentlich anders ausieht als bei den weißen Beeren. Trennt man den (weißen) Saft beim Keltern sofort von den roten Schalen, lösen sich keine Farbstoffe in ihm und er bleibt weiß, wie später auch der Wein daraus. Es handelt sich also eigentlich um das gleiche Vorgehen wie beim Weißwein, nur eben mit roten Trauben.
Oft haben diese Weine dennoch eine etwas dunklere Färbung und erscheinen fast wie eine Art sehr heller Rosé. Die Franzosen nennen sie deshalb auch Vin gris, grauer Wein. In Deutschland kennt man die Bezeichnungen Weißherbst oder, besonders im Anbaugebiet an der Ahr, auch Bleichert.
Eine große Rolle spielen die weißgepressten Weine aus roten Rebsorten bei der Schaumweinherstellung, vor allem in Frankreich. In

einem »normalen« weißen Champagner ist in der Regel mehr als die Hälfte aus eigentlich roten Pinot-Sorten gekeltert und in einem sogenannten Blanc de Noirs sogar der ganze Flascheninhalt.

WELCHE ROLLE SPIELT DAS HOLZFASS?

Schon viele Jahrhunderte vor Christus wurden Holzfässer gebaut, um Wein zu lagern und zu transportieren. Kein anderes Material, nicht einmal der moderne Stahl, aus dem viele Weintanks hergestellt werden, hat es geschafft, das Holz ganz zu verdrängen. Im Gegenteil, es spielt auch heute noch – gerade bei hochwertigen Weinen – bei der Gärung, der Reifung und der Lagerung von Wein eine herausragende und viel diskutierte Rolle.
Das Holzfass beeinflusst den Wein in zweifacher Hinsicht: Es besteht im Gegensatz zum Stahltank aus porösem Material und lässt einen gewissen Kontakt des Weins mit dem Sauerstoff der Umgebung zu. Der Wein beginnt auf eine sehr sanfte Art zu reifen. Zudem gibt das Holz Geschmacksstoffe und Tannin an den Wein ab. Nach Versuchen mit Holzarten wie Akazie, Kastanie und Pinie war schon bald klar: Keine kommt an die optimalen Eigenschaften und den vornehmen, an Vanille erinnernden Duft von Eichenholz heran.

Ebenfalls entscheidend ist die Herstellung des Holzfasses. Die Dauben werden über Feuer gebogen und erhalten eine mehr oder weniger starke Röstung, die dem Wein später während des Reifevorgangs einen Duft von Karamell oder Mokka schenken kann.
Je nach Größe und Alter des Fasses sind all diese Einflüsse mehr oder

Um die Dauben biegsam zu machen, wird das Holzfass innen erwärmt, was dem Wein auch ein Toastaroma verleiht.

Eichenspäne, -raspel und -würfel dienen als Alternative zum Aromatisieren von Wein.

weniger ausgeprägt: Je kleiner das Fass, umso mehr Wein kommt im Verhältnis zur Gesamtmenge in Kontakt mit dem Holz, das ihm umso mehr Sauerstoff und Geschmacksstoffe abgibt. Als ideale Fassgröße hat sich international das aus Bordeaux stammende Barrique (der Name stammt vom Gaskognischen »barrica« = Fass) mit 225 Litern Fassungsvermögen und einer Daubendicke von etwa 20 Milimeter durchgesetzt.

EICHENSPÄNE STATT HOLZFÄSSER

Man kann unter einen Most tatsächlich vor der Gärung Eichenspäne mischen. Damit bekommt der Wein das gleiche begehrte Vanillearoma wie beim Fassausbau, die Kosten belaufen sich aber nur auf einen Bruchteil davon. Diese Späne können verschieden stark getoastet sein, man kann den Beitrag des Holzes zum Aroma also sehr genau steuern. Allerdings schenkt diese Behandlung dem Wein bei Weitem nicht die Alterungsfähigkeit und Komplexität wie der richtige Holzfassausbau. Hinweise auf die Verwendung von Eichenspänen bekommt man, wenn auf dem Etikett statt »barrel aged« nur »oak aged« oder »Eichenholzreifung« angegeben ist.

DIE MALOLAKTISCHE GÄRUNG

Man nennt die malolaktische Gärung oft auch den biologischen Säureabbau. Früher haben die Winzer im Frühjahr die Kellertüren geöffnet, um die warmen Frühlingslüfte in den Keller zu lassen. Dann begann es in den Fässern erneut zu gurgeln und zu schäumen. »Der Wein wird unruhig, weil er spürt, dass draußen im Weinberg die Rebstöcke wieder austreiben«, meinten die Winzer und sprachen von der zweiten Gärung.

Heute wissen wir, dass dieser Vorgang mit der alkoholischen Gärung nichts zu tun hat. Bei ihr wird der Zucker der Trauben von Hefepilzen zu Alkohol vergoren, bei der zweiten Gärung hingegen sind Bakterien am Werk, die die scharfe Apfelsäure in die viel mildere Milchsäure umwandeln. Sie kommen in alten Kellern auf natürliche Weise vor und beginnen, bei steigenden Temperaturen spontan aktiv zu werden.
In modernen Betrieben werden heute jedoch häufig die berechenbaren Zuchtkulturen verwendet. Doch die malolaktische Gärung ist nicht immer erwünscht: Besonders junge Weine aus kühleren Regionen haben oft einen hohen Anteil an (scharfer) Apfelsäure. Diese gibt vielen frischen Weißweinen Struktur und Charakter. Deutsche Rieslinge sind ein gutes Beispiel dafür. In diesen Fällen versucht der Kellermeister zu verhindern, dass eine »Malo« (so wird sie von Winzern genannt) eintritt. Bei einer wachsenden Zahl anderer Weißweine und bei vielen Schaumweinen dämpft er ganz bewusst mit einer vollständigen oder teilweisen malolaktischen Gärung die dort unerwünschte Schärfe des Weins. Beim Rotwein, besonders bei hochwertigen Rotweinen, ist die malolaktische Gärung sogar fast immer erwünscht. Die Weine werden runder, weicher und erhalten durch sie mehr Komplexität.

DIE SCHAUMWEIN-PRODUKTION

Grundsätzlich gibt es zwei verschiedene Methoden für die Schaumweinherstellung: die Flaschen- und die Tankgärung.

Flaschengärung

Bei dieser Methode werden die fertig vergorenen Grundweine in eine dickwandige Flasche abgefüllt, mit etwas Zucker und Hefe versetzt und in der verschlossenen Flasche einer zweiten Gärung überlassen. Dabei entsteht ein Bodensatz aus abgestorbenen Hefezellen, der für mindestens 18 Monate in der Flasche bleibt und dem Wein die charakteristischen Aromen von Brot und Butterkeksen schenkt. Erst nach dieser Reifung wird er entfernt.
Man stellt dazu die Flasche in einem Rüttelpult auf den Kopf und dreht sie nach und nach immer steiler, bis sich der gesamte Satz im Flaschenhals gesammelt hat. Schließlich wird der Hals vereist, die Flasche kurz geöffnet, und der Bodensatz kommt als Eispfropfen ohne Schaden für den übrigen Wein heraus. Der Verlust wird nun wieder aufgefüllt, die Flasche verkorkt und mit einem Drahtkorb gesichert. Dieses aufwendige und entsprechend teure Verfahren lohnt sich natürlich nur für wirklich hochwertige Schaumweine wie Champagner, Franciacorta und andere.

Tankgärung

Man nennt diese Methode oft auch Charmat-Methode. Dabei findet die zweite Gärung nicht in der Flasche, sondern in einem großen Drucktank aus Stahl statt. Aus ihm wird der fertige Wein direkt in die Flasche gefüllt. Auch bei dieser Methode entsteht im Tank ein Bodensatz aus abgestorbenen Hefen, der Kontakt zwischen ihnen und dem Wein ist allerdings längst nicht so direkt und intensiv wie bei der Flaschengärung. Deren edle Hefearomen fehlen daher weitgehend.
Darüber hinaus sind auch die Perlen im fertigen Wein meist etwas weniger fein. Für viele einfachere und günstigere Schaumweine ist die Tankgärung aber sicherlich besser geeignet als die aufwendige und teure Flaschengärung.

BRUT UND SEC

Tatsächlich sind die Bezeichnungen für den Restzuckergehalt auf den Schaumweinflaschen etwas verwirrend. In der Tabelle unten finden Sie die Auflösung. Demgegenüber gilt ein Stillwein nur bis maximal 9 g/l als trocken und zwischen 18 und 45 g/l als lieblich.

PROSECCO

So heißt eine weiße Traube des nördlichen Veneto, die durch den gleichnamigen, populären Schaumwein bekannt geworden ist. Guter Prosecco perlt nur diskret, ist leicht und mischt eine zarte Mineralität in seinen Apfelblütenduft. Doch das Original aus den Bergdörfern Valdobbiadene und Conegliano, dem 2010 DOCG-Status zuteil wurde (3.500 Hektar), ist weit seltener im

ANGABE DER RESTSÜSSE IM SCHAUMWEIN

RESTZUCKER PRO LITER	BEZEICHNUNG
0 bis 6 g/l	Extra-brut, Brut de brut, Brut nature, Extra herb
Weniger als 15 g/l	Brut, Herb
Zwischen 12 und 20 g/l	Très sec, Extra-dry, Extra trocken
Zwischen 17 und 35 g/l	Sec, Dry, Secco, Asciutto, Trocken
Zwischen 35 und 50 g/l	Demi-sec, Medium-dry, Abboccato, Halbtrocken
Über 50 g/l	Doux, Sweet, Dolce, Mild

Umlauf als die nun zur DOC aufgewerteten, teilweise sehr schlichten Weine aus der Ebene der nahen Marca Trevigiana und dem restlichen Veneto (7.500 Hektar). Prosecco wird nicht in Flaschengärung hergestellt, sondern im Drucktank (Charmat-Methode). Für den italienischen Markt wird er meist als extra dry abgestimmt. Der Cartizze aus der historischen Steillage, in der die Bergbauern erstmals diesen Schaumwein produzierten, ist sehr süß.

DIE SÜSSWEIN-PRODUKTION

Alle Schleckermäuler dieser Welt stehen seit jeher auf Süßwein. Es verwundert daher nicht, dass süße Weine in praktisch allen Weinregionen auf eine alte und ehrwürdige Tradition zurückblicken können. Mancherorts waren sie nicht mehr als ein kleiner Schatz für Familie und Freunde, anderswo aber schmückten sie die Tafeln der Könige und Zaren.
Man kann alle Süßweine auf zwei Großfamilien zurückführen: Familie eins konzentriert den Zuckergehalt in den Beeren so, dass die Hefen ihn gar nicht vollständig vergären können, der fertige Wein also süß bleibt (Weine aus rosinierten oder edelfaulen Trauben sowie Eiswein). Familie zwei verstärkt den Alkoholgehalt des Mostes vor dem Ende der Gärung durch Zugabe von Alkohol. Die Hefepilze sterben ab, und ein Teil des Zuckers bleibt unvergoren (sogenannte gespritete Weine).

Die Süssweintypen

Weine aus rosinierten Trauben

Der direkteste Weg, um alle Inhaltsstoffe – also auch den Zucker – in den Traubenbeeren zu konzentrieren, ist die Trocknung. Man macht also Rosinen und keltert diese. Diese Methode ist in Italien weit verbreitet: In Apulien und Pantelleria legt man die Trauben direkt in die Sonne, in vielen anderen Gegenden hängt man sie zum Trocknen in Scheunen auf oder legt sie auf Matten (Amarone).

Weine aus edelfaulen Trauben

Der Schimmelpilz Botrytis cinerea befällt bei bestimmten Wetterbedingungen die Traubenbeeren, perforiert deren Haut und entzieht ihnen so einen Teil der Flüssigkeit. Die Beeren sehen dann verschimmelt und ziemlich unansehnlich aus, sind aber zuckersüß. Vor allem in gemäßigtem Klima (Sauternes, Rheingau, Neusiedler See, Tokaj) entstehen die edelsten und haltbarsten Weine der Welt.

Eiswein Keltert man gefrorene Traubenbeeren, bleibt ein Teil des Wassers als Eis in der Presse zurück, der Most ist süßer und konzentrierter. Die Vorschriften in Deutsch-

So vereist müssen die Trauben bei der Eiswein-Ernte sein.

land bestimmen, dass die Trauben für Eiswein nur bei einer Temperatur von –7 °C oder darunter gelesen werden dürfen. Außer in Deutschland und Österreich wird inzwischen auch in Kanada hervorragender Eiswein produziert.

Gespritete Weine Übersteigt der Alkoholgehalt des Mostes etwa 16 Prozent, stellen die Hefen ihre Aktivität ein, der Gärungsvorgang stoppt. Man kann dem gärenden Wein also reinen Alkohol zufügen und so die Gärung unterbrechen, bevor der gesamte Zucker im Most zu Alkohol vergoren ist. Der Wein ist dann immer noch süß und alkoholreich. Je früher im Gärungsverlauf das Spriten erfolgt, umso süßer ist schließlich auch der Wein. Berühmte Beispiele sind: Portwein, Sherry, Madeira, Vin Doux Naturel.

BIOWEIN UND BIOLOGISCH-DYNAMISCHER ANBAU

Als Anfang der 1980er-Jahre die ersten Bioweine produziert wurden, waren nur Ökoläden an ihrem Vertrieb interessiert. Doch inzwischen hat der Biowein den Fachhandel erobert, und zwar von der Spitze her: Viele Topweingüter haben im letzten Jahrzehnt auf kontrollierte ökologische Bewirtschaftung oder sogar auf biologisch-dynamische Wirtschaftsweise umgestellt. Denn zunehmend setzt sich die Erkenntnis durch, dass der Weinbergsboden und seine Umwelt das größte Kapital des Weinbaus darstellen – und dass dieses Kapital sehr empfindlich ist. Intensiver Pflanzenschutz mit synthetischen Präparaten kann dazu führen, dass das Bodenleben unter den Rebstöcken abstirbt.
So werden immer mehr und immer intensivere Eingriffe mit weiteren chemischen Präparaten erforderlich – ein Teufelskreis.

Authentischer Geschmack

Biowinzer schaffen den Trauben hingegen Reifebedingungen, die nicht durch chemische Hilfsmittel künstlich aufgepeppt wurden. Die so produzierten Weine schmecken besonders authentisch. Die typischen Merkmale eines Jahrgangs und des Terroirs erscheinen in großer Ursprünglichkeit. So wird der in der Massenproduktion feststellbare Trend zu gleichförmigen Weinen gebrochen. Dennoch kommen auch Ökowinzer im Kampf gegen Pilzkrankheiten nicht ohne das Schwermetall Kupfer aus, aber immerhin zumeist mit niedrigen Dosen.

Anthroposophie und Landwirtschaft

Die biologisch-dynamische Arbeitsweise geht zurück auf Rudolf Steiner (1861–1925), der seine Überlegungen zur Landwirtschaft in ein umfangreiches (und umstrittenes) System von Weltanschauungen eingebettet hat. Zur Gedankenwelt der Biodynamik gehört die »Dynamisierung« von (meist auf Pflanzenextrakten beruhenden) Präparaten zum Pflanzenschutz. Beispielsweise muss das sogenannte Hornmist-Präparat – gereifter Kuhdung, der den Winter über in einem Kuhhorn im Boden vergraben war – durch etwa einstündiges Rühren in Wasser gelöst werden, wobei immer wieder abrupt und unter Bildung eines Strudels die Drehrichtung des Wassers geändert wird. Diese Präparate entfalten ihre Wirkung durch die Übermittlung von »Information« an die Pflanze. Solche und ähnliche Maßnahmen wirken auf den konventionell wirtschaftenden Winzer wie Hokuspokus. Andere Regeln, etwa das Beachten der Mondphasen für alle wichtigen Arbeitsschritte in Weinberg und Keller, greifen bäuerliches Erfahrungswissen auf. Wichtig für den Erfolg der biologisch-dynamischen Arbeitsweise ist nicht zuletzt aber die zusätzliche Aufmerksamkeit des Winzers für seinen Weinberg.

Bioweinen und biologisch-dynamisch produzierten Weinen ist gemein, dass sie sich inzwischen vollständig aus der Bionische befreit haben. Denn in den meisten Fällen ist es gewiss nicht mehr die Ideologie, sondern die Qualität der hervorzubringenden Weine, die die Hinwendung zu diesen Wirtschaftsformen herbeiführt.

TRAUBENMOST AUFPEPPEN

Da Alkohol bekanntlich aus Zucker entsteht, liegt es nahe, dass manche Winzer dem Most vor oder während der Gärung etwas Zucker beigeben, um einen schwächlichen Wein aufzubessern. Die Winzer nennen das »die Sonne aus dem Sack«. Da das Wort »Aufzuckern« jedoch eher negative Assoziationen weckt, heißt der Vorgang heute im Fachjargon Anreichern oder »Chaptalisieren« nach dem französischen Chemiker Jean-Antoine Chaptal (1756–1832).

Die EU erlaubt das Chaptalisieren, abgestuft nach Weinbauzonen. Im kühlen Norden ist mehr Zucker erlaubt als im Süden.

Die Weinbauzonen

Die deutschen Anbaugebiete (mit der Ausnahme von Baden) liegen zusammen mit Luxemburg und Großbritannien in der kühlsten Weinbauzone A. Hier darf der Wein mit so viel Zucker angereichert werden, dass der Alkoholgehalt um 2,4 Prozent ansteigt. Baden liegt, zusammen mit dem Elsass, der Loire und der Champagne, in der Zone B, hier liegt der maximale zusätzliche Alkoholgehalt bei 2,0 Prozent. Heute wird zum Chaptalisieren meist ein Konzentrat aus Traubenmost verwendet, das aus Überschüssen hergestellt wird. Dafür gelten in der EU die gleichen Vorschriften wie beim Zucker. Prädikatsweine dürfen in Deutschland generell überhaupt nicht chaptalisiert werden.

VIN NOUVEAU ODER VINO NOVELLO

»Nouveau« bedeutet neu und meint einen jungen Wein, der schon wenige Wochen nach der Lese und auf jeden Fall noch im Erntejahr auf den Markt gebracht wird. Der Urvater all dieser Weine ist der Beaujolais Nouveau, der jeweils am dritten Donnerstag im November erscheint. Dieses Datum wurde mit viel Werbeaufwand weltweit gepusht, sodass sich das Warten auf den Wein Ende der 1980er-Jahre zu einer Art Massenhysterie auswuchs. Der Wein wurde damals per Flugzeug, an manchen Ort sogar per Helikopter, bis nach Japan und Australien verfrachtet. 60 Prozent der gesamten Beaujolais-Ernte endete schließlich als Beaujolais Nouveau. Inzwischen hat sich diese Aufregung allerdings gelegt. Nouveau-Weine brauchen eine bestimmte Gärungs- und Stabilisierungstechnik. So entstehen besonders fruchtige, aromatische und milde Weine. Kühl genossen können sie in guten Fällen durchaus viel Trinkfreude bereiten, sie müssen aber unbedingt innerhalb eines Jahres getrunken werden. Oftmals schmeckt Beaujolais Nouveau aber gekocht und bonbonartig.

Neuer Wein nun überall

Natürlich zog der Erfolg Nachahmer an, die zum Teil noch frühere Erscheinungstermine hinbekamen. Von Frankreich aus schwappte die Mode nach Italien über – wo das Pendant Vino Novello heißt – und schließlich sogar in die Neue Welt. Spätestens damit verloren die europäischen Marketingleute ihren eigentlichen Trumpf, denn die Weinproduzenten auf der Südhalbkugel konnten ihren neuen Tropfen schon ein halbes Jahr früher auf den Markt bringen.

VERWERTUNG DES TRESTERS

Bei der Weinbereitung fallen Pressrückstände an, Trester genannt. Der Trester besteht aus einem Brei von Schalen, Fruchtfleisch, Kernen und – da er bei der Herstellung von Qualitätsweinen nicht bis zum letzten Tropfen ausgepresst wird – aus relativ viel Flüssigkeit. Dieses »Abfallprodukt« ist ein attraktiver Rohstoff für die Weiterverarbeitung, vor allem für die Destillation zu Tresterschnaps. Nun ist Trester aber nicht gleich Trester. Beim Weißwein enthält er noch keinen Alkohol, da die Pressung vor der Gärung stattfindet, dafür aber reinen Traubensaft mit einem hohen Zuckeranteil. Dieser muss vor dem Brennen noch vergoren werden.
Der Rotweintrester wird dagegen erst nach der Gärung abgepresst, er enthält keinen Zucker mehr, sondern bereits Alkohol. Er kann direkt destilliert werden. Zwischen den beiden Extremen – unvergorenem und ganz durchgegorenem Trester – gibt es alle Zwischenstufen, die unterschiedlich behandelt werden müssen. Die Kunst des Brenners besteht darin, aus jedem seinen individuellen Duft herauszudestillieren. Dabei können sowohl grobe Bauernschnäpse entstehen wie auch teure Edelbranntweine. 100 Kilogramm Trester ergeben um die zwei bis vier Liter Branntwein. In Italien heißen Tresterschnäpse Grappa, in Frankreich Marc.

Öl für Feinschmecker

Aus den im Trester enthaltenen Kernen kann außerdem ein hochwertiges und wohlschmeckendes Traubenkernöl gewonnen werden. Es schimmert hellgrün und schmeckt leicht nussig. Man verwendet es vor allem zum Würzen von Salaten und Saucen und als Ausgangsprodukt für die Herstellung verschiedener Kosmetika. 100 Kilogramm Trester ergeben etwa zwei Liter Öl.

ARBEITEN IM WEINBERG

Neben der so wichtigen Kellerarbeit, verbringt der Winzer die meiste Zeit – und keineswegs nur zur Lese im Herbst – im Weinberg selbst. Er ist sein Kapital, das er hegen und pflegen muss. Zu den wichtigsten regelmäßigen Arbeiten an den Pflanzen gehören der Rebschnitt, das Pflügen der Rebzeilen, die Düngung des Bodens, die Laubarbeiten, die Schädlingsbekämpfung und schließlich die Lese. Dazu kommen natürlich noch die Anlage neuer Flächen und die Neubestockung vorhandener Weinberge.

Die Weinlese

Die Weinlese bringt die Ernte eines ganzen Jahres Arbeit ein. Sie richtig zu organisieren, ist von größter

In flachen Weinbergen mit geeignetem Rebzeilenabstand können Vollerntemaschinen eingesetzt werden.

Wichtigkeit, denn Nachlässigkeiten können die Qualität des Weins beschädigen oder zu Ernteeinbußen führen. Wichtig ist vor allem das zügige Ernten und Abtransportieren der Trauben, die ansonsten zu früh, also vor dem Pressen, zu gären beginnen könnten. Bei guten Qualitäten wird meist darauf geachtet, nicht zu große Füllbehälter zu benutzen, da in diesen die Trauben zerquetscht werden und ebenfalls zu früh gären. Es ist vielleicht nicht mehr die Regel, aber in manchen Lagen und bei höheren Qualitäten spielt noch immer die Handlese die größte Rolle. An steilen Flusshängen oder in alten Weinbergen mit engem Rebzeilenabstand ist der Einsatz von Lesemaschinen nicht möglich. Außerdem sind natürlich alle Weinberge, in denen ein zweiter später Lesevorgang geplant ist, von der Maschinenlese ausgeschlossen. Und bei besonderen Qualitäten muss ohnehin ein kundiger Leser die besten Trauben auswählen und die übrigen hängen lassen.

Maschinenlese

Bis in die 1960er-Jahre hinein gab es zur Handlese gar keine Alternative. Heerscharen von Saisonarbeitern mussten die Ernte innerhalb von wenigen Tagen einbringen. Die damit verbundenen Kosten und zunehmende vertraglichen Schwierigkeiten beförderten die Entwicklung von Erntemaschinen, die durch Klopfen und Rütteln die Beeren vom Stock schütteln.

Die Maschinenernte bietet einige entscheidende Vorteile. Im Vordergrund steht natürlich die Kostenersparnis, aber auch eine Qualitätsüberlegung spricht für die Maschinenernte: Die Menge, die die fröhlichen Arbeiter früher in ein paar Tagen geerntet haben, schafft die Maschine in einigen Stunden. Der Winzer kann die Trauben somit zum optimalen Reifezeitpunkt sehr schnell einbringen.

Demgegenüber birgt die Maschinenernte natürlich auch Nachteile: Die Maschine erntet unterschiedslos alle Trauben, der Mensch kann eine Auswahl treffen. Ferner werden die Beeren durch das Rütteln oft verletzt, was einen erhöhten Einsatz von Schwefeldioxid auf dem Weg zur Kellerei erfordert, um einen unkontrollierten Beginn der Gärung zu verhindern. Trotzdem kann der Most der gequetschten Beeren dabei unerwünschte Inhaltsstoffe aus den Hülsen lösen und die Feinheit, besonders der Weißweine, empfindlich beeinträchtigen. Auch aus diesen Gründen ist der Einsatz von Erntemaschinen bei höherwertigen Weinen nicht die erste Wahl.

Rebschnitt und Laubarbeit

Auch im Winter stattet der Winzer seinen Weinbergen oft Besuche ab. In dieser Zeit werden die Reben beschnitten. Die verholzten Triebe des letzten Sommers werden entfernt und nur ein oder zwei werden stehen gelassen, aus denen dann die neuen Triebe des folgenden Jahres sprießen sollen.

Doch ein Weinstock verwildert leicht, seine Ranken wachsen in einem Sommer mehrere Meter in alle Richtungen. Reifen die Trauben im Dunkel dieses Blätterdickichts, geht es ihnen nicht besser als ihren Kolleginnen an einem Schattenhang. Der Winzer muss daher mit dem Rebschnitt und einer minutiösen Laubarbeit dafür sorgen, dass die Trauben zwar in der Sonne reifen können, die Rebe aber trotzdem genügend Blattwerk besitzt, um die Energie der Sonne aufzufangen und für die Fotosynthese zu nutzen.

BODEN, KLIMA, WINZER

Schier endlos sind die Diskussionen über das Wetter und den Jahrgang, über das Klima und seine Veränderung, über die besten Winzer einer Region, über die Lagen und ihre Unterschiede. Und alle beteiligen sich gerne daran: Die Medien sowieso, die Winzer, die Händler und selbstverständlich auch alle Weinliebhaber.

TERROIR – NUR EIN MODEBEGRIFF?

Wörtlich übersetzt bedeutet das französische Wort Terroir eigentlich nur »Boden« im Sinne von »Grund und Boden«. Wenn der Franzose aber sagt, etwas strahle einen »goût de terroir« aus, dann meint er, man spüre dessen Herkunft durch alle individuellen Eigenschaften hindurch. Und genau in diesem Sinn wird der Begriff auch in der Weinsprache verwendet. Wenn ein Wein ganz unabhängig vom Jahrgang (mit seinem wechselnden Wetter) und vom Winzer (mit seinem individuellen Stil) unverkennbar den Stempel seiner Herkunft trägt, sagt man: Das ist ein Terroir-Wein. Bis zu diesem Punkt sind sich alle Experten einig, schwieriger wird es aber, wenn man versucht herauszufinden und zu definieren, welche Faktoren diesen Stempel prägen. Der Besitzer eines der berühmtesten Châteaus in Bordeaux bringt es so auf den Punkt: »Terroir ist das Zusammenwirken einer unendlichen Anzahl von Faktoren.« Und damit sind wir so klug als wie zuvor.

Wichtige Faktoren

In der Regel führen Fachleute den Terroir-Charakter eines Weins auf diese vier Faktoren zurück: Boden, Lage, Klima und die Tradition, die der Mensch beiträgt. Erst wenn diese Elemente so zusammenwirken, dass daraus ein einmaliger und auf der ganzen Welt nicht wiederholbarer Charakter entsteht, sprechen wir von Terroir-Weinen. Es gehört nun zum Job eines guten Winzers, diesen »goût de terroir« in seinem Wein möglichst klar zum Ausdruck zu bringen. Dabei muss er sich selbst keineswegs verleugnen, denn jeder Winzer interpretiert das Terroir auf seine Weise.

DER EINFLUSS VON BODEN UND LAGE AUF EINEN WEIN

Der Boden

Die Zisterziensermönche im Burgund verehrten den Boden ihrer Weinberge mit geradezu mystischer Hingabe. Sie versuchten ihn so tief zu erforschen, dass sie sogar Proben davon aßen. Heute wissen wir: Die chemische Zusammensetzung des Bodens ist wichtig, denn seine Bestandteile versorgen die Rebe mit den notwendigen Nährstoffen. Mindestens ebenso wichtig ist es allerdings, dass er den Weinstock optimal mit Wasser versorgt. Der Boden muss so durchlässig sein, dass die Rebwurzeln nie in Staunässe stehen, aber doch gerade so viel Speicherfähigkeit besitzen, dass sie immer knapp gut damit versorgt sind. Dieses heikle Gleichgewicht wird beispielsweise in den tiefgründigen Kiesböden des Médoc, an den sanften Hängen der Côte d'Or im Burgund und an den Steillagen der Mosel unter völlig verschiedenen Voraussetzungen erreicht.

Die tiefgründigen Kiesböden des Médoc sorgen für eine optimale Wasserversorgung der Rebe.

Die Lage

Die Rebe ist eine Kletterpflanze, die ursprünglich aus dem Dunkel des Waldes hinauf ans Licht strebte. Licht ist ihr Leben, und das nicht nur in der Reifezeit der Trauben, sondern das ganze Jahr hindurch. Südöstlich bis südlich ausgerichtete Hänge sind optimal.

DER EINFLUSS VON KLIMA UND WETTER AUF DEN WEIN

Das Klima

Die Wildform der Rebe ist eine Pflanze des gemäßigten Klimas. Die Wälder Europas und Asiens waren ihr Zuhause. Inzwischen sind Reben weltweit verbreitet und suchen sich doch überall genau das Klima ihrer Herkunft. Wird es zu heiß, so trocknen ihre Blätter und Früchte aus. Ist es zu kühl, bringen sie ihre Trauben nicht zur Reife. Die wichtigsten Weinbaugebiete liegen daher auf einem Gürtel rund um den Erdball zwischen dem 32. und 51. Grad auf der nördlichen und zwischen dem 28. und 42. Grad auf der südlichen Halbkugel.

Je nachdem, ob man sich eher am pol- oder äquatornahen Rand dieses Gürtels bewegt, findet man andere Rebsorten und sehr verschiedene Weinstile. Chardonnay passt sich an fast jede Gegend an und erbringt im Norden Frankreichs frische, mineralische und schlanke Weine hervor, in der Wärme Australiens

Auf der vulkanischen Kanareninsel Lanzarote herrscht sehr trockenes Klima. Hier werden Rebstöcke einzeln in kleine »Krater« gepflanzt, in denen die Vulkanasche tags Hitze und nachts Feuchtigkeit speichert.

dagegen üppige, fast fett wirkende Weine mit Noten von Melonen, Feigen und Honig. Das genaue Gegenteil sind beispielsweise Pinot noir und Riesling. Der heikle Spätburgunder (Pinot noir) schafft es nur unter ganz bestimmten klimatischen Bedingungen, wirklich große Weine hervorzubringen. Andernfalls wird er nichtssagend, dünn und grasig. Der Riesling wiederum kann nur im kühlen Klima am Rhein und in den Tälern der Mosel seine ganze Aromafülle entwickeln. In warmen Gegenden wird er dagegen flach und füllig.

Das Wetter

Das Klima einer Region ist über die Jahre hinweg mehr oder weniger konstant und berechenbar. Das Wetter hingegen bleibt immer unwägbar und launisch. Es gehört damit im strengen Sinn nicht zum Terroir. Denn seine entscheidenden Faktoren – Wärme und Niederschlag – bestimmen über die Qualität und den Ausdruck eines einzelnen Jahrgangs und nicht über den Charakter des Terroirs.

DIE ROLLE DER TRADITION UND DER KUNST DES WINZERS

Die Tradition

In vielen Gegenden Europas wird die Rebe seit Jahrhunderten oder gar Jahrtausenden angebaut. Der Vater hat das Handwerk von seinem Vater gelernt und gibt es an seinen Sohn weiter. Man kennt die Weinberge und die Kellergebräuche und ändert daran wenig. Auf diese Weise haben sich Weinstile herausgebildet, die an die regionalen Gegebenheiten angepasst waren und oft auch eifersüchtig gegen die Nachbardörfer verteidigt und mit lokalem Stolz gepflegt wurden. Diese Traditionen werden von vielen Weinliebhabern auch zum Terroir gezählt, weil sie – unabhängig vom Stil des einzelnen Winzers – zu den Dingen gehören, die das Charakteristische einer Region ausmachen.

Der Winzer

Er sorgt dafür, dass aus dem Potenzial des Terroirs, das ihm die Natur und die Tradition anbieten, ein guter, ja vielleicht sogar ein großer Wein entsteht. Das Terroir schenkt ihm den Charakter des Weins, für die Qualität aber ist er am Ende selbst verantwortlich. Dafür braucht er große Hingabe, ein solides Handwerk und noch eine gewisse Portion Kunst. Seine wichtigste Entscheidung heißt: Masse oder Klasse? Und das beginnt im Weinberg beim Rebschnitt, geht weiter zur Mengenreduzierung der Trauben und endet bei der sorgfältigen Arbeit im Keller. Aus all dem entsteht dann seine individuelle Interpretation des Terroirs.

Die riesigen Rebflächen bei Blenheim in Neuseeland finden ideale klimatische Bedingungen vor.

ANBAULÄNDER IN ALLER WELT

Mit der Kolonisation und den Aussiedlern aus Europa verbreitete sich der Wein zunächst nach Amerika und Australien, doch inzwischen ziehen auch exotischere Regionen wie etwa China nach. Zudem verschiebt sich die geografische Grenze des Weinbaus infolge des Klimawandels stetig nach Norden beziehungsweise Süden.

ALLES IM FLUSS

Heute ist der Weinbau über fast die ganze Erde verbreitet. Auf allen Kontinenten entstanden in den Regionen, welche die klimatischen Grundvoraussetzungen erfüllen, Weinberge. In manchen Landstrichen sind sie eher vereinzelt und die Liebhaberprojekte von besonderen Enthusiasten, andernorts werden riesige Flächen im industriellen Maßstab bewirtschaftet. Und auch die Charakteristiken der Weine in den traditionellen Herstellerländern sind Veränderungen unterworfen.

Die alte Weinwelt

In den europäischen Weinländern Deutschland, Frankreich, Italien, Österreich, Schweiz und Spanien hat sich der Trend gedreht. Zurückliegende Skandale, ein erhöhtes ökologisches Bewusstsein, steigender Wohlstand und gutes Marketing sind Faktoren, welche die Weinlandschaft in diesen Ländern bewegen. Immer mehr engagierte Winzer schreiben sich unter dem Motto »Klasse statt Masse« Qualität und Regionalität auf die Fahnen.

Die neue Weinwelt

Aus der Alten Welt kam der Wein in die Neue. Im Weinbau zählen hierzu Nord- und Südamerika, Australien und Neuseeland, Südafrika und inzwischen viele weitere Länder wie China oder Indien. Der Boom für Neue-Welt-Weine ebbt zwar etwas ab, doch mehr und mehr Hersteller besinnen sich auch in diesen Anbauländern auf die Möglichkeiten ihres Terroirs und kreieren vielfach charakteristische Winzerweine. Zugleich geht die Ausweitung des Anbauterritoriums immer weiter, wie das rapide Wachstum der Rebflächen (und die teilweise Verbesserung der Qualitäten) in China beispielhaft zeigt.

DEUTSCHLAND

Anbaufläche 102.000 Hektar

Riesling (22 %) | Müller-Thurgau | (13 %) | Silvaner (5 %) | Grauburgunder (4 %) | Weißburgunder (4 %) | sonstige (16 %)
Spätburgunder (12 %) | Dornfelder (8 %) | Portugieser (4 %) | sonstige (12 %)

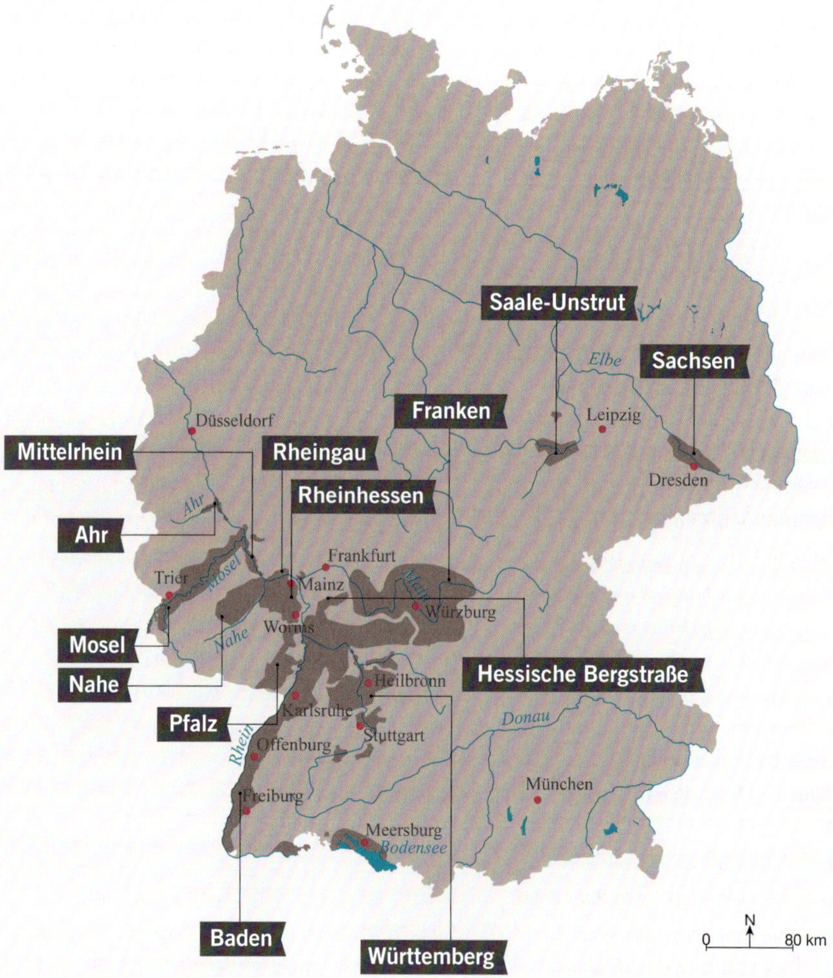

WICHTIGSTE WEINBAUREGIONEN

Franken Dieses Anbaugebiet ist zum einen für seine eigenwillige Flaschenform, den Bocksbeutel, bekannt, zum anderen für durchgegorene Weißweine von kerniger Mineralität. Auf 6.060 Hektar dominieren Buntsandstein (im Mainviereck), Muschelkalk (im Maindreieck) und Keuper (am Steigerwald) als Bodentypen. Frost ist in Franken eine größere Gefahr als in den meisten anderen Anbaugebieten Deutschlands. Die typische fränkische Spezialität ist Silvaner: Auf guten Einzellagen wächst er zu einem nach Blüten duftenden Wein heran, der trotz seiner harmonischen Anlagen einen feinen Nerv und große Lebendigkeit aufweist. Riesling fällt nicht ganz so finessenreich und elegant aus wie an Rhein und Mosel, kann jedoch durch große Aromentiefe beeindrucken.

Mosel, früher Mosel-Saar-Ruwer Das international bedeutendste Anbaugebiet Deutschlands erstreckt sich über 9.030 Hektar und ist bekannt für Rieslinge mit einzigartiger Finesse und Mineralität. Der Schiefer und das nördliche Klima sorgen dafür, dass die Riesling-Rebe nach einer ausgedehnt langen Periode zwischen Austrieb und Reife bereits bei relativ niedrigem Mostgewicht reif wird und sich die Gesamtheit ihrer Qualitäten entfalten kann. So entstehen Weine, die bei niedrigem Alkoholgehalt viel Extrakt und einen einmaligen Aromenreichtum aufweisen. Dies gilt insbesondere für Spätlesen, Auslesen und edelsüße Weine, deren Süße-Säure-Spiel ohne Vergleich ist. Seit dem Jahr 2007 sind die Mosel-Nebenflüsse Saar und Ruwer aus der offiziellen Bezeichnung der Region verschwunden, obwohl deren Weinberge nach wie vor zum Anbaugebiet gehören. Grund war der Wunsch von Auslandsmärkten nach einer vereinfachten Sprechweise.

Nahe Am gleichnamigen Fluss gelegen, entfallen 4.150 Hektar Rebflächen auf dieses rheinland-pfälzische Anbaugebiet. Die Bodentypen variieren stark, und ebenso breit ist das Spektrum der Rebsorten. Burgundersorten erlangen eine harmonische Frucht. Auf guten Böden kann Riesling beinahe die Mineralität eines Mosel-Weins erreichen, besitzt dabei aber einen etwas kräftigeren Körper. In den letzten Jahren nutzen immer mehr Winzer das große Potenzial der Region für Weine, die nun zur deutschen Spitzenklasse zählen.

Pfalz Im zweitgrößten deutschen Anbaugebiet nützen die besten Betriebe auf den insgesamt 23.400 Hektar das milde Klima und die mancherorts Kalk enthaltenden Böden für Weine auf international erstklassigem Niveau: Riesling fällt mächtig und tiefgründig aus, wirkt aber wegen seines Reichtums an mineralischem Extrakt dennoch lebendig. Weine aus Burgundersorten eignen sich in der Pfalz dank ihrer Wucht besonders gut für den Ausbau in Barriques. Andererseits bedingt die Größe der Ertragsfläche jedoch auch eine Flut einfachster Fassweine. Der ökonomische Druck hat indes im letzten Jahrzehnt auch die qualitativen Anstrengungen beflügelt: Es gibt viele junge, aufstrebende Betriebe.

Rheingau Der Rheingau ist neben der Mosel das weltweit angesehenste deutsche Anbaugebiet für Riesling. Der Rheingau erstreckt sich an einer der wenigen Stellen in Deutschland, wo der Rhein in Ost-West-Richtung fließt und also direkt am Fluss liegende Südlagen (auf 3.120 Hektar) ermöglicht. Der Rheingauer Stil des Rieslings ist entsprechend kraftvoll, weist aber nicht die ausladende Fülle weiter südlich gewachsener Rieslinge auf, sondern bezieht seinen Reiz aus der Spannung seines Körpers und der prägnanten, »stahligen« Säure (Erstes Gewächs). Außer Riesling kultiviert der Rheingau auch kleinere Mengen Spätburgunder (Pinot noir). Auf den Schieferböden Assmannshausens kann er eine eindringliche Frucht und größte Eleganz erlangen.

Rheinhessen Das der Fläche nach größte deutsche Anbaugebiet (26.440 Hektar) leidet wie kaum eine andere Region unter der Massenproduktion von Weinen (Beispiel Liebfrauenmilch). Gut die Hälfte der Rebfläche Rheinhessens ist mit Neuzüchtungen bestockt, die nur in seltenen Ausnahmefällen niveauvolle Weine hervorbringen. In den vergangenen zehn Jahren haben jedoch immer mehr Familienbetriebe begonnen, qualitätsorientiert zu arbeiten. Kraftvoller Riesling von beeindruckender Mineralität kommt vom »Roten Hang« um Nierstein und Nackenheim (Rotliegend).
Im abseits des Rheins gelegenen »Hügelland« werden robuste Rieslinge und qualitätvolle Silvaner produziert sowie in zunehmendem Maß auch bemerkenswerte Weine aus Burgundersorten. Die Weine Rheinhessens können sehr preisgünstig sein, und oft genug ist der Preisunterschied zwischen ziemlich banalen und recht guten Weinen nur sehr gering.

Ruwer Die Ruwer ist ein Nebenfluss der Mosel und ein kleines, doch beachtenswertes Anbaugebiet auf 190 Hektar. Wie für die Mosel, gilt auch hier: Angebaut wird Riesling, der an Steillagen auf Schiefer wächst. Indes unterscheidet sich der Ruwer-Weinbau von dem seiner Nachbargebiete Mosel und Saar dadurch, dass es hier eine besondere Tradition in der Erzeugung trockener Weine gibt.

Saar Auch die Saar ist ein Nebenfluss der Mosel und ein Anbaugebiet, das auf 735 Hektar einige der feinsten Riesling-Weine Deutschlands hervorbringt. Auf den Schiefer-Steillagen wachsen Weine heran, die in Spitzenjahren jede andere Riesling-Herkunft an Brillanz, Finesse und Spiel übertreffen, sowohl trocken, vor allem aber edelsüß. In minderen Jahren macht sich allerdings negativ bemerkbar, dass die Säure der Saarweine üblicherweise besonders hoch ist.

WAS DEUTSCHLAND AUSZEICHNET

Deutschland besitzt historische Weinbaugebiete in einem relativ kühlen Klima. Durch die klimatische Grenzlage sind die qualitativen Schwankungen größer als andernorts – was lange durch eine Weinbaupolitik der hohen Erträge verstärkt wurde. Erst seit gut 25 Jahren knüpfen deutsche Winzer wieder an den historischen Rang ihrer Weine an und produzieren Klasse statt Masse. Forscher vermuten überdies, dass der deutsche Weinbau vom Klimawandel profitieren wird.

QUALITÄTSPYRAMIDE

Wichtigstes Gliederungsprinzip ist die Hierarchie der Prädikatsweine nach steigendem

Die Abendsonne bescheint die Südhänge des Rheingaus und lässt die Riesling-Trauben reifen.

Reifegrad der Trauben. Bei Auslesen und höheren Prädikaten differenzieren manche Winzer ihre Weine zusätzlich durch die Nennung von Fassnummern oder die Verwendung von Goldkapseln. Eine gesetzlich geregelte Klassifikation von Einzellagen gibt es allerdings nur im Rheingau (Erstes Gewächs). In allen anderen Anbaugebieten hat der Verband VDP inoffiziell »Große« und »Erste Lagen« klassifiziert, dies jedoch nur in den Reihen seiner Mitglieder.

WEINSTILE

Deutsche Weine werden fast ausschließlich sortenrein gekeltert. Kennzeichnend für Riesling im traditionellen Stil ist seine Komplexität bereits bei niedrigem Alkoholgehalt, getragen vom Spiel von Süße und Säure. Moderne Weine sind trockener und alkoholstärker. Der Südwesten Deutschlands ist seit jeher auch vom Vorbild Burgunds beeinflusst.

BERÜHMTESTE WEINGÜTER

Fürst, Horst Sauer (Franken); Fritz Haag, Dr. Loosen, Joh. Jos. Prüm (Mosel); Dönnhoff, Emrich-Schönleber (Nahe); Fr. Becker, Christmann, Knipser, Rebholz (Pfalz); Kesseler, Künstler, Weil (Rheingau); Karthäuserhofberg (Ruwer); Egon Müller zu Scharzhof (Saar).

DEUTSCHE WEINE KAUFEN

Die Weinabteilungen großer Warenhäuser führen heute meist ein hochwertiges, allerdings relativ teuer kalkuliertes Sortiment deutscher Weine. In der Regel lohnt sich der Direktbezug ab Weingut trotz der anfallenden Portokosten. Der Vorteil des Fach- und Versandhandels ist, dass man Weine verschiedener Güter aus einer Quelle beziehen kann. Vorsicht vor billigen, meist lieblichen Markenweinen (»Liebfrauenmilch«) – diese Weine sind Verschnitte aus Massenproduktion. Auch Weine aus Großlagen sollte man meiden.

FRANKREICH

Anbaufläche 840.000 Hektar

Ugni blanc (10 %) I **Chardonnay** (5 %) I **Sauvignon blanc** (3 %) I **sonstige** (14 %)
Carignan (18 %) I **Merlot** (15 %) I **Grenache** (11 %) I **Syrah** (8 %) I **Cabernet Sauvignon** (7 %) I **Pinot noir** (3 %) I **sonstige** (6 %)

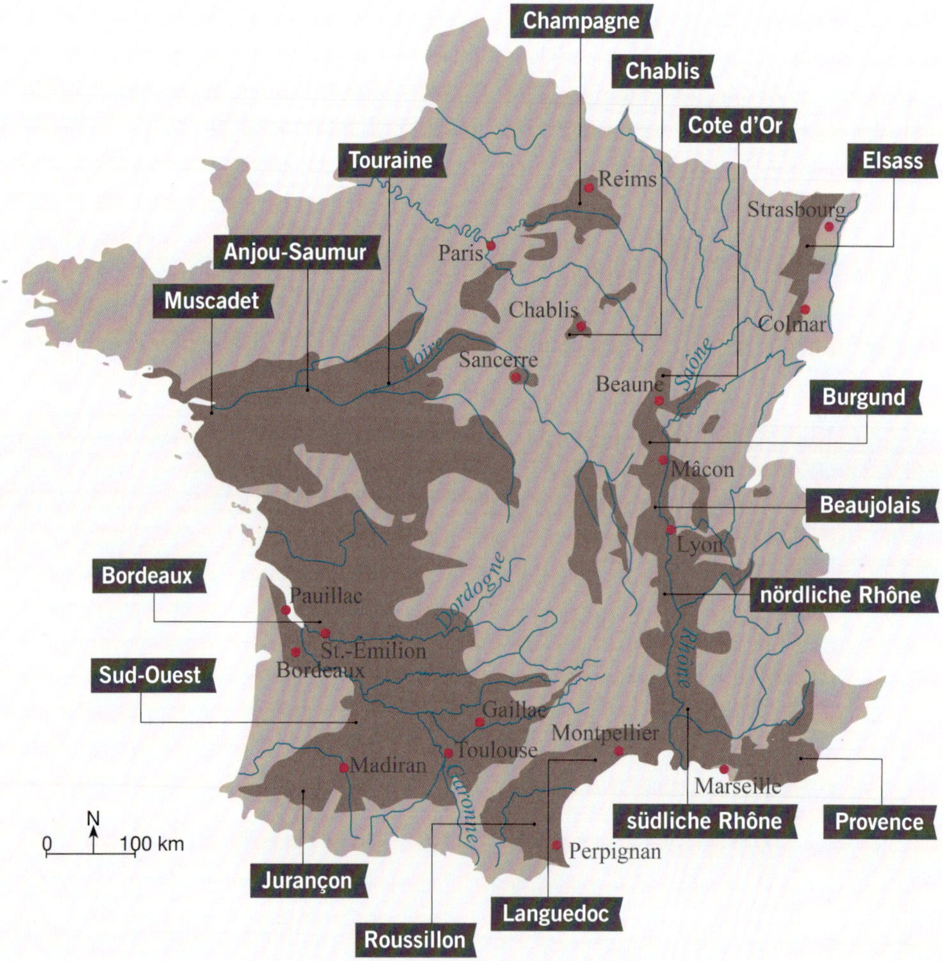

WICHTIGSTE WEINBAUREGIONEN

Bordeaux Das weltweit größte geschlossene Anbaugebiet für Qualitätswein ist ein 150 mal 80 Kilometer großes Rebenmeer: In 30 unterschiedlichen AOC-Gebieten wachsen 110.000 Hektar Reben. 80 Prozent der Produktion entfallen auf Rotwein. Vier verschiedene Klassifikationen teilen die Weine in Güteklassen. Geografisch lassen sich grob vier Gebiete unterscheiden: Das Médoc, nördlich der Stadt Bordeaux und im Westen des Flusses Gironde, wird von der Rebsorte Cabernet Sauvignon dominiert. Hier wachsen viele der legendären Rotweine.
Ähnlich berühmte Rote – jedoch überwiegend aus Merlot – produziert das Libournais am östlichen Ufer der Gironde. Aus dem Südosten des Bordelais kommen vor allem einfache Weine, etwa der leichte Weißwein Entre-Deux-Mers und die Rotweine der Premières Côtes de Bordeaux. Überwiegend dem Weißwein – und damit den Sorten Sauvignon blanc und Sémillon – widmet sich der Südwesten: In der Region Graves und dort in der Doppelgemeinde Pessac-Léognan wachsen die einzigen trockenen Weißweine aus Bordeaux, die als Crus classés anerkannt sind. Ganz im Süden schließt sich noch die Region des Sauternes an, eines kostspieligen edelsüßen Weins.

Burgund Aus dem traditionsreichen Gebiet nördlich von Lyon (46.000 Hektar) stammen zwei besonders hochwertige Rebsorten: der weiße Chardonnay und der rote Pinot noir. Chablis ist der nördliche Vorposten und bekannt für kernigen, mineralischen Weißwein. Das Herzstück Burgunds ist die Côte d'Or. Hier finden sich die bereits im 19. Jahrhundert in Premiers crus und Grands crus unterteilten, hochwertigen Einzellagen. Die sich südlich anschließende Côte Chalonnaise und die höher gelegenen Hautes-Côtes erzeugen preiswerte, gute Weiß- und Rotweine. Ganz im Süden bilden das Mâconnais mit kräftigem, einfachem Chardonnay und das Beaujolais mit fruchtigem Gamay den rustikalen Übergang zum Weinbau der Rhône.
In ganz Burgund dominieren Familienbetriebe mit zersplittertem Weinbergsbesitz. Das Beaujolais nicht mitgerechnet, zählt man etwa 3.500 Erzeuger. Oft füllen 40, 50 Betriebe Wein desselben Cru ab – aus einer solchen Vielfalt die richtigen Flaschen zu ergattern, ist schwer. Doch trotz der qualitativen Schwankungen halten die Kenner Burgund die Treue: Die Spitzenweine sind so überragend, dass man nicht umhin kann, mittelmäßige Produkte zu verzeihen.

Champagne Diese Weinbauregion (33.000 Hektar) ist durch den Ruf ihrer gleichnamigen Schaumweine weltberühmt. Die Champagne kultiviert Pinot noir, Chardonnay und Pinot Meunier (Schwarzriesling). Es gibt weißen und roséfarbenen, trotz der Dominanz roter Trauben aber keinen roten Champagner. So entstehen delikate Grundweine für die als »Blanc de Noirs« bezeichneten Champagner. »Blanc de Blancs« heißen Weine, die rein aus Chardonnay bereitet wurden. Rosé-Champagner entstehen als Cuvées weißer und roter Weine, entweder durch eine kurze Maischegärung oder im Saignée-Verfahren.
Der Champagner verdankt seinen Ruhm vor allem dem Veredlungsprozess der Flaschengärung. Das feine Spiel der Kohlensäure er-

gänzt und unterstreicht die Mineralität der Weine. Die besten Böden, die Kalk und Kreide enthalten, wurden in einer Klassifikation in 17 Grands crus und 38 Premiers crus unterteilt – klassifiziert wurden dabei nicht einzelne Weinberge, sondern ganze Gemeinden. Traditionell wird der Champagnermarkt von Marken dominiert – in den letzten Jahren gewinnen jedoch auch Winzer-Champagner an Bedeutung.

Elsass Das Elsass (15.600 Hektar) ist von deutschen und französischen Einflüssen geprägt. Der breite Sortenspiegel und die Tradition sortenreinen Ausbaus haben mehr Ähnlichkeit mit dem benachbarten Anbaugebiet Baden als mit jeder französischen Weinbauregion. Zugleich nahm der Elsässer Weinbau mit seinem Grand-cru-System eines der Leitmotive des französischen Weinverständnisses auf, mit einer großzügigen Zahl anerkannter Grands crus (51).
Inzwischen profilieren sich Elsässer Weinbauern auch mit süßen Weinen: 1983 wurden für Spätlesen und edelsüße Weine die Bezeichnungen »Vendange tardive« und »Sélection de grains nobles« definiert. Darüber hinaus ist das Elsass heute eine französische Hochburg biologisch-dynamisch (siehe S. 176) arbeitender Weingüter.

Im Weinanbaugebiet Loire umgeben Reben eines der berühmten Loireschlösser – Château Saumur.

Loire Die Loire fließt aus dem Zentralmassiv quer durch Frankreich und an zahlreichen Anbaugebieten vorbei zum Atlantik. Vier Weintypen stehen für die Weine der Loire: Aus der Zone von Sancerre und Pouilly-Fumé im Osten kommen Sauvignon-blanc-Weißweine, die mit ihrer Mineralität und ihrem Aromenreichtum weltweit zu Vorbildern für Weine dieser Sorte wurden. Die mittlere Loire ist das Gebiet der wandlungsfähigen Weißweinsorte Chenin blanc, die trocken, halbtrocken oder edelsüß ausgebaut werden kann, und sie ist das Herkunftsgebiet des Cabernet franc. Ganz im Westen, nahe der Mündung der Loire in den Atlantik, wird der Muscadet Sèvre-et-Maine angebaut, ein sehr trockener, spritziger, meist auf der Hefe, sur lie, ausgebauter Weißwein, der – anders als der Name vermuten lässt – mit einem Muscat keine Ähnlichkeit besitzt.

Rhône Es war die Rhône, an der entlang die Weinkultur Mitteleuropa eroberte, nachdem die Griechen im 6. Jahrhundert vor Christus Marseille gegründet und dort die ersten Reben angebaut hatten. Die nördlichsten Rhône-Weine stammen aus dem Schweizer Kanton Wallis. Die typischen Anbaugebiete liegen jedoch in Frankreich und bedecken dort 60.000 Hektar. Man unterscheidet die »nördliche« und die flächenstarke »südliche«

Rhône, in beiden Gebieten überwiegen rote Sorten. Die berühmten auf Granit wachsenden AOC-Weine der Nord-Rhône – Côte Rôtie und Hermitage – sind beispielhaft für sortenreinen Syrah-Wein: in der Jugend sehr verschlossen und reich an Tannin, mit Entwicklungsfähigkeit zu großer Würze. Die Weine des Südens (mit Châteauneuf-du-Pape im Zentrum) werden meist aus Grenache, Syrah und Mourvèdre assembliert und nehmen mit Körper und üppigem Aroma für sich ein. Zwei Drittel der Rhône-Weine gehören der gebietsübergreifenden AOC Côtes du Rhône an, im Allgemeinen stammen sie aus dem Süden. An der Rhône wächst auch etwas Weißwein, vor allem Viognier, Marsanne und Roussanne.

WAS FRANKREICH AUSZEICHNET

Frankreich ist beispielgebend durch das kulturelle Verständnis, das sein Weinbau im Lauf der Jahrhunderte für den Wein entwickelt hat. Nirgendwo anders sind historische, kulturelle, soziale und kulinarische Aspekte so eins mit dem Weinbau wie hier. Ein Schlüssel zu dieser Kulturleistung liegt darin, dass »der französische Weinbau« als ein Kostrukt nur in Statistiken exisitiert. Es sind vielmehr die regionalen Eigenarten – und deren historische Entfaltung –, die Frankreich zum Vorbild für andere Weinbauländer gemacht haben.

QUALITÄTSPYRAMIDE

Weine mit kontrollierter Herkunftsbezeichnung (AOC) stehen über Landweinen (Vin du Pays), manche AOC besitzen zudem eine gebietseigene Klassifikation mit Stufen: Grand cru (Burgund, Elsass), Premier cru (Burgund), Cru classé (Bordeaux). Weitere Qualitätsbezeichnungen sind Réserve (längeres Fasslager), Vieilles vignes (Wein aus alten Reben), Grand vin oder Tête de Cuvée, wie Wein aus den besten Kelterungen eines Jahrgangs bezeichnet wird.

WEINSTILE

Traditionelle Weintypen sind auf Langlebigkeit, Eleganz und die Erkennbarkeit des Terroirs angelegt. In ihrer Jugend sind sie in vielen Fällen verschlossen. Solche Weine benötigen überdies oft eine Speisebegleitung, um sich von ihrer besten Seite zu zeigen. Moderne Weine sind vom Vorbild der Neuen Welt geprägt, fruchtbetont und häufig mit den Duftnoten neuer Eiche unterlegt.

BERÜHMTESTE WEINGÜTER

Châteaux Ausone, Lafite-Rothschild, Latour, d'Yquem, Pétrus (Bordeaux); Domaines de la Romanée-Conti, Leroy, Armand Rousseau (Burgund); Bollinger, Krug (Champagne); Zind-Humbrecht (Elsass); Nicolas Joly (Loire); Jean-Louis Chave, Château Rayas (Rhône).

FRANZÖSISCHE WEINE KAUFEN

Im Supermarkt ist die Qualität wechselhaft und häufig auch in höheren Preisklassen unbefriedigend. Attraktiver sind die Sortimente von Fachhändlern. Rare Weine muss man meist auf Auktionen kaufen oder im Ausland. Hochwertige Bordeaux werden zum Teil »in Subskription« gekauft (während der Wein im Fass liegt). Vorsicht vor billigem Beaujolais »Primeur«, ebenso vor zu lange gelagertem Champagner – und vor Etiketten, die Prestige vortäuschen (Château »Lafitte« mit zwei »t«).

ITALIEN

Anbaufläche 818.000 Hektar

Catarratto (8 %) | **Trebbiano** (6 %) | **Chardonnay** (2 %) | **Garganega** (2 %) | **sonstige** (30 %)
Sangiovese (10 %) | **Montepulciano** (5 %) | **Barbera** (4 %) | **Merlot** (4 %) |
Negroamaro (3 %) | **sonstige** (26 %)

WICHTIGSTE WEINBAUREGIONEN

Friaul Die Weinbauregion im Nordosten Italiens, an der Grenze zu Slowenien und Österreich, hat eine Rebfläche von 17.500 Hektar. In den 1980er-Jahren revolutionierte die Region den italienischen Weißwein mit glasklaren, aromatischen, von modernster Kellertechnik profitierenden Weinen, meist auf Basis von Sauvignon blanc. Inzwischen machen die Winzer der Region vermehrt mit Weinen aus Lokalsorten von sich reden: mit Weißweinen aus Friulano, Ribolla und Picolit sowie Rotweinen aus Refosco, Schiopettino und Pignolo. Bei den Weißweinen experimentieren einige Erzeuger überdies mit der Vergärung in Tongefäßen (Amphore) nach dem Vorbild Georgiens.

Kampanien Auf etwa 40.000 Hektar entsteht eine große Vielfalt hochwertiger DOC- und DOCG-Weine, die teilweise in der Vorbergzone des Apennin wachsen, wie der rote Taurasi und die weißen Greco di Tufo und Fiano di Avellino. Beachtenswert sind auch die rund um den Vesuv auf Vulkangestein wachsenden Weine (Lacryma Christi del Vesuvio), die schwer zu findenden Weine von den Steillagen der Amalfiküste (Costa d'Amalfi) sowie die ebenfalls zur Region zählenden Weine der Insel Ischia. Kampanien war auch die Herkunft des in der Antike berühmten »Falerner«.

Piemont Die hoch angesehene Weinbauregion im Nordwesten Italiens ist bekannt für die langlebigen Rotweine aus Barolo und Barbaresco. Reichtum an Tannin und aromatische Komplexität paaren sich in diesen Weinen mit einer Feinheit, die an (auch geografisch nahe) Vorbilder in Frankreich erinnert. So hat Nebbiolo, die nobelste Rebsorte des Piemont, im Anbau wie im Ausbau manche Gemeinsamkeit mit Pinot noir. Seit dem Boom in den 1980er-Jahren sind die Preise für diese Weine jedoch sehr stark gestiegen. Auf den 60.000 Hektar der Region entstehen indes auch verlässliche Alltagsqualitäten, etwa fruchtbetonte Rote aus den Sorten Barbera und Dolcetto. Die wichtigsten weißen Rebsorten des Piemont sind Arneis, Cortese, Favorita – sowie Muscat. Der liebliche Schaumwein Asti Spumante und der stilvollere Moscato d'Asti werden auf 9.000 Hektar produziert.

Kleiner Weinberg in Turin, der Hauptstadt Piemonts

Sizilien Die Insel im Süden Italiens ist weinbaulich beinahe ein eigener Kontinent. Auf der Rebfläche von rund 140.000 Hektar wachsen zahlreiche, zum Teil autochthone (einheimische oder alteingesessene) Sorten, wie Catarratto, Carricante und Inzolia (weiß) sowie Frappato, Nerello Mascalese und Nero d'Avola (rot). Es gibt ausgeprägte lokale Weinbaukulturen, etwa am Vulkan Ätna, dessen Weinberge bis in eine Höhe von 950 Metern reichen. Daneben hat man aber auch früh den Anbau internationaler Rebsorten gefördert, sodass es heute auch Weine auf Basis von Chardonnay, Syrah oder Cabernet Sauvignon gibt. Einer der traditionsreichsten Weine Siziliens ist der gespritete, zuweilen im Solera-Verfahren ausgebaute Marsala, der derzeit ein Nachfragetief erlebt.

Nero d'avola, eine autochthone Rebsorte Siziliens

Toskana Neben ihren Kunstschätzen zieht die Toskana durch ihre Lebenskultur Millionen von Besuchern an. Der Weinbau nimmt mit 75.000 Hektar Fläche dabei eine gewichtige Position ein. Doch mehr noch als in anderen Regionen Italiens steckt er zwischen Florenz und Siena in einem Zwiespalt zwischen der rustikalen Tradition der Winzerdörfer und den Modeströmungen des Weinmarkts. Eine wahre Kulturrevolution löste in den 1970er-Jahren die Hinwendung einzelner Produzenten zu den ursprünglich für DOC und DOCG-Weine unzulässigen internationalen Traubensorten aus: Es entstanden hochwertige Tafelweine, in denen der heimische Sangiovese ganz oder teilweise durch Cabernet Sauvignon ersetzt wurde, sogenannte Super Tuscans.
Als das Verbot internationaler Sorten für die Produktion höherwertiger Ursprungsbezeichnungen gefallen war, setzte der Boom ein zuvor nur gering angesehenes Gebiet auf die Tagesordnung: die Küstenregion Maremma. Derweil ist die Zahl der (selbst ernannten) »Supertoskaner« so groß geworden, dass sie alleine darum schon den Namen nicht mehr verdienen. Jüngst deutete sich jedoch an, dass die in der Tradition verwurzelten Rotweine auf Sangiovese-Basis wieder an Beliebtheit gewinnen. Toskanische Weißweine sind in der Regel wenig bemerkenswert. Vin Santo ist ein

edelsüßer, ausladender, oft in Barriques vergorener Passito, der aus weißen oder roten Rebsorten bereitet werden kann.

Veneto Die größte Weinbauregion Norditaliens produziert auf 80.000 Hektar Massenweine ebenso wie historische Weinbauspezialitäten. Oft genug werden durch Bestimmungen der Weinbaupolitik die Unterschiede zwischen beiden verwischt. Die (potenziell) hochwertigen Weine sind Amarone, Breganze, Colli Euganei, Prosecco di Conegliano Valdobbiadene, Recioto, Soave, Valpolicella.

WAS ITALIEN AUSZEICHNET

Italiens Weinbau steht öfters im Zwielicht: Immer wieder beschädigen kleinere und größere Gaunereien das Prestige, das diese große Weinbaunation aufgrund der seriösen Arbeit ihrer Winzer verdient. In Bestform haben italienische Weine die Noblesse der französischen Nachbarn, die Großzügigkeit Spaniens und die feste Struktur nördlicher Provenienzen. Im schlechtesten Fall sind sie allerdings gestylte Hightech-Weine, die sich trickreich mit einer Aura der Authentizität umgeben. Italien ist überdies ein Genpool für Rebsorten, die ein Erbe der Antike und fast ausgestorben sind. Man schätzt die Zahl der noch existierenden, jedoch nicht erforschten und nicht kommerziell zur Kelterung genutzten Sorten auf etwa 5.000.

QUALITÄTSPYRAMIDE

Es gibt zwei Stufen kontrollierter Herkunftsbezeichnungen, DOC sowie (höher angesehen) DOCG. Die Weine größerer geografischer Einheiten (meist moderneren Stils) werden als IGT etikettiert. Einzellagen-Weine sind vor allem im Piemont, sporadisch auch in anderen Regionen anzutreffen. Klassifikationen gibt es nirgends, jedoch mancherorts die Definition einer Classico-Zone.

WEINSTILE

Gute italienische Weine haben stets Lokalkolorit. In den 1980er- und 1990er-Jahren war der traditionelle Stil jedoch stark auf dem Rückzug, als sich Markt und Mode den sogenannten »Supertoskanern« und anderen aus französischen Rebsorten gewonnenen Weinen zuwandten. Inzwischen schwingt das Pendel aber wieder etwas zurück.

BERÜHMTESTE WEINGÜTER

Livio Felluga, Jermann, Gravner (Friaul); Mastroberardino (Kampanien); Altare, Gaja, Bruno Giacosa (Piemont); Tasca d'Almerita, Hauner, Planeta (Sizilien); Fattoria di Felsina, Biondi-Santi, Poggio di Sotto, Poliziano, Tenuta San Guido (Toskana); Dal Forno, Pieropan, Quintarelli (Veneto).

ITALIENISCHE WEINE KAUFEN

Man muss auf der Hut sein, denn Italianità ist nach wie vor in Mode, und auch unter den Weinimporteuren gibt es mehr Mitläufer als Kenner. Populäre Namen wie Prosecco oder Lugana sind am anfälligsten: Wenn man sich nicht auskennt, sollte man ihnen am besten aus dem Weg gehen. Die Discounter tun mit Zwei-Euro-Soave ein Übriges. Bei italienischen Weinen ist vom Kauf andernorts als im Fachhandel ganz besonders dringend abzuraten. Wer einmal einen Zwölf-Euro-Soave gekostet hat, wird begreifen, warum.

ÖSTERREICH

Anbaufläche 45.600 Hektar

Grüner Veltliner (30 %) | **Welschriesling** (8 %) | **Müller-Thurgau** (5 %) | **Riesling** (4 %) | **Weißburgunder** (4 %) | **sonstige** (14 %)

Zweigelt (14 %) | **Blaufränkisch** (7 %) | **Portugieser** (4 %) | **sonstige** (10 %)

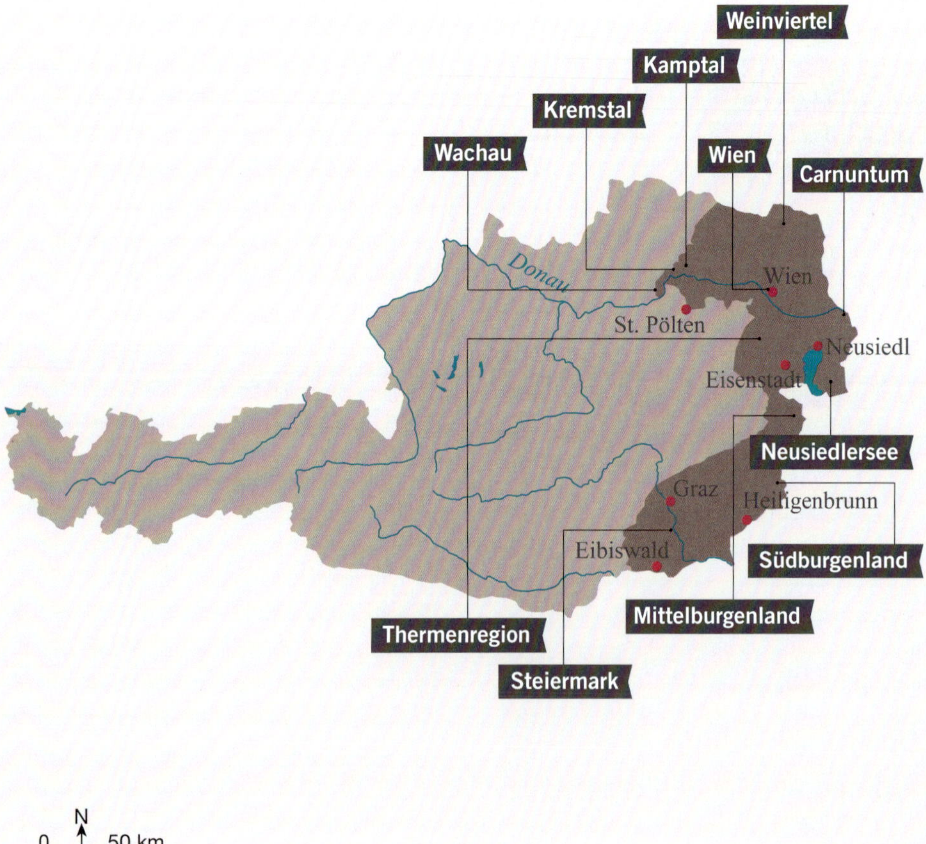

Grüner Veltliner ist die bekannteste österreichische Rebsorte schlechthin.

WICHTIGSTE WEINBAUREGIONEN

Burgenland Bekannt ist das 13.800 Hektar große Weinbaugebiet vor allem für kraftvollen Rotwein der Sorte Blaufränkisch (Lemberger) sowie herausragende edelsüße Weine vom Neusiedler See, die meist Assemblagen aus mehreren weißen Sorten sind.

Kamptal Die 3.800 Hektar Rebflächen des Kamptals befinden sich nordöstlich des Kremstals und in größerer Entfernung zur Donau. Die Böden bestehen hier überwiegend aus Löss, vertreten ist jedoch auch Untergrund aus Vulkangestein und sogar Wüstensandstein. Grüner Veltliner und Riesling dominieren, doch auch Pinot noir bringt hier gute Ergebnisse. Die örtliche DAC ist für Grünen Veltliner oder Riesling definiert, vor ein paar Jahren nahm zudem der Verein der Österreichischen Traditionsweingüter eine Klassifikation von Ersten Lagen vor.

Kremstal Das Kremstal (2.240 Hektar) schließt sich im Osten an die Wachau an, mit Weinbergen, die zum Teil am Ufer der Donau, zum Teil einige Kilometer vom Fluss entfernt liegen. Grüner Veltliner und Riesling erbringen Weine mit einer Mineralität, die derjenigen in der Wachau nahekommt. Es gibt eine DAC für Grünen Veltliner, und der Verein der Österreichischen Traditionsweingüter hat auch hier eine Klassifikation Erster Lagen vorgenommen.

Steiermark Im Südosten Österreichs und nahe der slowenischen Grenze erstreckt sich das Weinbaugebiet Steiermark über 4.200 Hektar. Bekannt ist die Region vor allem für ihre frischen, aromatischen Weißweine aus »Morillon« (Chardonnay), Muskateller und Sauvignon blanc, ohne Holzkontakt (»steirische Klassik«) oder zuweilen in Barriques vergoren als Wein einer Einzellage. Schilcher ist eine derbe lokale Spezialität der Weststeiermark, ein Rosé aus der säurereichen Sorte Blauer Wildbacher.

Wachau Im 1.350 Hektar kleinen, für seine Weißweine weltberühmten Anbaugebiet in Österreich reihen sich auf einer Strecke von nur 20 Kilometern Dutzende herausragender, teilweise terrassierter Einzellagen (Riede) aneinander, die die Donau nach Süden hin überblicken. Die höheren Lagen, deren Böden aus Granit und Schiefer bestehen, sind meist dem Riesling vorbehalten. Auf den mittleren und tiefen Lagen mit Löss und Sand wächst überwiegend Grüner Veltliner. Das der Tendenz nach eher milde, doch von beträchtlichen Temperaturschwankungen zwischen Tag und Nacht sowie guter Belüftung geprägte Klima lässt die Trauben zu großer aromatischer Komplexität reifen. Zu den Stärken der Wachau zählt auch, dass die Erzeuger sehr konsequent nach niedrigem Ertrag streben und mit der Vereinigung Vinea Wachau, der die meisten Weinbaubetriebe angehören, eine funktionierende, privat organisierte Qualitätskontrolle installiert und bisher drei Qualitätsstufen definiert haben: Steinfeder, Federspiel und Smaragd.

WAS ÖSTERREICH AUSZEICHNET

Österreichs Weinbau ist seit gut 20 Jahren in Topform, und dies als Reaktion auf seine bislang schwerste Krise. Im Jahr 1985 war österreichischer Massenwein in einen Weinskandal verwickelt. Um mehr Körper vorzutäuschen, hatte ein krimineller Abfüller die Billigweine mit dem Frostschutzmittel Diethylenglykol gepanscht. Beim Gros der seriösen Betriebe führte dies zu einer Trotzreaktion – und zu einer spektakulären Steigerung der Weinqualität.

QUALITÄTSPYRAMIDE

In Österreich existieren mehrere Systeme nebeneinander. Wie in Deutschland gibt es eine Hierarchie von Prädikatsweinen. Weiterhin greifen seit dem Jahr 2003 die sogenannten DAC-Bereiche das Herkunfts-Modell des romanischen Sprachraums auf. Gebräuchlich sind auch regionale Qualitätsbezeichnungen, so etwa die Qualitätsstufen des Verbandes Vinea Wachau. Seit 2010 wurden im Kamp- und Kremstal (inoffiziell) einige Erste Lagen klassifiziert.

WEINSTILE

Tendenziell sind Österreichs Rotweinwinzer etwas moderner orientiert als die Produzenten von Grünem Veltliner und Riesling. Viele im Barrique ausgebaute Rotwein-Cuvées sind am internationalen Vorbild ausgerichtet. Riesling ist in Österreich fast immer trocken und auch alkoholkräftiger als sein deutsches Pendant. Grüner Veltliner existiert in einer Vielzahl von Stilen, von simpel bis hochkarätig.

BERÜHMTESTE WEINGÜTER

Feiler-Artinger, Gernot Heinrich, Kracher, Krutzler, Triebaumer, Velich (Burgenland); Bründlmayer, Schloss Gobelsburg (Kamptal); Malat, Salomon-Undhof (Kremstal); Hirtzberger, Jamek, Knoll, F.X. Pichler, Prager (Wachau); Polz, Sattlerhof, Tement (Steiermark).

ÖSTERREICHISCHE WEINE KAUFEN

Im Supermarkt findet man meist nur Grünen Veltliner einfacher Art. Besser sortiert ist der Fachhandel – doch Österreichs Spitzenweine haben ihren Preis. Es kann sich auszahlen, ab Weingut zu bestellen: Die Versandkosten nach Deutschland weichen kaum von einem Inlandversand ab. Die Lehren des Glykolskandals haben übrigens dazu geführt, dass österreichischer Wein heute auch in unteren Preisklassen recht annehmbar ist. Natürlich gibt es schwache Weine – wie überall –, aber geradezu warnen muss man in diesem Fall vor keinem Etikett.

Die Wachau besticht mit ihren Flusshanglagen, guten Böden und perfekten Klimabedingungen.

SCHWEIZ

Anbaufläche 14.800 Hektar

Chasselas (27 %) | **Müller-Thurgau** (3 %) | **Chardonnay** (2 %) | **Silvaner** (2 %) | **Pinot gris** (2 %) | **sonstige** (6 %);
Pinot noir (30 %) | **Gamay** (10 %) | **Merlot** (7 %) | **Gamaret** (3 %) | **sonstige** (8 %)

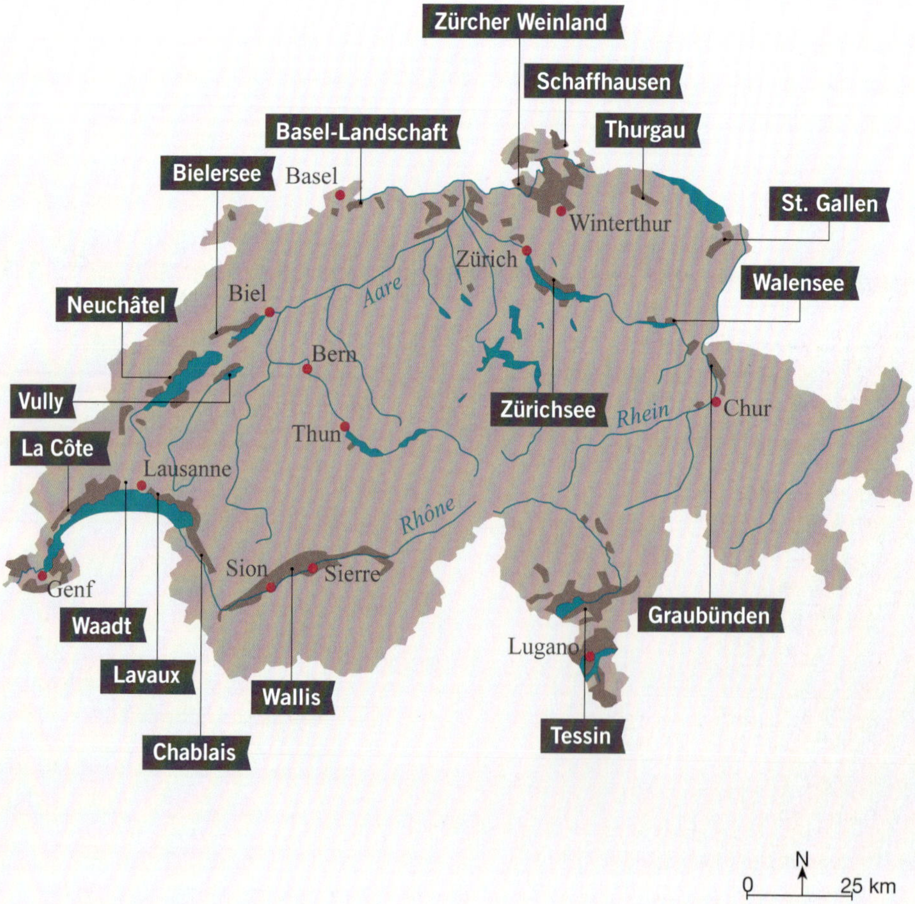

WICHTIGSTE WEINBAUREGIONEN

Neuchâtel Mit seinen nur 600 Hektar wird das Qualitätspotenzial des Weinbaukantons Neuchâtels noch immer unterschätzt. Die Weine profitieren an vielen Orten von Kalkböden, die denen Burgunds ähneln. Chasselas fällt wegen des rauen Klimas sehr leicht, jedoch spritzig und in Bestform beeindruckend mineralisch aus. Pinot noir besitzt Finesse und zuweilen sogar wahre Klasse.

Ostschweiz So lautet die Sammelbezeichnung für die deutschsprachigen Weinbaugebiete der Schweiz. Die unzusammenhängend über das gesamte nördliche Voralpenland verstreuten Weinberge (insgesamt 2.600 Hektar) gleichen die Nähe zum Gebirge durch ihr gutes Mikroklima aus: Die Lage entlang von Seen und Flüssen sowie warme Fallwinde, die aus südlicher Richtung durch die Flusstäler wehen, begünstigen das Ausreifen der Trauben. Die wichtigste Sorte ist Pinot noir, hier »Blauburgunder« genannt. Die größten Weinbaukantone sind Zürich, Schaffhausen, Aargau und Graubünden.

Tessin Der italienischsprachige Weinbaukanton verfügt über 1.040 Hektar Rebfläche. Das Tessin führte bereits nach 1945 großflächig die Sorte Merlot ein – Jahrzehnte, bevor

Das Weinbaugebiet Neuchâtel ähnelt von den Charakteristika seinem westlichen Nachbarn Burgund.

sie international zu boomen begann. Bis in die 1980er-Jahre hinein entstanden jedoch nur einfache Tischweine. Seither haben ambitionierte, in Barriques ausgebaute Typen das Image des Merlot del Ticino verändert. Die besten Exemplare sind heute charaktervolle, für die Flaschenreife gut geeignete Rotweine, die dem Merlot eine durch die Nähe der Alpen bedingte, höchst reizvolle Kernigkeit mitgeben. 1997 schuf der Kanton eine fragwürdige Ursprungsbezeichnung (DOC), nach der Tessiner Wein mit zehn Prozent Wein ausländischer Herkunft verschnitten werden darf.

Waadt, frz. **Vaud** Der mit 3.800 Hektar zweitgrößte Weinbaukanton der Schweiz ist das Königreich des Chasselas. Es gibt ihn in weinigen, trinkfreudigen Varianten aus der Region La Côte (westlich von Lausanne), schlank und saftig vom Waadtländer Anteil des Lac de Neuchâtel, als reichhaltigen, gut reifenden Grand cru Dézaley aus dem Bereich Lavaux östlich von Lausanne sowie als mineralisch-stoffigen Wein aus dem Chablais, dem Mündungsgebiet der Rhône in den Genfersee.

Wallis, frz. **Valais** Das Klima im größten Weinbaukanton der Schweiz (5.070 Hektar) in unmittelbarer Nähe der Alpen, die steilen, Granit, Schiefer und Kalk aufweisenden Weinberge und die Vielfalt lokaler Rebsorten bilden ein interessantes Ensemble, dessen Potenzial erst in Ansätzen genutzt wird. Denn

Die Walliser Hänge im und um das Rhônetal herum bieten großes Potenzial für charakteristische Weine.

die beiden verbreitetsten Walliser Weine, der weiße Fendant und der rote, aus Pinot noir und Gamay verschnittene Dôle, werden vor allem deshalb erzeugt, weil sie einfach anzubauen sind: Den Weinbau des Wallis dominieren Hobby- und Feierabendwinzer, die ihre Weine an den Handel oder die Winzergenossenschaft abliefern. Weine aus lokalen oder vom französischen Teil der Rhône stammenden Sorten zeigen jedoch, welche Kraft und Ausdrucksstärke die Weine dieses Tals erreichen können. Die besten Sorten sind: Petite Arvine, Amigne, Marsanne (»Ermitage«), Heida (Traminer) und Humagne blanche (weiß) sowie Cornalin, Humagne rouge, Pinot noir und Syrah (rot).

WAS DIE SCHWEIZ AUSZEICHNET

Die Weinberge der Schweiz liegen fast ausnahmslos in der Nähe eines Gewässers und meist auch nicht weit entfernt von einem Gebirge. Das Gebirge mag helfen, die örtliche Eigenart zu schützen – doch der Schweizer Weinbau war niemals isoliert. Historisch war er aus allen Himmelsrichtungen bedeutenden Einflüssen ausgesetzt: vom Rhône- und Aostatal her, aus der Lombardei, aus Burgund und dem Elsass. Die eigenwilligen Bedingungen von Klima und Geologie führen dazu, dass ausdrucksstarke Weine mit viel Lokalkolorit entstehen. Wie gut sie sein können, ist noch immer fast unbekannt. Selbst viele Schweizer wissen es nicht.

QUALITÄTSPYRAMIDE

Alle Schweizer Kantone haben eigene AOC-Systeme eingerichtet. In den deutschsprachigen Kantonen sind zudem die Bezeichnungen Spätlese und Auslese fest etabliert, ohne jedoch gesetzlich geregelt zu sein. Die Bezeichnung Grand cru ist in den Kantonen Waadt und Wallis (im Ort Salgesch) anzutreffen, hat jedoch kaum verlässliche Aussagekraft.

WEINSTILE

Betont internationale Weine findet man am ehesten im Kanton Tessin, wo einige hoch konzentrierte Merlot-Weine mit starkem Einsatz von neuer Eiche gereift werden. Prinzipiell sind die Bedingungen der Schweiz aber zu eigen, als dass sie kommerziellen Stilistiken förderlich wären. Selbst der Chasselas kann hier sehr terroirgeprägt ausfallen.

BERÜHMTESTE WEINGÜTER

Domaine des Cèdres, La Maison Carrée (Neuchâtel); Ruedi Baumann, Fromm, Gantenbein, Pircher, Schwarzenbach (Ostschweiz); Gialdi, Huber, Stucky, Zündel (Tessin); Bovard, Cruchon, Commune d'Yvorne (Waadt); Gérald Besse, Chappaz, Joris, Simon Maye, Mercier (Wallis).

SCHWEIZER WEINE KAUFEN

Die besten Schweizer Weine werden in kleinen Stückzahlen hergestellt. Überdies ist die Schweiz kein Mitglied der EU – die Hürden für den Export sind also hoch. Kein Wunder, dass Fendant und Dôle aus dem Supermarkt fast immer enttäuschen. Wer authentische Weine sucht, muss gute Kontakte zu Winzern pflegen und sich Weine aus dem Urlaub mit nach Hause bringen. Immerhin gibt es inzwischen in Deutschland eine Handvoll spezialisierter Fachhändler, die kleine Mengen hochwertiger Schweizer Weine importieren.

SPANIEN

Anbaufläche 1,11 Mio. Hektar

Airén (30 %) | **Macabeo** (3 %) | **Pardillo** (3 %) | **Palomino** (1 %) | **sonstige** (10 %)
Tempranillo (20 %) | **Garnacha** (10 %) | **Bobal** (8 %) | **Monastrell** (6 %) | **sonstige** (9 %)

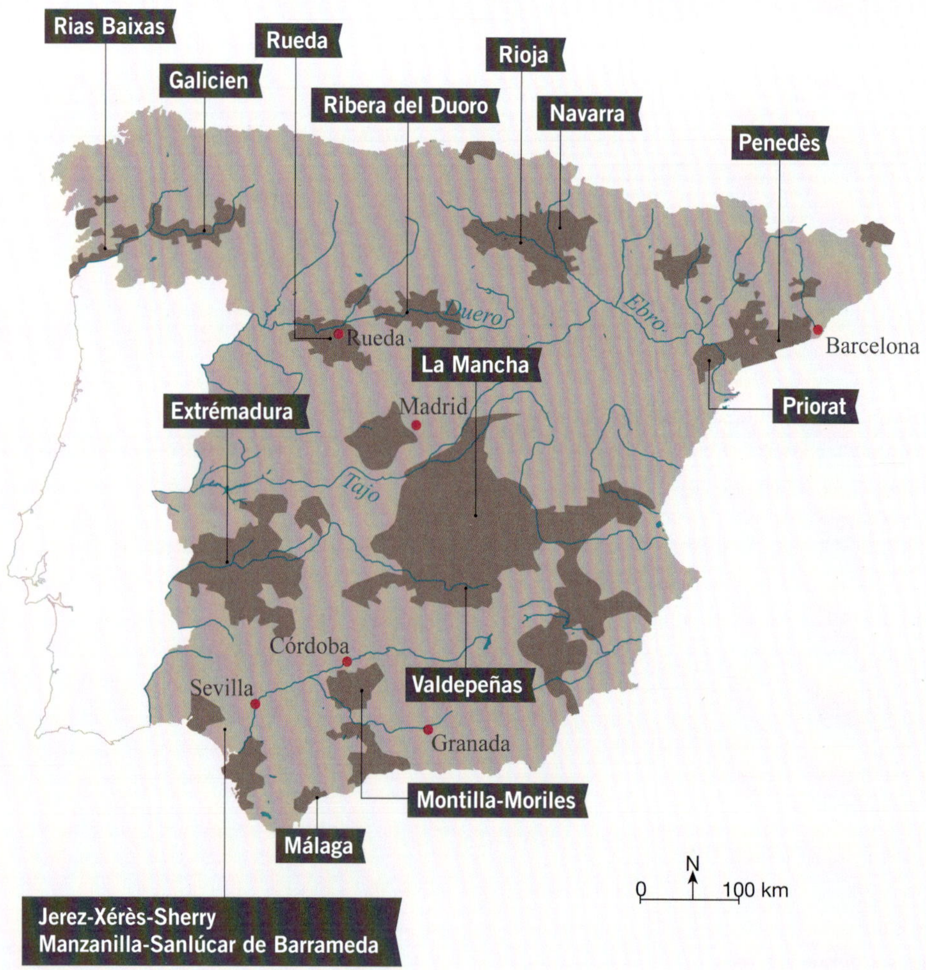

Moderne Weingutarchitektur in La Rioja

WICHTIGSTE WEINBAUREGIONEN

Jerez Die Stadt in Andalusien gab dem oxidativ ausgebauten Wein (Sherry) ihren Namen. Sie ist einer der drei Orte, in deren Bodegas Sherry gelagert werden darf. Die beiden anderen Ortschaften des sogenannten Sherry-Dreiecks heißen El Puerto de Santa Maria und Sanlúcar de Barrameda.

Penedès Dieses Anbaugebiet im Nordosten Spaniens (Katalonien) mit seinen 30.000 Hektar war schon in der Ära Franco ein Innovationsmotor für den spanischen Weinbau. Die Weißweine dominieren hier, sie werden vor allem aus den Lokalsorten Macabeo, Xarel-lo und Parellada gekeltert. Dieselben Sorten bilden auch die Basis für den Schaumwein Cava.

Priorat Das Priorat auf 1.800 Hektar ist der Shootingstar unter den Anbaugebieten Spaniens. Bis in die 1980er-Jahre hinein war das Gebiet nur für Likörweine bekannt oder erzeugte Weine zum Verschnitt. Doch die bis auf fast 1.000 Meter hoch reichenden Steillagen an den Abhängen der katalanischen Bergkette Montsant erweisen sich mehr und mehr als Quelle komplexer roter Qualitätsweine, die trotz kräftigen Alkoholgehalts (häufig 15 Prozent) Frische und Mineraliät besitzen – und die sich (wahrscheinlich) auch für lange Flaschenreife eignen. Auch die Preise haben sich entsprechend entwickelt. Zuletzt wurde das Gebiet von DO auf DOCa hochgestuft, zugleich ist die Einrichtung gemeindespezifischer Herkunftsbezeichnungen nach dem Vorbild von Burgund und Bordeaux in Vorbereitung.

Ribera del Duero Für Rotwein definierter, 13.000 Hektar großer DO-Bereich in Spanien, der seit den 1980er-Jahren einen Boom erlebt. In dem 700 bis 900 Meter über dem Meer gelegenen Gebiet gibt es verbreitet Kalk und Kreide im Boden. Ribera-del-Duero-Weine werden überwiegend aus der (vor Ort »Tinto fino« oder »Tinta del País« genannten) Sorte Tempranillo gekeltert und fallen markant mineralisch und kraftvoll aus. In kleinerem Umfang werden traditionell auch Rebsorten angebaut, die in Bordeaux heimisch sind, daher wurden diese Sorten bei der Einrichtung der DO 1982 ebenfalls zugelassen.

Rioja So lautet die nordspanische Ursprungsbezeichnung im Rang einer DOCa, die sich auf 50.000 Hektar am Fluss Ebro erstreckt. Rioja kann als Archetyp aller spanischen Rotweine gelten: Hier, zumal im Teilgebiet Rioja Alta, erlangt Spaniens edelste Sorte Tempranillo die typische Verbindung von Feuer, Säurenerv und Weichheit. Rioja-Weine werden je nach Dauer des Ausbaus als Crianza, Reserva oder Gran Reserva gehandelt. Die Reifung erfolgt in Barriques, die Weine sind stark von Eiche geprägt. Dies gilt auch für die goldenen, ausladenden Weißweine, die überwiegend aus der Sorte Macabeo (Viura) gewonnen und ebenfalls in Reserva- und Gran-Reserva-Varianten erzeugt werden.

WAS SPANIEN AUSZEICHNET

Kein anderes Weinbauland besitzt eine größere Rebfläche als Spanien. Wegen des trockenen Klimas und des hohen Bestands alter Reben sind die Erträge jedoch niedrig, Italien und Frankreich produzieren mehr Wein auf kleineren Flächen. Spanien ist eine Weinbaunation mit sehr eigenständiger Tradition und zudem ein Land mit großem weiterem Potenzial. Zwei Faktoren bedrohen jedoch die qualitative Steigerung: die Übertreibungen ehrgeiziger Produzenten bei ihren teuren Designer-Weinen und der Klimawandel.

QUALITÄTSPYRAMIDE

Spaniens Weinbau ist nach dem Prinzip der kontrollierten Herkunft gegliedert. DOCa-Weine stehen über Weinen mit einer DO und diese über Landwein (Vino de la Tierra). Die namhaftesten Herkünfte unterscheiden die Qualität ihrer Weine gebietsintern nach Dauer der Reifung vor dem Verkauf (Crianza, Reserva, Gran Reserva). Eine Klassifikation von Einzellagen existiert nicht, Weine mit der Bezeichnung »Pago« stammen aus einer umgrenzten Weinbergszone.

WEINSTILE

Die Produzenten teilen sich in zwei Lager: Während Erzeuger traditioneller spanischer Weine ein langes Holzfasslager bevorzugen (und oxidative Töne als Stilmotiv verwenden, Oxidation), sind Weine des modernen Stils auf Frische und Frucht angelegt. Mithilfe kellertechnischer Innovationen übertreffen sie zuweilen sogar die Vorbilder der Neuen Welt an Strahlkraft.

BERÜHMTESTE WEINGÜTER

Herederos de Argüeso, La Gitana, Lustau (Jerez); Miguel Torres (Penedès); López de Heredia, Muga, Marqués de Murrieta, Ramirez de Ganuza, La Rioja Alta, Roda (Rioja); Cims de Porrera, Dits del Terra, L'Ermita (Priorat); Matallana, Pingus, Val Sotillo, Vega Sicilia (Ribera del Duero).

SPANISCHE WEINE KAUFEN

In Spanien gibt es viele ungewöhnlich große Weinproduzenten. Diejenigen von ihnen, die ihren Bedarf an Trauben aus eigenen Weinbergen und durch langfristig gebundene Lieferanten stillen, können auf diese Weise gute Weine zu fairen Preisen anbieten. Selbst im Supermarkt findet man daher häufig recht ordentliche Qualitäten.
Auch der Fachhandel hat keine Mühe, sich mit einer individuellen Weinauswahl in jeder Preisklasse zu profilieren. Zwiespältig dagegen ist das Angebot beim Discounter: Gran-Reserva-Weine für drei Euro können nichts anderes als Karikaturen sein.

Das Solera-Prinzip mit einer vertikalen Fassreihenanordnung wird bei der Sherry-Produktion angewandt.

WEITERE ANBAULÄNDER

Argentinien Flächenmäßig größtes Weinbauland in Südamerika, 228.000 Hektar. Entlang der Wasser spendenden Anden wachsen Reben bis in über 1.000 Metern Höhe. In solchen Höhenlagen ist das generell eher heiße und trockene Klima gemildert – gerade weiße Trauben bilden so während langsamer Reife viele Aromastoffe. Argentiniens Weinbau geht auf das 16. Jahrhundert zurück, italienische Einwanderer haben ihn beeinflusst. Doch erst seit wenigen Jahren entstehen Qualitätsweine, vor allem im Anbaugebiet Mendoza. Insbesondere für vollfruchtigen, vielschichten Malbec hat sich Argentinien einen guten Ruf geschaffen. Auch Chardonnay kann ein beachtlich gutes Niveau erreichen.

Australien Weinbaukontinent, der durch das rapide Wachstum seiner Rebfläche (inzwischen gut 173.000 Hektar) und durch den tabulosen Umgang mit Kellertechnik und Marketing auf sich aufmerksam macht. Australiens Weinbau wird von Großunternehmen dominiert. Allerdings gewinnen nun auch die Weine kleiner Weingüter an Bedeutung, die den Charakter ihrer Herkunft spiegeln. Die bekanntesten Anbaugebiete liegen im Südosten (Clare, Barossa, Hunter, McLaren, Coonawarra) und im äußersten Südwesten (Margaret River). Die klassische Rebsorte Australiens ist Shiraz (Syrah). In den letzten Jahren macht sich das Global Warming im ohnehin heißen Klima Australiens durch Trockenheit besonders nachteilig bemerkbar.

Chile Südamerikanisches Weinbauland, Star der Neuen Welt. Weinbau wird hier bereits seit Mitte des 16. Jahrhunderts betrieben, inzwischen dient eine Rebfläche von 200.000 Hektar zum größten Teil der Erzeugung von Qualitätsweinen. Die Bedingungen sind günstig: Da die Reblaus nie hierher kam, können die Winzer wurzelechte Reben pflanzen. Falscher Mehltau trat in Chile erstmals 1997 auf, stellt aber kein gravierendes Problem dar. Allerdings müssen die Böden wegen des extrem trockenen Klimas bewässert werden. Chiles Ruhm beruht auf seinen Rotweinen. Typisch sind ihre intensiven, zuweilen an Konfitüre erinnernden Beerenaromen. Als beste Sorten erweisen sich diejenigen aus Bordeaux: Cabernet Sauvignon, Merlot, Malbec und Carmenère. Die Winzer nutzen sie vor allem in den Regionen Maipo, Maule und Rapel sortenrein oder als Assemblage.

China Aufstrebendes Weinbau- wie auch Weinkonsumland in Asien. Auch wenn bislang nur der kleinste Teil des Ertrags von 475.000 Hektar Rebfläche zu Wein gekeltert wird, so hat China doch großes Potenzial zur Erzeugung von Qualitätsweinen. Berater und Joint-Venture-Partner, etwa aus Frankreich, sind bereits seit einigen Jahren vor Ort aktiv. China ist zugleich ein Weinimporteur von wachsender Bedeutung.

Neue Welt Sammelbegriff für die Weinbauländer außerhalb Europas und Vorderasiens. In seiner Formulierung etwas irreführend, denn auch in Übersee ist der Weinbau vielerorts seit mehreren Jahrhunderten verbreitet. Kennzeichnend für alle Länder der Neuen Welt ist, dass die Produktionsbedingungen günstig sind: Land und Arbeitskraft ist vergleichsweise preiswert, Weinberge können ganz nach den Bedürfnissen der jeweiligen Rebsorte angelegt werden, und die Önologie geht in den meisten Ländern der Neuen Welt unbefangener mit neuen Techniken um und schreckt weniger stark vor industriellen Verfahren zurück als im traditionsbewussten Europa. Mit dem sich festigenden Erfolg der Weine aus Kalifornien, Australien und Neuseeland hat auch in diesen Ländern die Verfeinerung der Weinstile und eine Hinwendung zur Betonung der Herkunft begonnen.

Neuseeland Jüngste Weinbaunation der Neuen Welt, 36.000 Hektar Anbaufläche. Auf der Nord-Süd-Ausdehnung von 2.000 Kilometern besitzen die beiden Hauptinseln Neuseelands eine ungewöhnliche Vielfalt an Klimazonen. In den 1980er-Jahren erwarb Neuseeland für strahlend fruchtige, kristallklare Sauvignon-blanc-Weine internationale Anerkennung. Es scheint jedoch, als könnten auch Chardonnay, Pinot noir und die aus Bordeaux stammenden Rebsorten auf hohem Niveau produziert werden, allerdings mehren sich inzwischen auch die Anzeichen für eine Überproduktion. Beste Regionen: auf der Nordinsel Waiheke Island, Hawke's Bay und Martinborough, auf der Südinsel Marlborough, Nelson und Central Otago.

Portugal Qualitativ expansives, jahrzehntelang vom Rest der Weinwelt isoliertes Weinbauland, 243.000 Hektar. Erst seit dem Ende der Militärdiktatur und seit dem Beitritt zur Europäischen Union beginnt Portugal, seinen Reichtum an natürlichen Gegebenheiten konsequent für Qualitätsweine zu nützen. Die wichtigsten Gebiete sind: im Norden das für Portwein und rote Tischweine bekannte Tal des Douro sowie die Zone des Vinho Verde, die traditionsverhafteten Rotwein produzierenden Gebiete Dão und Bairrada in der Mitte sowie das als besonders modern bekannte Gebiet Alentejo im Süden.

Südafrika Populäre Weinbaunation der Neuen Welt, 132.000 Hektar. Erst seit den letzten 15 Jahren beginnen private Güter, qualitätsorientierte Initiative zu entwickeln (und teilweise auch Rassenschranken zu überwinden). Südafrikas Weinbau ist oft von (zu) hohem Ertrag geprägt. Zwischen den wenigen Qualitätsspitzen und dem Gros mit hohem technischem Aufwand produzierter Konsumweine klafft eine breite Lücke. Im Anbau überwiegt Weißwein. Die wichtigsten Sorten sind Chenin blanc (»Steen«), Chardonnay, Merlot, Cabernet Sauvignon und Pinotage.

USA Der wichtigste Absatzmarkt für Spitzenweine weltweit – und das flächenstärkste Weinbauland außerhalb Europas. Von den 398.000 Hektar Anbaufläche gelten allerdings 140.000 Hektar dem Anbau von Rosinen und Tafeltrauben. Bundesbehörden haben seit 1983 die Weinbaugebiete der ganzen USA in sogenannte AVA-Zonen (American Viticultural Areas) untergliedert, mittlerweile gibt es davon über 100. Der bedeutendste Weinbaubundesstaat ist Kalifornien – doch auch Oregon (6.000 Hektar) hat sich inzwischen einen Namen für anspruchsvolle Weine aus Burgundersorten gemacht, und Washington State (12.500 Hektar) besitzt wachsendes Renommee für Riesling und Cabernet Sauvignon.

REBSORTEN IM PORTRÄT

In der heutigen Rebsortenwelt tummeln sich Stars, die längst als Weltenbummler Karriere machen, gefolgt von den Aufsteigern, die ehrgeizige Weine hervorbringen. Die Regionalen fühlen sich in ihrer Heimat nach wie vor am wohlsten, während die Ökosorten Hoffnungsträger nicht nur von Biowinzern sind.

DIE STARS

Jeder der acht Rebsortenstars ist einzigartig. Ihre unverwechselbare Frucht, sozusagen ihr Fingerabdruck, ließ ab den 1990er-Jahren die Nachfrage nach reinsortigen Weinen, besonders aus Übersee, stark ansteigen. Das europäische Konzept, wonach ein Wein seine Herkunft widerspiegeln sollte, galt in der Neuen Welt anfänglich wenig. Inzwischen aber hat die »Terroir«-Philosophie auch dort eifrige Anhänger. Denn das Terroir, der Einfluss von Boden, Klima und Lage, verleiht ihnen erst den Starappeal, der sie auszeichnet. Dank ihrer Wandelbarkeit und ihres starken Charakters stehen sie international ganz oben auf dem Treppchen und heimsen die meisten Medaillen ein. Nicht nur wurzeln die Rebsortenstars in Spitzenlagen, sie erhalten auch jede weitere erdenkliche Zuwendung des Winzers. Edel ausgestattet und hochpreisig kommen ihre Weine in den Handel, um schließlich nach dem Lupfen des Korkens höchstes Entzücken auf die Gesichter der Weinfreunde zu zaubern.

Mit Ausnahme des Rieslings, der nur in Deutschland, Österreich und im Elsass wirklich Feinstes hervorbringt, stammen die Stars ursprünglich allesamt aus Frankreich, wo man sie *cépages nobles* – edle Rebsorten – nennt. Inzwischen sind sie, ob sortenrein oder im Mix mit anderen Trauben, überall zu Hause, viele da-

Riesling – ein Star unter den Reben

von erfolgreich in Übersee. Diese Siegertypen von höchster Qualität und frechem Selbstbewusstsein sind unerbittliche Herausforderer für die Altmeister aus Galliens Weingärten. Cabernet Sauvignon, Chardonnay und Sauvignon blanc mögen aus Frankreich stammen, doch ihre Fähigkeit, unter vollkommen anderen Standortbedingungen als in Europa auch neue Weinstile hervorzubringen, konnten sie erst in der Neuen Welt entwickeln. Diese spannenden und sehr eigenständigen Weine fordern längst die Stars der Alten Welt heraus, die einst ihre Vorbilder waren.

Während sich einige Stars eher kapriziös gebärden, sind Cabernet Sauvignon und Chardonnay am genügsamsten. Deshalb verbreiteten sie sich am schnellsten und wurden bald zu »everybody's darling«, gefolgt vom Syrah, in Übersee als Shiraz bekannt, Merlot und Sauvignon blanc. Am längsten brauchten Pinot noir beziehungsweise Spätburgunder und Riesling, die beide allerhöchste Ansprüche an ihren Standort stellen. Sie fühlen sich im kühleren Klima Europas grundsätzlich immer noch am wohlsten. Noch – denn der Klimawandel lässt heute Weinbau in Gegenden zu, wo es bisher zu kalt war. Die Winzer in den heißen Regionen Südeuropas müssen auf die Höhenlagen ausweichen, die Grenze verschiebt sich weiter in Richtung Norden und Osten, nach Norddeutschland, Skandinavien und Polen. Auch England könnte zu einem ernst zu nehmenden Weinland werden. Dort finden sich Böden wie in der französischen Champagne und daher ideale Voraussetzungen.

DIE AUFSTEIGER

Jede der 13 Rebsorten dieser Kategorie verfügt über herausragende Qualitäten. Dennoch haftet ihnen immer noch der Ruf einer gewissen rustikalen Unbedarftheit an. Man traut manchen von ihnen, sicher zu Unrecht, die Noblesse einer Spitzensorte nicht ganz zu. Doch es ist gerade diese Mischung aus regionaler Erdverbundenheit und den oft bewiesenen qualitativen Fähigkeiten, die fasziniert und das Spektrum unserer heutigen Weinwelt bereichert.

Den Olymp des Weins zu erklimmen und vielleicht sogar einen Stammplatz unter den Stars zu erobern, dürfte das Ziel eines jeden Aufsteigers sein. Alle dreizehn sind auf dem besten Weg dorthin. Sie stammen aus Ländern und Regionen, in denen sie oft lange ein mehr oder weniger verborgenes Dasein führten – etwa Nebbiolo (Piemont), Sangiovese (Toskana), Tempranillo (Rioja, Ribera del Duero, Portugal) und Cabernet franc (Bordeaux, Loire). Erst die innovative Weinbereitung durch neugierige Winzer, die ihr Potenzial erkannten, verhalf ihnen in den wärmeren Klimata der Neuen Welt zum Aufstieg. Manche Sorten, zum Beispiel Zinfandel (Kalifornien) oder Malbec (Argentinien), erfuhren eine spannende Stilwandlung, die ihnen Erfolg und die Punkte der Weinprofis einbrachte. Andere profitierten von einer Trendwende beim Weingeschmack. Wie einst der Riesling kämpfte auch der Chenin blanc lange um Anerkennung. Sein Problem: eine knackige Säure in Zeiten softer Weintypen. Heute zählt er gerade wegen seiner Säure und seiner Vielseitigkeit zu den Gewinnern.

Der Viognier genoss in seiner Heimat Condrieu an der Nordrhône immer höchstes Ansehen, nicht aber international – bis die Rebe im Languedoc-Roussillon, in Kalifornien und in Australien eine neue Heimat fand. Andere blieben ihrer europäischen Heimat treu, etwa Silvaner oder Weiß- und Grauburgunder sowie Gewürztraminer, und hatten als Lagenweine mit Terroir Erfolg – eine Wohltat für den Gaumen nach den vielen neutralen Langweilern im Einheitsstil. Seitdem Ende der 1990er-Jahre aufmerksame Winzer angestammte Sorten mit ihren unverwechselbaren Eigenschaften neu entdeckten, werden aus regionalen Sorten Aufsteiger. Manch andere noch unbekannte Regionalsorte wird folgen, wie der gelbe Orleans, ein Hoffnungsträger in Zeiten des Klimawandels, braucht diese Sorte doch viel Wärme, um zu reifen.

DIE REGIONALEN

Etwa 2.500 für den Weinbau zugelassene Rebsorten weltweit – welch eine Vielfalt! Einen winzigen Ausschnitt davon bietet die Auswahl in diesem Buch. Es sind allesamt regionale Trauben, die in ihren Herkunftsgebieten Landschaft und Weinkultur geprägt haben und vielerorts bis heute bäuerlich geblieben sind. Einige dieser Rebsorten haben ihre angestammten Plätze nie verlassen und wurzeln heute noch in ihren eng gefassten geografischen Zonen. Doch sie sind eine Bereicherung für die Weinwelt und immer eine Entdeckung wert, haben doch manche von ihnen das Potenzial, die Aufsteiger von morgen zu werden! Einige Sorten sind kompliziert im Anbau, andere wiederum eigenwillig im Geschmack. Die anpassungsfähigsten unter den regionalen Sorten haben es dennoch zu überregionaler Anerkennung innerhalb ihrer Weinbauländer gebracht oder sie stehen, selbst von findigen Rebsortenkundlern noch unentdeckt, in alten Weinberglagen zusammen mit anderen Sorten.

DIE ÖKOREBSORTEN

Pilzwiderstandsfähige Rebsorten, kurz »Piwis« genannt, sind die Antwort engagierter Züchter auf die ertragsgefährdenden Pilzerkrankungen Oidium und Peronospora, allgemein bekannt unter den Namen Echter und Falscher Mehltau. Um sie unter Kontrolle zu halten, spritzen konventionelle Winzer bis zu zehnmal im Jahr mit hochchemischen Antipilzmitteln, vor allem Kupfer, das den Boden nachhaltig schwächt. Ökowinzer hingegen setzen auf natürliche Pflanzenstärkungsmittel, auf einen gesunden, vitalen Boden und robuste Alternativen wie Piwis. Diese sind genetisch mit den natürlichen Schutzmechanismen der reblausresistenten amerikanischen Wildreben ausgestattet. Sie unterstützen zudem das Ökosystem Weinberg und bieten auch in Kreuzungen mit europäischen Sorten das gesamte, geschmacklich spannende Spektrum der klassischen Rebsorten – vom finessenreichen Rieslingtyp bis zum vollfruchtigen Rotwein.

AGIORGITIKO
[*ajorgitiko*]

SYNONYME Aghiorghitiko, Aghiorgitiko, Mavro, Nemeas, St.-Georgs-Rebe, Mavroudi Nemeas, Nemea
VERBREITUNG GR-Nemea (Peloponnes)

Weinstil: *samtig-fruchtig bis ausdrucksvoll-intensiv*
Farbe: *helles bis schwärzlich dunkles Kirschrot*
Weine: *Nemea*
Körper: *körperreich*
Säure: *sanft*
Aroma: *Kirsche, mediterrane Kräuter, Pflaume*
Essenspartner: *Lamm, Ziege, Schafskäse, geschmortes oder gegrilltes Gemüse*

BESONDERHEITEN Agiorgitiko, eine der ältesten Sorten der Welt, dient als Basis angenehm fruchtiger Rosés wie auch – aus Hochlagen über 450 m – körperreicher, ausdrucksstarker und (in der Cuvée mit Cabernet Sauvignon) eleganter Weine. Sie ist nicht zu verwechseln mit der Herkunftsbezeichnung »Agioritikos«!

AGLIANICO
[*alljaniko*]

SYNONYME Aglianichello, Aglianico di Castellaneta, Guanico, Fresella, Gagliano, Uva dei Cani
VERBREITUNG Italien (vor allem Basilikata und Kampanien, wenig in Kalabrien, Apulien, Molise, Sizilien)

Weinstil: *vollmundig-fruchtig mit zarter Säure*
Farbe: *rubinrot*
Weine: *Aglianico del Vulture, Taurasi*
Körper: *mittel bis kraftvoll-komplex-füllig*
Säure: *angenehm*
Aroma: *Kirsche, Schokolade, Gewürze, Nüsse*
Essenspartner: *gegrillter Fisch, Grillgemüse, Pasta mit pikanter Tomatensauce, Rind, Pilzgerichte*

BESONDERHEITEN Die früh reifende, qualitativ von vielen unterschätzte Sorte liebt vulkanische Böden und erbringt extraktreiche, fruchtintensive Weine, die bis zu zwei Jahre im kleinen Holzfass reifen und so qualitativ zulegen können.

ALBARIÑO
[*albarinjo*]

SYNONYME Alvarinho (Portugal)
VERBREITUNG E-Rías Baixas, P-Minho

Weinstil: *fruchtig-elegant bis würzig-füllig*
Farbe: *hellgelb bis sonnengelb*
Weine: *Rías Baixas, Vinho Verde, Ribeiro*
Körper: *mittel bis füllig*
Säure: *elegant*
Aroma: *Zitrone, Apfel, Nektarine, Melone, Blumen*
Essenspartner: *Artischocken, Spargel, Geflügel, feinwürzige Fischgerichte, eingelegtes Gemüse*

BESONDERHEITEN Als Rebsorte des leichten Vinho Verde in Portugal blieb der »kleinen Weißen vom Rhein« der Durchbruch verwehrt. In Rías Baixas dagegen erreichte sie als mögliche Verwandte von Sauvignon blanc beziehungsweise Weißburgunder mit geschmacksintensiven Weinen inzwischen auch international Anerkennung.

ALFROCHEIRO PRETO
[alfroscheiro preto]

SYNONYME Alfrocheiro, Alfrucheiro, Tinta bastardinha, Tinta Francisca de Viseu
VERBREITUNG Portugal (Dão, auch Alentejo, Bairrada, Ribatejo)

Weinstil: *kraftvoll-würzig*
Farbe: *dunkelrot-dicht*
Weine: *Dão*
Körper: *kraftvoll-dicht, vielschichtig*
Säure: *kräftig*
Aroma: *Anis, Minze, Kirsche, Erdbeere, Wildblumen, Wildkräuter, Kümmel*
Essenspartner: *Putenbrust, Grillfleisch*

BESONDERHEITEN Die früh reifende Sorte hat eine sehr eigenwillige Aromatik und ist nur bei niedrigen Erträgen und bester Standortwahl erfolgversprechend. In feuchten Jahren neigt sie zudem zu Krankheiten. Wegen ihrer intensiven Farbe ist sie allerdings ein beliebter Verschnittpartner.

ALIGOTÉ
[aligoteh]

SYNONYME Aligotary, Blanc des Troyes, Chaudenet gras, Giboudot blanc, Griset blanc, Plant gris, Vert blanc
VERBREITUNG F-Burgund, Rumänien, Bulgarien, Russland, Ukraine, Moldawien, Georgien, Kasachstan, Aserbaidschan

Weinstil: *sehr trocken bis kräftig-frisch*
Farbe: *hellgelb bis mittelgelb*
Weine: *Bourgogne Aligoté, Kir (Aperitif mit Cassislikör)*
Körper: *mittel*
Säure: *kräftig, manchmal kantig*
Aroma: *Nussaromen, Apfel, Heublumen, Honig*
Essenspartner: *Quiche Lorraine, Geflügel mit cremigen Saucen, Zwiebelkuchen, gedünsteter Fisch*

BESONDERHEITEN Aligoté bildet den idealen Basiswein für den Aperitif Kir, noch versüßt mit einem Schuss Cassislikör. Hierzu passt die typische trocken-kantige Säure der Traube, die auch den Erfolg in Osteuropa erklärt. Im Süden Burgunds setzt man auf alte Stöcke von guten Lagen, was bessere bis hohe Qualität entstehen lassen kann.

ANTÃO VAZ
[antao wass]

SYNONYME Antonio Vaz
VERBREITUNG Portugal (Alentejo, Estremadura)

Weinstil: *körperreich, mineralisch, säurebetont*
Farbe: *gelbgold*
Weine: *Alentej*
Körper: *vielschichtig, voller Körper*
Säure: *säurebetont*
Aroma: *Grapefruit, Limone, tropische Früchte*
Essenspartner: *leichte Fischgerichte, Geflügel*

BESONDERHEITEN Die uralte, genügsame Sorte ist dickschalig, somit widerstandsfähig, und bringt ausdrucksstarke, große Weine hervor. Sie ist außerdem gut geeignet als Mix mit den weißen Sorten Arinto und/oder Roupeiro und für den Ausbau im kleinen Holzfässchen (Barrique).

ARINTO
[*arinto*]

SYNONYME Arinto-Arinto, Arinto do Dão, Arinto Cachudo, Assario, Boal Cachudo do Ribatejo, Pedernã (Vinho Verde), False Clairette, Arinto Miudo
VERBREITUNG P-Bucelas, P-Vinho Verde

Weinstil: *frisch-anregend bis elegant-komplex*
Farbe: *helles Sonnengelb*
Weine: *Bucelas, Alenquer, Bairrada, Vinho Verde*
Körper: *mittel*
Säure: *pikant*
Aroma: *zitronig, Apfel, Zitruszeste (gereift)*
Essenspartner: *gedünsteter oder gegrillter Fisch, Blattsalat, Sushi, Taboulet, Austern, Weichkäse*

BESONDERHEITEN Die uralte Sorte ähnelt dem Riesling, nicht nur wegen der markanten Säure. In der Region Bucelas erbringt sie reinsortig oder in der Cuvée komplexe Weine mit sehr gutem Alterungspotenzial und legt, gelegentlich unterstützt durch kurze Reife im Holzfass, an Finesse und Ausdrucksstärke zu.

ARNEIS
[*arnäis*]

SYNONYME Barolo bianco, Bianchetta, Bianchetto d'Alba, Bianchetto di Verzuolo, Nebbiolo bianco
VERBREITUNG I-Piemont (Langhe und Roero), Australien

Weinstil: *duftig-leicht bis saftig, leicht exotisch*
Farbe: *zartes Strohgelb*
Weine: *Roero Arneis, Langhe Arneis*
Körper: *mittel*
Säure: *gering, höher in der Roero-Region*
Aroma: *Mandel, Birne, floral, Banane, Ananas*
Essenspartner: *Salat von Schalentieren, Süßwasserfisch, Geflügel, Gemüse-Antipasti*

BESONDERHEITEN Früher zähmte sie in der Cuvée manch robusten Barolo. Seit 1990 von Topwinzern wiederentdeckt, überzeugt sie auch reinsortig – trocken oder restsüß (Passito) ausgebaut – mit ansprechender Qualität und als angenehmer Essensbegleiter.

ASSYRTIKO
[*assirtiko*]

SYNONYME Arcytico, Assirtico, Asurtico, Asyrtiko
VERBREITUNG Griechenland (Santorini, Attika, Chalkidike, Drama)

Weinstil: *langlebig, mineralisch mit Substanz*
Farbe: *mittleres Goldgelb*
Weine: *Côtes de Meliton, Santorini*

Körper: *mittel*
Säure: *kräftig*
Aroma: *mineralische Noten, Jasmin, Zitrone*
Essenspartner: *Fisch, leichte Fleischgerichte*

BESONDERHEITEN Mineralität, die Fähigkeit zu hoher Säure trotz der heißen Anbauzone und letztlich die Länge ihrer Weine am Gaumen macht sie zu einer der weißen Topsorten Griechenlands, besonders wenn sie auf Vulkanboden in Santorini gewachsen ist. Savatiano ist für diese Sorte ein ausgezeichneter Cuvéepartner.

AUXERROIS
[*okseroa*]

SYNONYME Aucerot, Auxois, Weißer Auxerrois, Okseroa, Blanc de Kientzheim, Pinot Auxerrois
VERBREITUNG Deutschland (Baden, Mosel, Südpfalz), Luxemburg (Mosel), F-Elsass, Schweiz (Waadt, Wallis)

Weinstil: *weich und ausgeglichen*
Farbe: *gelbgrün*
Weine: *Auxerrois*
Körper: *rund, angenehme Struktur*
Säure: *mild*
Aroma: *dezent*
Essenspartner: *Süßwasserfisch, helle Fleischgerichte, Fischterrinen, Frischkäse*

BESONDERHEITEN Die natürliche Kreuzung aus Pinot und weißem Heunisch gehört zur großen Burgunderfamilie. Ihre Weine sind schlanken Weißburgundern nicht unähnlich. Nicht zu verwechseln mit der roten Auxerrois im südfranzösischen Cahors beziehungsweise Malbec.

BAGA
[*baga*]

SYNONYME Baga de Louro, Baya, Poeirinho, Baguinha, Bairrada, Carrasquenho, Pretinho, Preto Rifete, Rifete, Rosete, Tinta bairradinha, Tinta da Bairrada, Tinta fina
VERBREITUNG Portugal (in Bairrada, aber auch in Dão, Ribatejo, Estremadura)

Weinstil: *viel Frucht, Tannin, reif eleganter*
Farbe: *brombeerschwarz*
Weine: *Bairrada, Mateus rosé (Cuvée)*
Körper: *kräftig*
Säure: *hoch*
Aroma: *Schwarzkirsche, Cassis, Pflaume, Kakao*
Essenspartner: *Wurst, Wild, Schwein, Schafskäse*

BESONDERHEITEN Baga ist eine sehr dickschalige und kapriziöse Sorte. Sie wurzelt in ganz Portugal, zeigt jedoch in Bairrada ihr volles Potenzial, wo sie exzellente säure- und tanninreiche Weine mit betörendem Aroma von großer Haltbarkeit ergibt.

BARBERA
[*barbera*]

SYNONYME Barbera d'Asti, Barbera d'Alba, Barbera del Monferrato, Barbera a raspo rosso, Gaietto

VERBREITUNG Italien (Piemont, Lombardei, Emilia-Romagna), Argentinien, USA-Kalifornien

Weinstil: *beerig-frisch bis fleischig-intensiv*
Farbe: *mittleres bis dunkles Kirschrot*
Weine: *Barbera d'Alba, Barbera d'Asti, Monforte d'Alba*
Körper: *mittel*
Säure: *hoch*
Aroma: *Kirsche, Brombeere, Himbeere, Pflaume, Schokolade, erdige Aromen*
Essenspartner: *Antipasti, Spaghetti bolognese, Lasagne, Parmaschinken, Salami, Ziegenkäse*

BESONDERHEITEN Giacomo Bologna und anderen Topwinzern verdankt der Barbera seinen Aufstieg vom tanninarmen, säuerlichen Bauernwein zur würzig-aromatischen Schönheit, der eine Holznote gut steht.

BLAUER PORTUGIESER
[*blauer portugieser*]

SYNONYME Portugais bleu, Kékoporto (Ungarn), Kraljevina, Portugaljka, Portugizac crni (Kroatien), Vöslauer
VERBREITUNG Deutschland, Österreich, Ungarn, Rumänien, Nordkroatien, Südfrankreich

Weinstil: *einfach und dünn bis süffig*
Farbe: *hagebuttentönig bis leichtes Kirschrot*
Weine: *Portugieser, Vöslauer (Österreich)*
Körper: *leicht*
Säure: *säurearm*
Aroma: *leichtes Beerenaroma, Erdbeere, Kräuter*
Essenspartner: *milde Wurst, milde Käsesorten wie Gouda oder Rohmilchweichkäse, Schnitzel*

BESONDERHEITEN Der Massenträger bringt meist sehr leichte Weine hervor, oft noch restsüß abgefüllt. Bei reduziertem Ertrag ergeben sich deutlich gehaltvollere Rotweine.

BLAUFRÄNKISCH
[*blaufränkisch*]

SYNONYME Lemberger (Deutschland), Kékfrankos (Ungarn), Limberger, Crna frankovka, Frankonia, Gamé (Bulgarien), Burgund mare (Rumänien)
VERBREITUNG Österreich, Deutschland, Ungarn, Kroatien, Tschechien, Bulgarien, Rumänien, USA

Weinstil: *elegant-fruchtig bis rassig-gehaltvoll*
Farbe: *mittleres bis dunkles Brombeerrot*
Weine: *Blaufränkisch, Lemberger, Kékfrankos*
Körper: *mittel*
Säure: *markant*
Aroma: *Kirsche, Brombeere, Blaubeere*
Essenspartner: *Ochsenschwanz, Lamm, Leber, Rumpsteak, Wild, Pilzgerichte, pikanter Käse*

BESONDERHEITEN Die Sorte kann beides liefern: leichte oder körperreiche Weine. Spannender sind sicher die körperreichen, die vor allem im österreichischen Burgenland auf schweren Löss- und Lehmböden gedeihen und in guten Jahren mit intensiver Farbe, Charakter, herrlichem Beerenaroma und stabilem Tannin überzeugen. Lässt der Winzer sie im kleinen Holzfass reifen, können sie an Vielschichtigkeit und Struktur noch zulegen. Zu Ähnlichem ist die Rebe in sehr guten Jahren auch in Württemberg fähig, wenn sie als Lemberger oder Blauer Limberger in den allerbesten Lagen wurzelt und von kundigen Winzern betreut wird, denn Voraussetzung für hohe Qualität ist bei dieser Sorte eine sehr gute Traubenreife. Blaufränkisch oder Lemberger ist auch ein spannender Cuvéepartner für Spätburgunder, Cabernet Sauvignon, Zweigelt oder Merlot.

BOBAL
[*bobal*]

SYNONYME Boal, Carignan espagnol, Provechón, Tinto de Requena, Tinto de Zurra, Valenciana tinta
VERBREITUNG Spanien (Albacete, Cuenca, Utiel-Requena, Alicante, Levante, Extremadura, Valencia)

Weinstil: *leicht und süffig*
Farbe: *tiefdunkel*
Weine: *Bobal Rosado (mit Garnacha)*
Körper: *leicht*
Säure: *kräftig*
Aroma: *Schwarzkirsche*
Essenspartner: *Wurst, milder Käse, Tortilla*

BESONDERHEITEN Die in Spanien drittwichtigste Sorte wird vor allem zu Traubenmostkonzentrat verarbeitet oder wegen ihrer Farbe und frischen Säure mit Garnacha oder Tempranillo verschnitten. Manch derbem

Blaufränkisch

Monastrell verleiht sie angenehme Frucht. Bobal kann aber noch mehr, wie die kräuterwürzigen Weine der Region Utiel-Requena eindrücklich zeigen.

BRONNER
[*bronner*]

ZÜCHTUNG Merzling × (Saperavi severnyi × St-Laurent)
HERKUNFT Züchtung 1975 von Dr. Norbert Becker, Staatliches Weinbauinstitut Freiburg (Baden)
VERBREITUNG D-Baden

Weinstil: *stoffig-kräftig, fruchtig*
Farbe: *gelbgrün*
Körper: *stoffig*
Säure: *mittel*
Aroma: *Pfirsich, Apfel, Guave, Minze, Muskat*
Essenspartner: *gefüllte Ravioli mit Kürbis*

BESONDERHEITEN Die Freiburger Züchtung erweist sich als sehr widerstandsfähig gegenüber Echtem und Falschem Mehltau sowie Botrytis, selbst bei hohem Infektionsdruck. In guten Lagen angepflanzt und voll ausgereift, erinnern die Weine an vollfruchtige Weißburgunder mit rundem Körper und tropischem Touch.

CABERNET BLANC
[*kaberneh blang*]

ZÜCHTUNG Cabernet Sauvignon × Resistenzpartner
HERKUNFT Züchtung 1991 von dem Schweizer Rebenzüchter Valentin Blattner in der Pfalz
VERBREITUNG D-Pfalz, Baden

Weinstil: *fruchtig-elegant*
Farbe: *grüngelb*
Körper: *elegant*
Säure: *frisch*
Aroma: *Cassis, Holunderblüte, Blütenhonig*
Essenspartner: *Sushi, Geflügel, Ziegenkäse*

BESONDERHEITEN Die gelungene Piwi-Kreation von Valentin Blattner in enger Zusammenarbeit mit dem ökologisch arbeitenden Winzerpaar Rummel aus der Pfalz zeigt schon im Duft deutlich die mütterliche Prägung: eine herrlich frische, sauvignon-blanc-ähnliche Frucht, knackig strukturiert mit pikanter Säure und unerwarteter Länge. Ein Piwi mit Zukunftspotenzial!

CABERNET FRANC
[*kaberneh frong*]

SYNONYME Breton (F-Loire), Grosse-Vidure (F-St-Emilion, Pomerol), Bouchet, Trouchet noir, Bordo
HERKUNFT F-Bordeaux (Libournais)
VERBREITUNG Frankreich (Bordeaux, Loire, Südwesten), Italien, Deutschland, Argentinien, Australien, Brasilien, Chile, Kanada, Spanien, Südafrika, Ungarn, Kosovo, Kroatien, Österreich, Slowenien, Bulgarien

Weinstil: *frisch-fruchtig bis aromatisch-komplex*
Farbe: *helleres Kirschrot bis dunkelkirschig*
Körper: *leicht bis mittelschwer*
Säure: *dezent bis pfeffrig*
Aroma: *Kirsche, Rote Johannisbeere, Kräuter*
Essenspartner: *Wildragout, Wurst, pikanter Käse*

WISSENSWERTES Die Sorte wird gern mit der berühmten Cabernet Sauvignon verglichen. Sie verfügt nicht über deren Power, Ausdruck und Alterungspotenzial, reift dafür aber früher und kommt mit kühlerem Klima besser zurecht – ein unschätzbarer Vorteil in unbeständigen, kalten Jahren, wenn die Cabernet Sauvignon nicht ausreift. Wer an den Fähigkeiten der Cabernet franc zweifelt, sollte einen Château Cheval Blanc probieren, den weltbesten Wein auf Cabernet-franc-Basis. Erschwinglichere Tropfen von immer noch herausragender Qualität findet man an der Loire: dunkel, reich und komplex mit herrlicher Beerenfrucht in der Region Chinon, leichter und geschmei-

Cabernet franc

diger mit feiner Frucht nebenan in Saumur-Champigny. Im Übrigen vermuten Rebsortenkundler, dass Cabernet franc ein Elternteil von Merlot ist, so wie Carmenère genetisch mit der Cabernet franc verwandt ist.

CABERNET JURA
[*kaberneh jura*]

ZÜCHTUNG Cabernet Sauvignon × Resistenzpartner
HERKUNFT Züchtung von Valentin Blattner, Schweiz
VERBREITUNG Schweiz, Deutschland (Pfalz, Baden)

Weinstil: *fruchtig, elegant*
Farbe: *dunkelviolett*
Körper: *Cabernet-typisch*
Säure: *ausgeglichen*
Aroma: *Cabernet-typisch mit Beerennote*
Essenspartner: *Steak, Rehrücken, Schmorgemüse*

BESONDERHEITEN Die Cabernet-Frucht und die kräftige, reife Tanninstruktur entspricht, im Barrique ausgebaut, dem internationalen fruchtigen Rotweinstil.

CABERNET SAUVIGNON
[*kaberneh sowinjong*]

SYNONYME Bidure, Bordeaux, Bordeos tinto (Spanien), Lafite (Russland), Cabernet-Sovinjon, Sauvignon rouge
HERKUNFT Cabernet franc × Sauvignon blanc
VERBREITUNG F-Bordeaux, Bulgarien, USA-Kalifornien, Chile, Australien, Rumänien, Italien, Südafrika, Spanien

Weinstil: *leicht und krautig bis reich, intensiv, komplex, elegant, lang anhaltend, edel*
Farbe: *dunkel bis tiefdunkel; jung: dunkelviolett (wie Schwarze Johannisbeere), reif: rubinrot*
Körper: *kräftig, die Besten mit viel Tannin*
Säure: *recht hoch bis harmonisch*
Aroma: *Cassis, Kirsche, Paprika*
Essenspartner: *feine Rind- und Lammgerichte*

WISSENSWERTES Die qualitativ erfolgreichste aller roten Edelreben wird weltweit mit Abstand am häufigsten angebaut. Winzer wie Weinfreunde lieben sie: Sie ist unkompliziert im Weinberg und bringt überall, in mäßig kühlen wie warmen (sogar heißen) Regionen, gute Qualität und in den besten Lagen Spitzenqualität bei gutem Ertrag. Die kleinen, hartschaligen, tiefdunklen Trauben trotzen vielen Krankheiten. Wenn sie voll ausreifen, werden aus dem beerig-würzigen Saft im Idealfall Weinträume. Für den Bordeaux-Verschnitt liefert Cabernet Sauvignon den Körper und das unverwechselbare Johannisbeeraroma. Wie kaum eine andere Rebsorte profitiert sie vom Ausbau im neuen Barrique. Die besten reinsortigen Cabernets wachsen inzwischen in Übersee, was ein weiterer Beweis für die Wandelbarkeit dieser großartigen Sorte ist.

CABERTIN
[*kabertin*]

ZÜCHTUNG Cabernet Sauvignon × Resistenzpartner
HERKUNFT Züchtung 1991, Valentin Blattner, Schweiz
VERBREITUNG Schweiz, Deutschland (Pfalz, Baden)

Weinstil: *kräftig, südlicher Typ*
Farbe: *dunkelrot*
Körper: *kräftig mit reifem Tannin*
Säure: *harmonisch*
Aroma: *Waldfrüchte, Brombeere, Johannisbeere*
Essenspartner: *Rinderbraten, Grillfleisch, Lamm*

BESONDERHEITEN Wie der Name andeutet, ähnelt ein Cabertin vom Typ her einem Cabernet Sauvignon, aber auch dem Syrah, und eignet sich wegen seiner Tanninstruktur bestens für den Ausbau im Barrique.

CARIGNAN
[*karinjong*]

SYNONYME Carignane (USA), Carignano (Italien), Sams, Cariñena (Spanien), Mazuelo (E-Rioja), Crujillon
VERBREITUNG Frankreich (Languedoc-Roussillon, Südrhône), Spanien (Rioja, Costa Brava, Priorat, Tarragona), Italien (Sardinien, Latium), USA-Kalifornien, Algerien, Mexiko

Weinstil: *rustikal-streng bis kraftvoll mit würziger Fülle*
Farbe: *tiefdunkel*
Weine: *Côtes du Roussillon, Côtes du Rhône, Côtes du Ventoux, Carignano del Sulcis*
Körper: *mittel bis kräftig und tanninreich*
Säure: *hoch*
Aroma: *rote und schwarze Früchte, Wild, Kräuter*
Essenspartner: *Grillwurst, Schaschlik, Kebab, Lamm, Schmorgerichte, Linsen, Morcheln, Trüffel*

BESONDERHEITEN Die mengenmäßig weltweit viertwichtigste Traube, oft Strukturgeber für weichere Sorten, kann von alten Reben mit winzigen Erträgen herausragende Qualität liefern. Kohlensäurevergorene (*macération carbonique*) Weine sind fruchtiger, lebendiger und oft geschmeidiger.

Chardonnay

CARMENÈRE
[*karmenär*]

SYNONYME Grande Vidure, Cabarnelle
VERBREITUNG Chile, wenig in Kalifornien und Bordeaux

Weinstil: *vollmundig-geschmeidig*
Farbe: *dunkelviolett*
Weine: *Almaviva, Seña, Primus, Clos Apalta, Triple C*
Körper: *rund*
Säure: *niedrig*
Aroma: *Brombeere, Pflaume, Paprika, Sojasauce*
Essenspartner: *Ente, Gans, würzige Grilladen*

BESONDERHEITEN Die pilzanfällige Sorte, einst in Bordeaux sehr wichtig (heute wieder vermehrt), stand in Chile lange unerkannt zwischen Merlot-Reben und wurde mit ihnen verwechselt. Ihre Weine verbinden im Idealfall Frucht mit geschmeidigem Körper.

CHARDONNAY
[*schardonä*]

SYNONYME Pinot Chardonnay, Morillon (A-Steiermark), Melon blanc, Gelber Weißburgunder (I-Südtirol)
HERKUNFT F-Burgund
VERBREITUNG Frankreich (Burgund, Champagne), Italien, Österreich, Kalifornien, Neuseeland, Australien, Ungarn

Weinstil: *frisch-fruchtig bis füllig-schmeichelnd*
Farbe: *hellgelb bis honiggelb*
Körper: *mittel bis voll, manchmal alkoholstark*
Säure: *eher zurückhaltend, sanft*
Aroma: *Nuss, Keks, Brioche, Vanille, Honig, Blumen, exotische Anklänge, mineralisch*
Essenspartner: *helles Fleisch, Meeresfrüchte*

WISSENSWERTES Wie die Cabernet Sauvignon wurde die Chardonnay als ihr weißes Pendant Weltenbummlerin mit bester Anpassungsfähigkeit, was zu massenhaftem Anbau führte und uns leider seit den 1990er-Jahren auch Unmengen langweiliger Weine bescherte. Selbst ihre Heimat Burgund, wo die großen weißen Burgunder einst den internationalen Erfolg begründeten und bis heute Maßstab geblieben sind, blieb davon nicht verschont. Grund für den weltweiten Boom sind neben ihrer Anpassungsfähigkeit ihr geschmeidiger Charakter und die sanfte Säure. Der oft höhere Alkoholgehalt bringt noch eine gewisse Süße ins Spiel, ergänzt von dem leicht rauchigen Eichenholzton durch den Ausbau im Barrique und den ebenso typischen Aromen Vanille, Honig und Karamell.

CHENIN BLANC
[schenä blong]

SYNONYME Pineau de la Loire, Pineau d'Anjou, Blanc d'Anjou, Franche, Franc-Blanc, Steen (Südafrika)
HERKUNFT F-Anjou
VERBREITUNG F-Loire (Anjou, Tourraine), Südafrika, USA-Kalifornien, Australien, Neuseeland, Argentinien, Uruguay, Brasilien, Mexiko, Chile, Israel

Weinstil: *extra trocken bis edelsüß-komplex*
Farbe: *hellgelb bis zartes Goldgelb*
Körper: *duftig-leicht bis elegant-komplex*
Säure: *nervig*
Aroma: *Zitrone, Apfel, Aprikose, Quitte, Traube*
Essenspartner: *Fisch, Krustentiere, Ziegenkäse*

BESONDERHEITEN Chenin blanc ist eine der vielseitigsten weißen Trauben der Welt und wie der Riesling selbst in vollreifen Trauben mit einer natürlich hohen Säure ausgestattet, was in kühleren Lagen an der Loire zum Problem werden kann. Doch Qualitätserzeuger kennen die Bedürfnisse der Sorte und ihre Vorliebe für kalkhaltige Böden in besten Lagen und werden belohnt: in Savennières mit trockenen, mineralisch-komplexen Weinen, in Vouvray, an den Coteaux du Layon oder in Quarts de Chaume mit halbtrockenen Weinen bis hin zu hochedlen Dessertweinen, die sehr alt werden können. Nicht zu vergessen die feinen Schaumweine von Saumur. In Südafrika belegt die Sorte als Steen fast 30 Prozent der Rebfläche. Dort ist sie die Basis von Destillaten sowie von einfachen milden oder lecker-fruchtigen trockenen Alltagsweinen, oft als Cuvée mit Chardonnay und/oder Sauvignon blanc. Australier und Neuseeländer legen sie für seriöse Dessertweine ins Holzfässchen.

CINSAUT
[sengsoh]

SYNONYME Cinsault, Hermitage, Black Malvoisie
VERBREITUNG Frankreich (Languedoc, Côtes du Rhône, Châteauneuf-du-Pape, Provence), Südafrika, I-Apulien

Weinstil: *rustikal-leicht bis fruchtig-kräftig*
Farbe: *hagebuttentönig*
Weine: *Châteauneuf-du-Pape, Provence rouge*
Körper: *rustikal bis rund*
Säure: *gering*
Aroma: *nussig (Mandeln), Kirsche, Kräuter*
Essenspartner: *Schinken, Wurst, Huhn, Grillfleisch*

BESONDERHEITEN Cinsaut ist als anpassungsfähiger und Cuvéepartner mit Grenache, Carignan und Mourvèdre beliebt.

COLOMBARD
[*kolombar*]

SYNONYME Colombar, Columbard, French Colombard
VERBREITUNG Frankreich (Gascogne, Bordeaux), Südafrika, USA-Kalifornien, Australien

Weinstil: *aromatisch-fruchtig, säurebetont*
Farbe: *strohgelb*
Weine: *Vin de pays des Côtes de Gascogne*
Körper: *leicht bis alkoholreich*
Säure: *frisch*
Aroma: *Nektarine, Pfirsich, Limone*
Essenspartner: *Süßwasserfisch, Quiche, pikante Fischsuppe (Bouillabaisse), Taboulet, Pute*

BESONDERHEITEN Moderne Kellertechnik, im Besonderen die temperaturgesteuerte Vergärung im Edelstahltank, trug entscheidend dazu bei, vor allem in Übersee aus den wenigen Stärken der Sorte – kräftige Säure und ein sehr fruchtiges Aroma – eine Erfolgsstory zu machen.

CORTESE
[*kortese*]

SYNONYME Cortese dell'Astigliano, Corteis, Cortese d'Asti, Fernanda bianca, Raverusto
VERBREITUNG Italien (Piemont, Lombardei [Oltrepò Pavese], Venetien)

Weinstil: *fruchtig und säurebetont*
Farbe: *grüngelb*
Weine: *Gavi, Gavi di Gavi, Cortese dell'Alto Monferrato, Colli Tortonesi, Bianco di Custoza*
Körper: *leicht*
Säure: *hoch*
Aroma: *Limone, Zitrone, Blütenhonig*
Essenspartner: *Süßwasserfisch mit Zitronensauce*

BESONDERHEITEN Überschätzt im Vergleich zu Arneis und Favorita, den besseren Weißweinsorten des Piemont, boomte Cortese als Gavi di Gavi vom Weingut La Scolca.

CORVINA
[*korwina*]

SYNONYME Corvina gentile, Corvina nera, Corvina veronese, Corvinone, Cruina
VERBREITUNG Italien (Venetien, Lombardei, Gardasee), Argentinien

Weinstil: *duftig-leicht und finessenreich, wenig Tannin*
Farbe: *schönes Rubinrot*
Weine: *Valpolicella, Bardolino, Amarone della Valpolicella, Recioto della Valpolicella, Ripasso*
Körper: *mittel*
Säure: *elegant*
Aroma: *Mandel, Süßkirsche, Reineclaude*
Essenspartner: *Sommersalat mit gegrilltem Fisch, Pute, Vitello tonnato, Gemüse-Antipasti*

BESONDERHEITEN Im Trio mit der robusten Rondinella und der freundlich-molligen Molinara sorgt Corvina als dominierende Sorte von Valpolicella und Bardolino für Finesse, Duftigkeit und Charakter.

DOLCETTO
[*dolltschetto*]

SYNONYME Dolsin, Dolsin nero, Ormeasco (I-Ligurien), Douce noire (F-Savoyen), California Charbono
VERBREITUNG Italien (Piemont, Ligurien), Argentinien, F-Savoyen, USA-Kalifornien

Weinstil: fröhlich-fruchtig bis beerig-intensiv
Farbe: rubin- bis purpurrot
Weine: *Dolcetto d'Alba, Dolcetto d'Asti, Dolcetto di Dogliani, Dolcetto di Ovada*
Körper: *mittel*
Säure: *sanft*
Aroma: *Mandel, Süßkirsche, Süßholz, Pflaume*
Essenspartner: *würzig-scharfe Gerichte wie Chili con carne, Pasta all'arrabbiata, Pizza*

BESONDERHEITEN Der »kleine Süße« (ital. Dolcetto) schmeckt jung am leckersten. Sein geringer Tanningehalt lässt ihn nicht besonders gut altern. Weine von ertragsreduzierten Toplagen halten länger durch und profitieren zudem vom Barriqueausbau.

Elbling

DORNFELDER
[*dornfelder*]

SYNONYME keine
VERBREITUNG Deutschland

Weinstil: *zart-fruchtig bis würzig-markant*
Farbe: *dunkelrot bis blaurot*
Weine: *Dornfelder*
Körper: *mittel*
Säure: *kräftig*
Aroma: *je nach Reife Sauer- oder Süßkirsche*
Essenspartner: *Schnitzel, Wurst, Kaninchen, Pizza*

BESONDERHEITEN Die ertragreiche Sorte ist pflegeleicht, widerstandsfähig und kommt in Lagen zur Reife, in denen andere schwächeln. Ihre Weine sind unkompliziert und schmecken köstlich fruchtig. Die Besten ihrer Art gewinnen durch den Ausbau im Holzfass.

ELBLING
[*elbling*]

SYNONYME Weißer Elbling, Kleinberger, Alben, Elben, Grobriesling, Großriesler, Welschel, Räifrench (Luxemburg), Gros blanc, Burger (F-Elsass, Schweiz)
VERBREITUNG Deutschland (Mosel, Baden), Luxemburg

Weinstil: *herb bis fein-fruchtig*
Farbe: *blassgelb*
Weine: *Elbling (Obermosel), Elblingsekt*
Körper: *leicht bis mittelkräftig*
Säure: *rassig bis sehr knackig*
Aroma: *grüner Apfel, Weinbergpfirsich, Zitrone*
Essenspartner: *Spargel, Tofu, Sellerie, Forelle*

BESONDERHEITEN Die Römer brachten die Sorte an die Mosel, lange war sie die Nummer eins in Luxemburg. Gelingt es, die robuste Säure der Rebsorte zu zähmen und den Ertrag zu mindern, erbringt sie angenehme Still- und Schaumweine.

FRÜHBURGUNDER
[frühburgunder]

SYNONYME Blauer Frühburgunder, Clevner (D-Württemberg), St. Jakobstraube, Frühblaue, Madeleine noire
VERBREITUNG Deutschland (Rheinhessen, Pfalz, Ahr, Württemberg), Österreich, Luxemburg, Frankreich, Italien, Schweiz

Weinstil: *Elegant-würzig, füllig-samtig*
Farbe: *meist dunkelrot*
Weine: *Frühburgunder, Blauer Frühburgunder*
Körper: *samtig-füllig, extraktreich, anhaltend*
Säure: *niedrige, harmonische Säure*
Aroma: *Süßkirsche, Brombeere, Johannisbeere, Erdbeere, leicht orientalisch*
Essenspartner: *Wild, würzige Fleischgerichte*

BESONDERHEITEN Die kleinbeerige enge Verwandte des Spätburgunders war in den 1960er-Jahren beinahe verschwunden. Dank des Einsatzes einiger Topwinzer wurde sie gerettet. Sie erbringt köstliche, nicht nur im Holzfass ausgebaute Weine.

FURMINT
[furmint]

SYNONYME Luttenberger, Gelber Furmint, Tokaisky, Moslovac bijeli, Sipon (Slowenien, Kroatien), Mosler
VERBREITUNG Ungarn (Tokaj-Hegyalja), Rumänien, Kroatien, Moldawien, Slowenien (Ljutomer)

Weinstil: *harmonisch-frisch bis komplex-süß*
Farbe: *sonnengelb bis goldgelb*
Weine: *Tokajer (Cuvée mit Hárslevelü und Muscat blanc à petits grains), Tokaji Furmint*
Körper: *leicht-rassig bis extraktreich-komplex*
Säure: *hoch*
Aroma: *Zitrone, Lindenblüte, Kamille, Orange*
Essenspartner: *Aperitif, pikantes Gemüse, Huhn*

BESONDERHEITEN Als Hauptsorte des berühmten Tokajer erbringt sie schon lange wahre Juwelen. Trocken ausgebaute Weine von Toplagen sind eine Entdeckung wert.

GAMAY
[gamäh]

SYNONYME Bourguignon noir, Gamay noir à jus blanc, Gamay rond, Game, Olivette, Frankinja crna, Goamez

VERBREITUNG vor allem F-Beaujolais, F-Loire, Italien, Schweiz (Wallis, Waadt), Bulgarien, USA-Kalifornien

Weinstil: *leicht-säuerlich bis elegant-fruchtig*
Farbe: *hellpurpur mit violetten Reflexen*
Weine: *Beaujolais, Gamay de Touraine, Dôle, Salvagnin*
Körper: *leicht bis mittelschwer*
Säure: *frisch*
Aroma: *Banane, Veilchen, Erdbeere, Kirsche*
Essenspartner: *Roastbeef, fetter Kuhmilchkäse, Tatar, Wiener Schnitzel, Coq au Vin, Schinken*

BESONDERHEITEN Als Hauptrebsorte des Beaujolais Primeur, In-Getränk der 1980er-Jahre, wurde sie berühmt. Weit aufregender sind die mineralisch-fruchtigen, meist eleganten Weine aus den zehn Cru-Lagen.

GARGANEGA
[*garganega*]

SYNONYME Gargana, Grecanico, Ostesona, D'Oro
VERBREITUNG Italien (Venetien, Lombardei, wenig in Friaul und in Umbrien)

Weinstil: *geradlinig-unkompliziert bis trocken-elegant, manchmal komplex*
Farbe: *helles Goldgelb*
Weine: *Soave, Recioto di Soave, Bianco di Custoza, Gambellara, Colli Berici, Colli Euganei*
Körper: *leicht*
Säure: *spritzig*
Aroma: *Wiesenblumen, Apfel, Birne*
Essenspartner: *Meeresfrüchtesalat, helles Fleisch mit leichten Saucen, Sommersalate*

BESONDERHEITEN Garganega plus 30 Prozent Trebbiano und/oder Pinot bianco und/oder Chardonnay ergibt Soave, Venetiens berühmtesten Wein, auch in den höheren Qualitäten Soave Classico und Soave Superiore.

GARNACHA
[*garnatscha*]

SYNONYME Grenache noir, Alicante (I-Toskana), Tocai rosso, Cannonau (I-Sardinien), Guarnaccia (I-Ischia), Tinto aragones, Roussillon, Garnatxa (E-Katalonien)
VERBREITUNG Spanien, Südfrankreich, Süditalien, Argentinien, Kalifornien, Australien, Algerien, Marokko

Weinstil: *samtig-trocken bis aromatisch-füllig*
Farbe: *tiefes Rubinrot mit granatroten Reflexen*
Weine: *Côtes du Rhône, Châteauneuf-du-Pape, Côtes du Roussillon, Banyuls (Frankreich), Priorat, Rioja (Spanien)*
Körper: *körperreich mit viel Alkohol*
Säure: *mild*
Aroma: *Pfeffer, Himbeere, Süßholz, Anis*
Essenspartner: *Ratatouille, Lamm, Grillfleisch*

BESONDERHEITEN Im edlen Banyuls spielt die weltweit drittwichtigste Sorte eine Hauptrolle. Bei Minierträgen wie im Priorat erbringt sie opulente, ausdrucksstarke Weine.

GELBER MUSKATELLER
[*gelber muskateller*]

SYNONYME Muskateller, Moscato bianco, Goldmuskateller, Muscat blanc, Muscat de Frontignan, Muskuti
VERBREITUNG Bulgarien, Griechenland, Italien, Spanien, Türkei, Portugal, Ungarn, Kroatien, Brasilien

Weinstil: *leicht-fruchtig und aromatisch*
Farbe: *zartes Gelb*
Weine: *Gelber Muskateller, Muscat blanc, Muscat de Frontignan*
Körper: *mittel*
Säure: *frisch*
Aroma: *reife Trauben, Rose, Bergamotte*
Essenspartner: *trockene Weine: Aperitif, Fingerfood; restsüße Weine: Geflügelterrine, Edelpilzkäse, Pâtisserie*

BESONDERHEITEN Von duftig-trocken bis wuchtig und restsüß oder schäumend (Moscato d'Asti). Top als Muscat de Frontignan.

GLERA
[*glera*]

SYNONYME Prosecco, Ghera, Serprina, Glere, Proseko
VERBREITUNG Italien (Venetien, Friaul, Lombardei)

Weinstil: *zart-frisch, mildfruchtig und alkoholarm*
Farbe: *strohgelb*
Weine: *Conegliano Valdobbiadene Prosecco Superiore, Prosecco del Veneto, Prosecco di Treviso, Prosecco del Friuli, Prosecco di Trieste, Superiore di Cartizze, Superiore di Rive*
Körper: *leicht*
Säure: *frisch*
Aroma: *gelber Apfel, Birne, nussig, blumig*
Essenspartner: *Aperitif, Fingerfood*

BESONDERHEITEN Bis ins Jahr 2009 hieß die Glera noch Prosecco. Frizzante (Perlwein) und Spumante (Schaumwein), ob trocken oder restsüß, müssen immer 85 Prozent Glera enthalten. Das Wort »Tranquillo« auf dem Etikett steht für Stillwein.

GODELLO
[*godeijo*]

SYNONYME Agodello, Berdello, Ojo de Gallo
VERBREITUNG E-Galizien (vor allem Valdeorras, auch Monterrei, Ribeira Sacra, Ribeiro), E-Kastilien (Bierzo)

Weinstil: *gehaltvoll, körperreich mit Säure*
Farbe: *grüngelb bis goldgelb*
Weine: *Guitián Blanco, Gaba do Xil*
Körper: *extraktreich, vollmundig*
Säure: *hoch*
Aroma: *frische Zitrone, Rosenblätter, grüner Apfel, tropische Früchte, leicht rauchig*
Essenspartner: *Tintenfisch, Meeresfrüchte*

BESONDERHEITEN Als eine der herausragendsten Weißweinsorten Spaniens verfügt sie über ein riesiges Potenzial für unverwechselbare Weinqualität. Dennoch ist sie bisher nur innerhalb enger regionaler Grenzen beheimatet. In der rauen Region Valdeorras entwickelt sie Mineralität, tolle Struktur, elegante Kraft und Länge.

GRACIANO
[grathiano, wie engl. »th«]

SYNONYME Bastardo nero, Cagnulari (I-Sardinien), Morrastel (Frankreich), Graciana (Argentinien), Xeres (Australien, Neuseeland, Kalifornien), Tinta miúda
VERBREITUNG Spanien (Navarra, Rioja), I-Sardinien, F-Languedoc-Roussillon, Bulgarien, Argentinien, Brasilien, Tunesien, Algerien

Weinstil: *kräftig-markant mit Gerbstoff und Säure*
Farbe: *intensiv dunkelrot*
Weine: *Navarra, Rioja, Ribera del Guadiana, Somontano, Valencia (Spanien), Alghero (Italien)*
Körper: *fest strukturiert*
Säure: *kräftig*
Aroma: *Heidelbeere, Johannisbeere, balsamisch*
Essenspartner: *Wildente, Wild, Schmorgerichte*

BESONDERHEITEN Graciano, eine alte Sorte in Nordspanien, bringt wenig Ertrag, dafür aber Weine mit Charakter, Extrakt und Struktur, wovon in der Cuvée schon so mancher schwache Rioja profitiert hat.

GRAUBURGUNDER
[grauburgunder]

SYNONYME Grauclevner, Ruländer (Österreich), Pinot gris, Tokay Pinot gris (F-Elsass), Pinot grigio (Italien), Malvoisie (CH-Wallis), Szürkebarát (Ungarn)
HERKUNFT F-Champagne
VERBREITUNG Deutschland, Frankreich (Elsass, Champagne, Burgund), Italien, Schweiz, Ungarn, USA

Weinstil: *trocken-blumig bis aromatisch-reich*
Farbe: *gelb bis goldgelb*
Körper: *mittel bis rund-füllig*
Säure: *niedrig*
Aroma: *reifer Apfel, Wiesenblumen, Mandel, Honig*
Essenspartner: *Pasta, Kalb, Geflügel, Forelle*

WISSENSWERTES Mit dem Erfolg des Pinot grigio in aller Welt kam der Wandel: Aus dem allzu oft plump-süßen Ruländer wurde hierzulande der trockene, fruchtige Grauburgunder. Je früher er gelesen wird, umso spritziger, aber auch umso neutraler kann er schmecken. Erntet man später, entstehen herrlich aromatische, körperreiche, trocken oder leicht restsüß ausgebaute Weine. Die Edelsüßen, wie sie vor allem im Elsass als »vendange tardive« (Spätlese) vorkommen, schmecken köstlich zu pikantem Schimmelkäse.

GRENACHE BLANC
[grenasch blong]

SYNONYME Garnacha blanca, Garnatxa, Silla blanc
VERBREITUNG Frankreich (Côtes du Rhône, Roussillon, Châteauneuf-du-Pape), Nordspanien

Weinstil: *alkoholisch bis schmelzig-extraktreich*
Farbe: *helles Goldgelb (oxidiert schnell)*
Weine: *Châteauneuf-du-Pape Blanc (Cuvée), Côtes du Rhône Blanc, Rivesaltes Vin Doux Naturel*
Körper: *füllig und schmelzig*
Säure: *sanft*
Aroma: *Rosmarin, Lavendel, Feige, Honig*
Essenspartner: *gegrillter Meeresfisch, Couscous mit Lamm, Rotbarbe, Hähnchencurry*

BESONDERHEITEN Die weiße Schwester der qualitativ erfolgreicheren roten Garnacha verfügt über einen runden, fülligen Körper, ein Vorzug, den sie gern in Cuvées ausspielt. Verwendet man nur Trauben alter Rebstöcke, kann sie aber auch solo außerordentlich beeindrucken.

GRÜNER VELTLINER
[grüner veltliner]

SYNONYME Weißgipfler, Grüner, Grünmuskateller, Manhardsrebe, Mouhardsrebe, Veltlini (Ungarn), Veltlinske zelené (Tschechien), Zöldveltelini
VERBREITUNG Österreich, Tschechien, Ungarn, Rumänien, Slowakei, USA, Australien, Neuseeland

Weinstil: *pfeffrig-spritzig bis komplex-extraktreich*
Farbe: *gelb mit grünen Reflexen*
Weine: *Grüner Veltliner, Veltlini (Ungarn)*
Körper: *mittel*
Säure: *frisch bis komplex*
Aroma: *Pfeffer, Kräuter, Paprika, Pfirsich, Honig*
Essenspartner: *Kalb, Kaninchen, würziger Fisch mit Kräutern, Grillhähnchen, Wiener Schnitzel*

BESONDERHEITEN Mit ihrem von Lage und Boden (wie sie vor allem in der Wachau perfekt gegeben sind) abhängigen Spektrum von leicht-frisch bis vielschichtig-elegant-kraftvoll, dem typischen »Pfefferl«-Aroma und ihrer enormen Alterungsfähigkeit zählt die »österreichischste« Sorte qualitativ absolut zur Weltspitze.

GUTEDEL
[gutedel]

SYNONYME Chasselas, Moster, Junker, Schönedel, Fendant (CH-Wallis), Perlan (CH-Genfer See), Dorin (CH-Waadt), Marzemina bianca, Biela pleminka praskava
VERBREITUNG Deutschland, Schweiz (Wallis, Waadtland, Genfer See), Frankreich (Loire, Savoyen), Tschechien, Chile, Slowenien, Rumänien, USA-Kalifornien

Gutedel

Weinstil: *lebendig, leicht und frisch-fruchtig*
Farbe: *gelbgrün*
Weine: *Gutedel, Fendant, Dorin, Dézaley, Epesses*
Körper: *leicht*
Säure: *mittel bis lebendig*
Aroma: *Mandel, weiße Blüten, Blütenhonig*
Essenspartner: *Käsefondue, heller Fisch, Scampi, Languste, pochiertes Rindfleisch, Gruyère, Raclette*

BESONDERHEITEN Je nach Standort und Winzer reicht ihr Spektrum vom schlichten Alltagswein bis zum subtil-komplexen, alterungsfähigen Tropfen aus Toplagen (Kalk- oder Granitboden in der Schweiz).

HÁRSLEVELŰ
[*haarschlewelü*]

SYNONYME Lindenblättrige, Lipovina, Hachat Lovelin
VERBREITUNG Ungarn (Villány, Kunbaja, Baja), Slowakei, Tschechien, Südafrika

Weinstil: würzig-elegant, delikat
Farbe: *gelbgrün bis grüngolden*
Weine: *Debröi Hárslevelű, Tokaji Aszú*
Körper: *mittel bis körperreich*
Säure: *leicht*
Aroma: *Lindenblüte, Pampelmuse, duftig*
Essenspartner: *Kalbsbraten, Süßwasserfisch mit würzig-pikanter Sauce, Weichkäse*

BESONDERHEITEN Als eine der Topsorten Ungarns gibt sie dem Tokajer Körper und Würze und zeigt auch reinsortig ihre Klasse. Eine Entdeckung wert!

HUXELREBE
[*huxelrebe*]

SYNONYME Zuchtnummer Az 3962
VERBREITUNG Deutschland (vor allem Rheinhessen, Nahe, Pfalz), Österreich, Brasilien, Kanada, Dänemark, Frankreich, Italien, Südafrika, Slowakei, England

Weinstil: *rassig-fruchtig*
Farbe: *mittleres Gelb*
Weine: *Huxelrebe*
Körper: *füllig-elegant*
Säure: *lebendig, rassig*

Aroma: *Aprikose, Pfirsich, Passionsfrucht, Mango, Rhabarber, Melone, Honig, Muskatnote*
Essenspartner: *Blauschimmelkäse, Kalbsragout, Geflügelgerichte asiatisch, Crème brûlée*

BESONDERHEITEN Reduziert man den Ertrag, entstehen charaktervolle Weine mit herrlich vitaler Säure, die im Bestfall (Auslesen und edelsüße Weine) gut altern können.

JOHANNITER
[*johanniter*]

ZÜCHTUNG Riesling × (Seyve-Villard 12-481 × (Ruländer × Gutedel))
HERKUNFT Züchtung 1968 von Dr. Johannes Zimmermann, Staatliches Weinbauinstitut Freiburg (Baden)
VERBREITUNG Deutschland, Schweiz, Österreich

Weinstil: *fruchtig-füllig*
Farbe: *grüngelb*
Körper: *rund und angenehm*
Säure: *mittel*
Aroma: *Apfel, Birne, Ananas, Anis, Grapefruit*
Essenspartner: *Königsberger Klopse, Käsefondue, Putenbraten, Quiche Lorraine*

BESONDERHEITEN Johanniter wurde bereits 1968 gezüchtet. Sie gilt als eine der besten pilzwiderstandsfähigen Sorten und ist zudem frostfest. Ihre Verwandtschaft mit dem Riesling (der Mutter der Kreuzung) kann sie nicht leugnen. Am Gaumen ähnelt sie aber eher einem Ruländer.

JUHFARK
[*juchfark*]

SYNONYME Bacso, Balatono Szölö, Dünnschalige, Papai
VERBREITUNG Ungarn (Somló)

Weinstil: *vital und kraftvoll*
Farbe: *gelbgold mit grünlichen Reflexen*
Weine: *Juhfark*
Körper: *vielschichtig-kraftvoll-elegant*
Säure: *vibrierend*
Aroma: *gelbes Steinobst, Feuerstein, Walnuss*
Essenspartner: *Geflügel, würziger Hartkäse*

BESONDERHEITEN Juhfark (bedeutet Lämmerschwanz), nach der From ihrer Trauben benannt, ist zwar fast ausgestorben, aber großartig: Auf den Vulkanböden in der ungarischen Region Somló gedeihen lebendige, mineralische, intensive Weine mit Feuersteinnote und langem Finale, ähnlich einem Pouilly-Fumé von der Loire.

KADARKA
[*kadarka*]

SYNONYME Gamza (Bulgarien), Cadarca (Rumänien), Blaue Ungarische, Nemes Kadarka (Ungarn), Sirena
VERBREITUNG Ungarn (Villány, Szekszárd), Österreich, Serbien (Wojwodina), Mazedonien, Rumänien, Bulgarien, Albanien

Weinstil: *körperreich mit Kraft und Tannin*
Farbe: *dunkles Kirschrot*

Weine: *Szekszárd Kadarka, Cadarca, Egri Bikavér*
Körper: *mittel*
Säure: *ausgeglichen*
Aroma: *Kirsche, Pflaume*
Essenspartner: *herzhaftes Paprikagulasch, Paprikawurst, Grillfleisch*

BESONDERHEITEN Die ehemals wichtigste Sorte des Stierbluts (Egri Bikavér) wird inzwischen zunehmend von Kékfrankos (Blaufränkisch) verdrängt, weil die Kadarka spät reift und fäulnisanfällig ist. Erlangen die Trauben ihre volle Reife, sind ausdrucks- und gehaltvolle, haltbare Weine von Topqualität möglich.

KERNER
[*kerner*]

SYNONYME Herold Triumph, Herold weiß
VERBREITUNG Deutschland, Italien (Südtirol), Südafrika, Schweiz

Weinstil: *aromatisch-ausgeglichen*
Farbe: *sonnengelb*
Weine: *Kerner*
Körper: *mittel*
Säure: *angenehm*
Aroma: *Apfel, Birne, Wiesenblumen, Ananas*
Essenspartner: *pochierter Lachs, Forelle Müllerin, Wurstplatte, Hartkäse, Fisch- und Fleischpasteten*

BESONDERHEITEN Winzer mögen die Kreuzung (Trollinger × Riesling), weil sie praktisch überall bei gleichmäßig guten Erträgen reift. Und auch die Weinfreunde mögen sie, weil sie bei Ertragsbeschränkung durchaus dem Riesling ähnelt.

LAGREIN
[*lagrein*]

SYNONYME Lagrain, Lagarino, Lagrein Kretzer
VERBREITUNG Italien (Südtirol), Deutschland (Pfalz, Rheinhessen)

Weinstil: *kraftvoll mit gut eingebundenem Tannin*
Farbe: *tiefdunkel (Lagrein scuro)*
Weine: *Lagrein scuro (Dunkel), Lagrein rosado (Kretzer)*
Körper: *gehaltvoll*
Säure: *mittel*
Aroma: *Pflaume, Brombeere, Weichselkirsche, Lakritze, Veilchen, Mokka*
Essenspartner: *Ochsenschwanz, Lamm, Rind, Wild, Steak, Kotelett, Parmaschinken, Wurst*

BESONDERHEITEN Südtirols älteste Rebsorte ist frostfest, ertragssicher und wegen ihrer dunklen Farbe gut geeignet für Cuvées. Es gibt sie in den Varianten rosé (Lagrein Kretzer) und rot (Lagrein Dunkel). Die gehaltvollsten Roten profitieren vom Barrique-Ausbau.

LAMBRUSCO
[*lambrusgo*]

SYNONYME Andre, Crovin, Moreto, Nerano, Stupet

VERBREITUNG Italien (Emilia-Romagna, Lombardei, Piemont, Südtirol, Trentino, Basilikata), Argentinien

Weinstil: *trocken-fruchtig oder als Schaumwein*
Farbe: *helleres Kirschrot*
Weine: *Lambrusco di Sorbara, Lambrusco Reggiano, Lambrusco Grasparossa di Castelvetro, Lambrusco Salamino di Santa Croce*
Körper: *robust*
Säure: *reichlich*
Aroma: *Süßkirsche, Banane, Veilchen*
Essenspartner: *Pizza, Pasta bolognese*

BESONDERHEITEN Schon die Römer kannten diese alte Sorte, die als fruchtsüßer Spumante (Schaumwein) beziehungsweise Frizzante (Perlwein) in aller Welt bekannt ist.

LOUREIRO BLANCO
[*lurrero blanko*]

SYNONYME Arinto, Branco redondo, Dorado, False Pedro, Gallego dourado, Loureira (Spanien), Marques
VERBREITUNG Portugal (Azoren, Douro, Minho, Oeste, Ribatejo), Spanien (Rías Baixas, Ribeira Sacra, Ribeiro)

Weinstil: *aromatisch-frisch*
Farbe: *grüngelb*
Weine: *Vinho Verde, Rías Baixas, Ribeiro*
Körper: *mittel*
Säure: *frisch*
Aroma: *Lorbeer, Zitrus, Grapefruit*
Essenspartner: *Gemüsesalat, Meeresfrüchte*

BESONDERHEITEN Der Wein von den Küstenregionen Portugals kann einem jungen Riesling ähneln. In Rías Baixas zeigt die Sorte Biss und ist dabei etwas leichter. Im Vinho Verde, im Mix mit Trajadura und Pedernã, bleibt sie bei zu hohen Erträgen in den meisten Fällen unter ihren Möglichkeiten.

MACABÉO
[*macabäo*]

SYNONYME Maccabeu, Viura (E-Rioja), Lardot, Blanca de Daroca, Alacanon, Alcañol, Charas blanc, Maccabéo
VERBREITUNG Spanien (Penedès, Rioja, Rueda), F-Roussillon, Algerien, Marokko, Argentinien

Weinstil: *leicht und zart-fruchtig*
Farbe: *strohgelb*
Weine: *Cava, Tarragona, Rueda, Penedès Blanco, La Mancha Blanco, Côtes du Roussillon Blanc, Rivesaltes, Vin Doux Naturel*
Körper: *leicht*
Säure: *angenehm*
Aroma: *blumig, Apfel, Zitrone, Kräuter*
Essenspartner: *Salade niçoise, Muscheln, Paella, gegrillter Fisch, Fischsuppe (Bouillabaisse)*

BESONDERHEITEN Die wichtigste Rebsorte in Nordspanien verleiht, früh geernet, den Cavas aus Penedès junge Frucht. In Rueda schleift sie im Mix mit Verdejo dessen Ecken und Kanten ab und liefert auch im Rioja die Basis für leichte, kräuterduftige Weine. Die Besten aus niedrigem Ertrag, reinsortig oder als Cuvée, eignen sich für den Ausbau im Barrique-Holzfass.

MALBEC
[*mallbäck*]

SYNONYME Auxerrois (F-Cahors), Côt (F-Loire, Haut-Pays), Malbeck (Argentinien), Gros noir, Tinturin, Pressac (F-Bordeaux)
HERKUNFT vermutlich F-Cahors
VERBREITUNG Frankreich (Cahors, Südwesten, Bordeaux, Loire), Argentinien, Chile, USA, Bolivien

Weinstil: *rustikal-tanninreich bis würzig-kraftvoll*
Farbe: *dunkelrot bis tintenschwarz*
Körper: *kraftvoll mit festem Tannin*
Säure: *mittel bis hoch*
Aroma: *Lorbeer, Pflaume, Tabak, Trüffel, würzig, erdig, Bitterschokolade, Wacholder*
Essenspartner: *Grill-, Schmor-, Pilzgerichte*

WISSENSWERTES Als Pressac bewurzelte sie bis zum Frost 1956 noch weite Flächen in Bordeaux und wurde dann langsam von der fruchtigeren Merlot verdrängt. In Cahors hingegen spielt sie mit den 70 Prozent in der Cuvée, meist mit Merlot, die Hauptrolle und erbringt im Idealfall außergewöhnliche Weine – tintig schwarze, lang-lebige Kraftprotze von muskulös-würziger Intensität. Voll im Trend liegen die sanfteren, üppigen Malbecs aus den wärmeren Gefilden, vor allem aus Argentinien, wo die Rebe mehr Fläche bedeckt als in ganz Europa.

MALVASIA
[*malwasija*]

SYNONYME Malvoisie, Malmsey (P-Madeira), Malvasia del Chianti, Malvasia rossa, Blanca-Rioja
VERBREITUNG Italien, Spanien, P-Madeira, Slowenien, USA-Kalifornien, Australien, Brasilien, Kroatien, Korsika, Kanarische Inseln, CH-Wallis

Weinstil: *duftig-leicht bis vollmundig-aromatisch*
Farbe: *gelbgold bis goldfarben*
Weine: *Malvasia Toscana, Madeira Malmsey, Vin Santo*
Körper: *mittel bis ausgeprägt*
Säure: *dezent bis lebendig*
Aroma: *Pfirsich, Aprikose, Muskat, Schokolade*
Essenspartner: *Blauschimmelkäse, Fruchtdesserts*

BESONDERHEITEN Malvasia ist eher der Sammelbegriff für viele Familienmitglieder, die alle aromatische Weine diverser Farbnuancen mit mehr oder weniger Säure hervorbringen – einige darunter mit viel Charakter wie der Malmsey von Madeira oder Vin Santo aus der Toskana.

MANTO NEGRO
[*manto negro*]

SYNONYME Cabelis, Mantuo negro, Moll, Prensal

VERBREITUNG Binissalem (Mallorca)

Weinstil: *elegant-leicht bis langlebig-körperreich*
Farbe: *mittleres Kirschrot*
Weine: *50 Prozent enthalten in Rotwein DO Binissalem*
Körper: *mittel bis schwer und extraktreich*
Säure: *harmonisch*
Aroma: *Brombeere, Cassis, Feige, Granatapfel*
Essenspartner: *Grillfisch, Lamm, Tapas*

BESONDERHEITEN Bekannteste autochthone Sorte der Balearen. In der DO Binissalem (Mallorca) sind mindestens 50 Prozent Anteil Vorschrift. Sortenrein, von alten Reben, zeigt sie noch mehr Potenzial.

MARSANNE BLANCHE
[*marsann blongsch*]

SYNONYME Avilleran, Champagne Piacentina, Roussette grosse (F-Savoyen), Ermitage blanc (CH-Wallis), Johannisberg, Metternich, Rousseau, Zrmitazh
VERBREITUNG Frankreich (Rhône, Languedoc, Provence) CH-Wallis, Italien, Spanien, Südafrika, Australien (Victoria), USA-Virginia

Weinstil: *rund und körperreich*
Farbe: *mittleres Goldgelb*
Weine: *Hermitage Blanc, St-Joseph Blanc, Crozes-Hermitage Blanc, Coteaux du Languedoc Blanc, Minervois Blanc, Côtes du Rhône Blanc, Bandol Blanc, Faugères Blanc, Côtes du Vivarais Blanc*
Körper: *reich und voll bis schwer*
Säure: *mild*
Aroma: *Pfirsich, Akazienhonig, Limonenkonfitüre, Mandeln, Jasmin, Lindenblüte*
Essenspartner: *Geflügel, Hummer, Lachs, Languste, Innereien, Brathähnchen, pikanter Käse*

BESONDERHEITEN Von der Nordrhône bis in den Mittelmeerraum ist sie zusammen mit Roussanne die Topsorte der weißen Kraftpakete mit hohem Alterungspotenzial. Reinsortig oder in Cuvées mit Grenache, Roussanne und Viognier verleiht sie den Weinen Fülle, Aroma und einen wahren Charakter.

MENCÍA
[*mennthia, wie engl. »th«*]

SYNONYME Loureiro tinto, Negra, Tinto mollar
VERBREITUNG Spanien (Bierzo, Valdeorras, Rías Baixas)

Weinstil: *straff-fruchtig-komplex, edel*
Farbe: *helles bis dunkles Kirschrot*
Weine: *Pétalos del Bierzo, Corullón*
Körper: *gut strukturiert*
Säure: *harmonisch*
Aroma: *Süßkirsche, Waldbeeren, kräuterwürzig*
Essenspartner: *Rinderbraten mit Semmelknödeln*

BESONDERHEITEN Mencía (in Portugal Jaén du Dão) braucht kühle Lagen und mag Schieferböden. Dort erbringt sie mineralische, komplexe Weine mit samtigem Tannin und eleganter Frucht.

Merlot

MERLOT
[*merloh*]

SYNONYME Alicante noir, Bigney, Petit Merle, Vitraille, Crabutet, Merlaut noir (Slowenien), Merlott (Italien)
HERKUNFT F-Bordeaux als Crabatur noir
VERBREITUNG Frankreich (vor allem Bordeaux), Italien (Friaul, Toskana), CH-Tessin, USA (Kalifornien, Washington State), Südafrika, Argentinien, Chile, Deutschland, Kroatien, Moldawien, Bulgarien, Rumänien

Weinstil: *weich-saftig-fruchtig bis üppig-fruchtig und vielschichtig*
Farbe: *mittelrot bis dunkelkirschrot*
Körper: *mittel bis füllig-rund, samtiger Gerbstoff*
Säure: *harmonisch*
Aroma: *Cassis, Brombeere, Süßkirsche, Pflaume, Früchtekuchen, Schokolade, Paprika*
Essenspartner: *Wild, Schmorgerichte, Hartkäse*

WISSENSWERTES Der Name soll sich von »merle« (frz. Amsel) ableiten, die die süßen Beeren besonders lecker finden. Merlot ist eine der schmackhaftesten Sorten weltweit und sehr für den Ausbau im Eichenholz geeignet. Ein sanfter Verführer mit reifer Säure und herrlich beerig-süßem Mundgefühl – ganz anders als der kräftige, tanninreichere Cabernet Sauvignon. Doch beide zusammen, manchmal noch mit Cabernet franc oder ein bisschen Petit Verdot, haben als Bordeaux-Cuvée in der Rotweinwelt Maßstäbe gesetzt. Einen besonders hohen Merlot-Anteil haben die Weine aus St-Emilion und Pomerol. Top-Übersee-Merlots wachsen im Südosten des US-Staates Washington und in Neuseeland.

MONARCH
[*monarch*]

ZÜCHTUNG Solaris (= Merzling × (Saperavi severnyi × Muskat Ottonel)) × Dornfelder
HERKUNFT Züchtung 1988 von Dr. Becker, Staatliches Weinbauinstitut Freiburg (Baden)
VERBREITUNG Deutschland (im Versuchsanbau)

Weinstil: *straff-fruchtig-komplex*
Farbe: *dunkles Kirschrot*
Körper: *mittel*
Säure: *anregend-harmonisch*
Aroma: *Sauerkirsche, Himbeere, Lebkuchen*
Essenspartner: *Rinderbraten mit Semmelknödeln*

BESONDERHEITEN Sehr widerstandsfähig gegenüber den beiden wichtigen Pilzerkrankungen; eine der qualitativ vielversprechendsten neuen Sorten überhaupt.

MONTEPULCIANO
[*montepultschano*]

SYNONYME Cordisco, Morellone, Primaticcio, Violone
VERBREITUNG Italien (Abruzzen, Marken)

Weinstil: *fruchtig-süffig bis aromatisch-gehaltvoll*
Farbe: *dunkles Rubinrot*
Weine: *Rosso Conero, Rosso Piceno (beide I-Marken), Montepulciano d'Abruzzo, Controguerra rosso (beide I-Abruzzen), Biferno (I-Molise)*
Körper: *mittel bis kräftig mit viel Tannin*
Säure: *reif*
Aroma: *Brombeere, Süßkirsche, Schokolade*
Essenspartner: *Pizza, Pasta mit Tomatensauce, eingelegte Tomaten, Antipasti, Schinken, Wurst*

BESONDERHEITEN Achtung, nicht verwechseln mit dem toskanischen Vino Nobile di Montepulciano! Derartige Klasse erreicht die Traube allenfalls als Rosso Conero. Meist entstehen daraus fruchtig-fröhliche Alltagsweine.

MOURVÈDRE
[*murwädre*]

SYNONYME Monastrell (Spanien), Morastell, Balzac, Mataro (Übersee), Morastrell, Negria, Rossola nera
VERBREITUNG Frankreich (Südrhône, Provence, Languedoc-Roussillon), Spanien (Alicante, Almansa, Bullas, Jumilla, Yecla), Algerien, Tunesien, USA-Kalifornien

Weinstil: *robust bis wuchtig und tanninreich*
Farbe: *tiefrot*
Weine: *Bandol Rouge, Châteauneuf-du-Pape, Côtes du Roussillon, Collioure, Alicante, Murcia*
Körper: *kräftig-kompakt, reich*
Säure: *mittel*
Aroma: *Brombeere, Leder, Teer, Süßholz, Pfeffer, Gewürze, Thymian, dunkle Schokolade, Lavendel*
Essenspartner: *Wild, würzige Schmorgerichte (Rind, Lamm), Hase, Wintereintöpfe, Schafskäse*

BESONDERHEITEN Diese Rebsorte kommt mit viel Wärme und trockenen Böden sehr gut zurecht. Die kleinen, dickschaligen Trauben ergeben ausdrucksstarke, intensiv-beerige, langlebige Weine, die durch Barrique-Ausbau noch zulegen.

MÜLLER-THURGAU
[*müller turgau*]

SYNONYME Rivaner, Riesling-Sylvaner, Rizlingzilvani
VERBREITUNG Deutschland, Schweiz, I-Südtirol, Luxemburg, Niederlande, Österreich, Slowakei, Ungarn

Weinstil: *süffig-leicht bis elegant-duftig*
Farbe: *hellgelb mit grünlichen Reflexen*
Weine: *Müller-Thurgau, Rivaner*

Körper: *leicht*
Säure: *mild*
Aroma: *Wiesenblumen, Muskat, Kräuter, Litschi*
Essenspartner: *Spargel, Forelle blau, Grüner Salat*

BESONDERHEITEN Als Hauptsorte der pappig-süßen Liebfrauenmilch war er lange Deutschlands wenig ruhmreicher Exporthit, bis qualitätsbewusste Winzer begannen, den Ertrag zu kontrollieren und Weine zu keltern, die heute als Rivaner belebend-frische und angenehme Essensbegleiter sind.

NEBBIOLO
[*näbbjolo*]

SYNONYME Chiavennasca, Spanna, Spana, Lampia, Michet, Picotrendo, Picutener, Prugnet, Pugnet, Rose
HERKUNFT I-Piemont
VERBREITUNG Italien (vor allem Piemont und Aostatal, auch Lombardei), wenig in der Schweiz und in Kalifornien

Weinstil: *knorrig bis burgundisch-elegant*
Farbe: *kirschrot bis ziegelrot*
Körper: *mittel mit knackigem Tannin*
Säure: *kantig bis frisch*
Aroma: *erdig, Kirsche, Pflaume, Kräuter, Rose*
Essenspartner: *Pasta, Trüffel, Schmorgerichte, Wild*

WISSENSWERTES Nebbiolo ist eine der individuellsten Rebsorten überhaupt. Ihre Bedürfnisse zu erkennen, ist einigen Pionieren im Piemont bestens gelungen. Gut so, sonst wäre dieser Sorte der verdiente Erfolg und Aufstieg verwehrt geblieben. Sie reift sehr spät; ihre Weine haben in der Jugend noch viele Ecken und Kanten. Es braucht Zeit und Geduld, bis sie sich runden und ihre hohe Säure und das Tannin milder erscheinen. Mit zunehmendem Alter entwickelt ein qualitativ hochwertiger Nebbiolo – wie Pinot noir – elegante, subtile Aromen von bemerkenswerter Feinheit, besonders wenn die Trauben von Toplagen in Barolo und Barbaresco stammen. In diesem Fall überzeugt er auch pur, ist einzigartig und unnachahmlich, ohne irgendwie dem internationalen Geschmack zu entsprechen. Gute Einstiegsqualität bietet ein Nebbiolo d'Alba. Im Verschnitt mit Cabernet Sauvignon und/oder Merlot tritt er sanfter auf, allerdings auch deutlich weniger einzigartig.

NEGROAMARO
[*negroamaro*]

SYNONYME Abbruzzese, Albese, Arrise, Jonico, Mangiaverme, Nero leccese, Nicra amaro, Niuru maru
VERBREITUNG Süditalien, vor allem Apulien

Weinstil: *saftig-würzig bis kraftvoll*
Farbe: *dunkles Rubinrot*
Weine: *Brindisi Rosso, Salice Salentino, Copertino*
Körper: *voll, geschmeidig*
Säure: *elegant*
Aroma: *Cassis, Zimt, Schlehe, Maraschinokirsche*

Essenspartner: *würzige Fisch- und Fleischgrilladen, Wildschwein, marokkanisches Couscous*

BESONDERHEITEN Die Sorte nimmt die südliche Sonne auf wundervolle Weise auf: Warmwürzig mit leichter Bitternote, wie der Name (*amaro* heißt bitter) schon sagt, schmecken die Roten, saftig-geschmeidig der Rosato und als Cuvée mit Malvasia nera entstehen sinnlich-geschmeidige Verführer.

NERO D'AVOLA
[*nero dawola*]

SYNONYME Calabrese d'Avola, Calabrese di Calabria, Calabrese di Noto, Calabrese dolce, Calabrese Pittatelo
VERBREITUNG Italien (Sizilien, Kalabrien)

Weinstil: *fruchtig-lebendig bis vollmundig*
Farbe: *tiefdunkelrot*
Weine: *Cerasuolo di Vittoria, Faro, Marsala; in der Cuvée (Markenweine): Corvo, Duca Enrico, Regaleali*
Körper: *mittel bis intensiv*
Säure: *reif*
Aroma: *Schwarzkirsche, Pflaume, Pfeffer, Cassis*
Essenspartner: *Rinderschmorbraten, Steak*

BESONDERHEITEN Ihr Synonym Calabrese lässt zwar eine Herkunft aus Kalabrien vermuten, doch richtig wohl fühlt sie sich diese Rebsorte auf Sizilien. Selbst die geringeren Qualitäten schmecken herzerfrischend lecker und die besten, mit oder ohne Holztouch, sind einfach köstlich.

PALOMINO FINO
[*palomino fino*]

SYNONYME Alban, Listán de Jerez, Listão (Portugal)
VERBREITUNG Spanien (Jerez, Condado de Huelva, Kanaren), Portugal, Argentinien, Australien, Kalifornien, Neuseeland, Zypern

Weinstil: *trocken-neutral*
Farbe: *strohgelb*
Weine: *Sherry (Fino Manzanilla, Fino, Amontillado, Oloroso)*
Körper: *leicht*
Säure: *frisch*
Aroma: *Mandeln, reifer Apfel, Rosinen, Kräuter*
Essenspartner: *Tapas, Oliven, Salzmandeln, Speckpflaumen, Mousse au chocolat (Amontillado)*

BESONDERHEITEN Gewachsen auf schneeweißem Kreideboden und vergoren von Florhefen, die nur in Jerez und im französischen Jura vorkommen, entsteht aus Palomino – zusammen mit etwas Pedro Ximénez und Moscatel – trockener bis süßer Sherry.

PARELLADA
[*pareijada*]

SYNONYME Martorella, Montonec, Perelada
VERBREITUNG Spanien (Penedès, Cariñena, Costers del Segre)

Weinstil: *leicht, erfrischend*
Farbe: *hellgelb*

Weine: *Cava, Penedès Blanco, Costers del Segre Blanco*
Körper: *leicht*
Säure: *frisch-lebendig*
Aroma: *grüner Apfel, gelber Apfel, Zitrus*
Essenspartner: *Aperitif, Tapas*

BESONDERHEITEN Wie Palomino für den Sherry ist für den spanischen Schaumwein Cava Parellada eine der drei Leitsorten – meist aber mit dem geringsten Anteil – oder schmeckt in der Cuvée mit Chardonnay und/ oder Sauvignon blanc einfach lecker.

PEDRO XIMÉNEZ
[pedro ximini]

SYNONYME PX, Alamis, Jimenéz, Pedro, Pero Ximén, Pedro Ximén, Myuskadel, Uva Pero Ximén, Ximenecia
VERBREITUNG E-Andalusien (Córdoba, Málaga, Montilla-Moriles), E-Extremadura

Weinstil: *elegant-mineralisch bis cremig-opulent und vielschichtig elegant*
Farbe: *helles Bernstein bis mahagoni*
Weine: *Pedro Ximénez (PX), Pedro Ximénez Solera, Sherry (Fino, Amontillado, Oloroso)*
Körper: *elegant-mineralisch bis opulent*
Säure: *hoch*
Aroma: *Feige, Dattel, Kaffeenote, Karamell, Schokolade, Gewürznoten, Tabak, Rosinen*
Essenspartner: *Blauschimmelkäse, Crème brûlée*

BESONDERHEITEN Aus dieser Sorte entsteht in der Region Montilla-Moriles hochwertiger Sherry Fino und in Málaga und Córdoba der mollig-opulente Topwein »PX«. Er ist oft nur angegoren, aufgespritet und trotz der mundfüllenden Süße extrem frisch und elegant.

PETITE ARVINE
[petit arwin]

SYNONYME Arvine
VERBREITUNG CH-Wallis, I-Aosta

Weinstil: *frisch-elegant, mineralisch-vollmundig*
Farbe: *schillerndes Gelb*
Weine: *Petite Arvine*
Körper: *intensiv-vollmundig*
Säure: *vital und frisch*
Aroma: *salzig, Grapefruit, exotisch, floral*
Essenspartner: *Geflügel, Fisch, Krustentiere*

BESONDERHEITEN Die alte autochthone weiße Sorte, die nur im Wallis und im Aostatal wurzelt, ist eine wahre Diva und gibt sich kapriziös sowohl im Anbau wie auch beim Ausbau im Keller. Sind aber alle Hürden genommen, bietet sie trocken und restsüß den allerhöchsten Weingenuss.

PETIT VERDOT
[petie werdoh]

SYNONYME Bouton blanc, Bouton, Carmelin, Héran, Herrant, Lambrusquet, Petit Verdau, Verdot rouge
VERBREITUNG F-Bordeaux, I-Sizilien, Schweiz, Spanien, USA, Chile, Australien, Neuseeland, Argentinien

Weinstil: *konzentriert-robust mit viel Tannin*
Farbe: *dunkles Rubinrot*
Weine: *in der Cuvée der Châteaux Margaux und Latour, Enira (Bulgarien), reinsortig in Übersee*
Körper: *kräftig*
Säure: *säuerlich bis markant*
Aroma: *Pfeffer, Cassis, Gewürze*
Essenspartner: *Rinderbraten, Wild, Trüffel*

BESONDERHEITEN Der »kleine Grünling«, Teil einer klassischen Bordeaux-Cuvée, macht sich dort inzwischen rar. Die kleinen, dickschaligen Trauben reifen später als Cabernet Sauvignon, sind aber ebenso robust, farbintensiv und verleihen in Übersee allzu soften Rotweinen Kraft, Struktur und Tannin.

PINOT NOIR
[*pino noar*]

SYNONYME Spätburgunder, Blauburgunder, Pinot nero (Italien), Klevner (Schweiz), Burgundac (Bulgarien)
HERKUNFT F-Burgund
VERBREITUNG F-Burgund, F-Champagne, Deutschland, Österreich, Schweiz, Italien, USA (Oregon, Kalifornien), Australien, Kanada, Ungarn, Moldawien, England, Südafrika, Chile, Neuseeland, Kroatien, Mexiko

Weinstil: *leicht und zart bis sinnlich-elegant*
Farbe: *hagebuttentönig bis kirschrot*
Körper: *grazil bis mittel mit seidigen Tanninen*
Säure: *frisch bis kräftig*
Aroma: *Himbeere, Erdbeere, Herzkirsche, Minze, Veilchen, Heckenrose, Rote Bete, Pilze, Zeder*
Essenspartner: *Kalb, Wild, mittelkräftiger Käse*

WISSENSWERTES Die wertvollste rote Sorte des gemäßigten Klimas ist zugleich unsere älteste. Vermutlich von den Römern aus einer Wildrebe selektiert, ist sie bis heute der rote Star des Burgund. Sie liefert zwischen Beaune und Dijon, aber auch hierzulande, Topqualität, wegen zu großer Nachfrage aber leider auch dünne, überteuerte Burgunder. Auch in Übersee weiß man das Potenzial bestens zu nutzen. Unter kühlem Meereseinfluss gedeihen in Oregon und Neuseeland feine Qualitäten, die in ihrer Sinnlichkeit, Frische und Feinheit den burgundischen Vorbildern die Stirn bieten. Als

Pinot noir

Basis reinsortiger Champagner präsentiert sich Pinot noir generös und edel strukturiert und entwickelt in Cuvées mit Chardonnay facettenreiche Fülle und Langlebigkeit.

PINOTAGE
[*pinotaasch*]

ZÜCHTUNG Kreuzung aus Pinot noir × Cinsaut (Letzterer wird in Südafrika auch Hermitage genannt)
VERBREITUNG Südafrika, Zimbabwe, Neuseeland, USA

Weinstil: *flach-fruchtig bis komplex-elegant*
Farbe: *leichtes bis dunkles Kirschrot*
Weine: *Pinotage*
Körper: *leicht bis gehaltvoll*
Säure: *mittel*
Aroma: *Lack, Maulbeere, Banane, gekochte Beere, Cassis, Himbeere, Pflaume, Nelke, Zimt*
Essenspartner: *Hecht, Wildente, Reh, Roastbeef*

BESONDERHEITEN Für Südafrika hat sich der Pinotage als ein echter Glücksfall erwiesen. Solide im Anbau mit gutem Ertrag und als flexibler Cuvéepartner sorgt er als »der Südafrikaner« mit unverwechselbarem Stil für internationale Anerkennung.

PINOTIN
[*pinotin*]

ZÜCHTUNG Solaris (= Merzling × (Saperavi severnyi × Muskat Ottonel)) × Dornfelder
HERKUNFT Züchtung 1988 von Dr. Norbert Becker, Staatliches Weinbauinstitut Freiburg (Baden)
VERBREITUNG Deutschland (im Versuchsanbau)

Weinstil: *straff-fruchtig-komplex*
Farbe: *dunkles Kirschrot*
Körper: *mittel*
Säure: *anregend-harmonisch*
Aroma: *Sauerkirsche, Himbeere, Lebkuchen*
Essenspartner: *Rinderbraten mit Semmelknödeln*

BESONDERHEITEN Sehr widerstandsfähig gegenüber den beiden wichtigen Pilzerkrankungen; eine der qualitativ vielversprechendsten neuen Sorten überhaupt.

PRIETO PICUDO
[*priedo pikudo*]

SYNONYME Prieto Picudo tinto
VERBREITUNG E-Tierra de Léon

Weinstil: *intensiv, aromatisch mit feinem Tannin*
Farbe: *mittelrot bis tief dunkelrot*
Weine: *Castilla-Léon*
Körper: *samtig, weich*
Säure: *sanft*
Aroma: *Moschus, floral*
Essenspartner: *Wurst, Tapas, Geflügel, Pasta, Grillfleisch, gegrilltes Gemüse, pikanter Käse*

BESONDERHEITEN Noch weitgehend unbekannt, aber in der Tierra de Léon hat die

Traube die Nase vorn. Ihre saftig-schönen Weine mit feinem Tannin von niedrigen Erträgen haben das Zeug zum Aufsteiger.

RAMISCO
[*ramisko*]

SYNONYME Ramisco nos Açores
VERBREITUNG P-Colares

Weinstil: *konzentriert-langlebig*
Farbe: *tief dunkelrot bis tiefviolett*
Weine: *Colares*
Körper: *stabil, fest mit starkem Tannin*
Säure: *kräftig*
Aroma: *Beeren, Laub, erdig, Rose, Kirsche, Teer*
Essenspartner: *Stockfisch, Schmorbraten*

BESONDERHEITEN Ramisco ist fast nur in der Region Colares bei Lissabon zu finden. Und sie ist wahrscheinlich die einzige Rebe, die von der Reblaus unbehelligt geblieben ist. Sie gilt als säurereich und verfügt über ein starkes Tanningerüst, was ihr eine gute Reifefähigkeit verleiht. In ihrer Jugend sind die Weine kaum zugänglich. Nach längerem Ausbau in gebrauchten Holzfässern duften sie nach Beeren, nach warmem Laub und frischer Erde.

REFOSCO
[*refosko*]

SYNONYME Cagnina, Dolcedo, Drobni Rifoshk, Große Syrah, Mercuri, Refasco, Refoschino, Refosco dal peduncolo rosso, Rephousko, Rifoshk Debeli, Schitterer
VERBREITUNG Italien (Friaul-Julisch Venetien, Emilia-Romagna), Kalifornien, Australien

Weinstil: *fruchtig bis vollfruchtig-ausdrucksstark*
Farbe: *mittel- bis dunkelviolett*
Weine: *Refosco*
Körper: *meist robust, tanninreich bis intensiv*
Säure: *kräftig*
Aroma: *Pflaume, Heidelbeere, würzig*
Essenspartner: *Pasta bolognese, Antipasti*

BESONDERHEITEN Regional geprägt, meist herzerfrischend bodenständig, angenehm fruchtig bis ausdrucksstark und farbintensiv.

REGENT
[*regent*]

ZÜCHTUNG (Silvaner × Müller-Thurgau) × Chambourcin
HERKUNFT Züchtung 1967 von Prof. Dr. Alleweldt, Julius-Kühn-Institut, Institut für Rebenzüchtung, Geilweilerhof (Pfalz)
VERBREITUNG Deutschland, Schweiz, Niederlande

Weinstil: *burschikos-fruchtig, gerbstoffbetont*
Farbe: *mittleres bis dunkles Kirschrot*
Körper: *mittel bis kräftig*
Säure: *mittel bis kräftig*
Aroma: *Blaubeere, Kirsche, Tabak, Himbeere*
Essenspartner: *Pizza Margherita, Roastbeef*

BESONDERHEITEN Pionier und Maßstab für alle Piwis, ist Regent reinsortig, in der Cuvée oder im Holzfass ausgebaut sehr erfolgreich.

Riesling

RIBOLLA GIALLA
[ribolla tschalla]

SYNONYME Alvola, Gargania, Jarbola, Rebula (Slowenien), Gialla di Rosazzo, Rabola (Griechenland)
VERBREITUNG I (Friaul-Julisch Venetien), Slowenien (Brda), Griechenland (Ionische Inseln – Kefalonia)

Weinstil: *leicht, blumig, delikat*
Farbe: *helles Goldgelb mit grünlichen Reflexen*
Weine: *Colli Orientali del Friuli, Collio*
Körper: *feingliedrig, ausgewogen*
Säure: *lebendig, aber harmonisch*
Aroma: *Akazie, Zitrone, Ginster, mineralisch*
Essenspartner: *Geflügel, Austern, Forelle*

BESONDERHEITEN Die uralte italienische Rebsorte gibt es in der weißen und der roten Variante, wobei die weiße in ihrer klassischen Heimat (Collio und Colli Orientali) die besten Resultate bringt.

RIESLING
[riesling]

SYNONYME Klingelberger, Petit Rhin (Schweiz), Johannisberg Riesling (USA), Rheinriesling, Riesling renano (Italien), Rizling (Bulgarien), Rössling, Starovetske
HERKUNFT D–Oberrhein, vermutlich aus natürlicher Kreuzung (Heunisch × Wildrebe) × Traminer
VERBREITUNG Deutschland, Österreich, F-Elsass, Norditalien, Luxemburg, Russland, Ukraine, Australien, Kanada, Neuseeland, Moldawien, Tschechien, Schweiz

Weinstil: *rassig-erfrischend bis elegant-komplex*
Farbe: *hellgrün über grünlichgelb bis goldgelb*
Körper: *immer elegant bis vielschichtig-komplex*
Säure: *spritzig-frisch, rassig, lebendig, vital*
Aroma: *Apfel, Zitrone, Pfirsich, Grapefruit, Kräuter, Passionsfrucht*
Essenspartner: *Fisch, Asia-Gerichte, pikanter Käse*

WISSENSWERTES Empfindliche Sorte mit hohen Ansprüchen an Klima und Lage. Wurzelt sie auf mineralischen Böden und bekommt sie genügend Sonne zum Reifen, ist sie die Königin aller weißen Sorten: faszinierend, leicht, beschwingt und elegant im Körper, dabei sehr intensiv mit himmlischem Aroma und vibrierender Frische. Keine andere Rebsorte besitzt diese Bandbreite. Vom feinfruchtigen trockenen

Tischwein über Spitzengewächse mit vielschichtigem Charakter bis zu den feinsten edelsüßen Weinen – Riesling kann alles und verfügt über ein enormes Alterungspotenzial.

RKATSITELI
[*rrkatziteli*]

SYNONYME Rkachiteli, Rkaciteli, Rkatiteli, Gruzinsky (Russland), Baiyu (China), Budashuri, Dedal, Tapolek
VERBREITUNG Georgien, Armenien, Aserbaidschan, Russland, Bulgarien, Moldawien, Ukraine, Rumänien, China, USA, Australien

Weinstil: *herb-würzig und kräftig, meist restsüß*
Farbe: *gelbgold*
Weine: *Rkatsiteli*
Körper: *mittel*
Säure: *hoch*
Aroma: *Aprikose, Ananas, Zitrusfrucht, würzig*
Essenspartner: *pikantes Gemüse, Kaninchen, Pute*
BESONDERHEITEN Die 5.000 Jahre alte Sorte ist enorm frostresistent und trotzt dem rauen Klima Osteuropas. Sie liefert trockene, traditionell jedoch meist restsüße Weine, teils als aufgespritete Dessertweine ausgebaut.

ROUSSANNE
[*russann*]

SYNONYME Bergeron (F-Savoyen), Fromenteau (Rhône), Rosana (Spanien)
VERBREITUNG Frankreich (Rhône, Languedoc-Roussillon, Savoyen), Italien (Ligurien, Toskana), Spanien (Katalonien, Rioja), USA, Australien

Weinstil: *aromatisch-erfrischend-komplex*
Farbe: *gelbgold*
Weine: *Hermitage Blanc, Crozes-Hermitage Blanc, St-Joseph Blanc, Châteauneuf-du-Pape Blanc, Montecarlo Bianco (Toskana), Le Sophiste (USA)*
Körper: *mittel*
Säure: *appetitlich-frisch*
Aroma: *Mandeln, Birne, Kräuter, Pfirsich*
Essenspartner: *Ratatouille, Wurst, Schafskäse*

BESONDERHEITEN Sie ist frischer und ausdrucksstärker als der Cuvéepartner Marsanne. Im Mix ergeben sie Spitzenweine mit Kraft, Finesse und mediterranem Flair.

Roussanne

SANGIOVESE
[*sannschowese*]

SYNONYME Brunello, Morellino, Nielluccio (F-Korsika), Prugnolo gentile, Sangioveto, Toustain (Algerien)
HERKUNFT vermutlich I-Toskana
VERBREITUNG Italien, F-Korsika, USA-Kalifornien, Israel, Argentinien, Chile, Südafrika, Algerien, Tunesien

Weinstil: *trocken-säuerlich bis fruchtig-elegant-komplex*
Farbe: *leicht bis intensiv rubinrot*
Körper: *mittel bis komplex*
Säure: *frisch und tanninreich*
Aroma: *Kirsche, Veilchen, Kräuter, Leder, Tabak*
Essenspartner: *Kalb, Wild, mittelkräftiger Käse*

WISSENSWERTES Die quantitativ wichtigste Sorte Italiens präsentiert sich ausgesprochen vielgestaltig. Etwa 15 Klone dürften es sein, die in mehreren Regionen Mittelitaliens unter verschiedenen Namen unterschiedlichste Qualitäten hervorbringen. In der Jugend sind die Weine noch recht säurebetont. Um einem Chianti (Classico) die Strenge zu nehmen, war bis in die1980er-Jahre ein Verschnitt mit lokalen Sorten (Canaiolo, Mammolo, Malvasia) üblich, heute meist mit Cabernet Sauvignon und Merlot, was die Weine fülliger macht, aber auf der anderen Seite zu Verlust an Eleganz führen kann. Ein Chianti schmeckt frisch-fruchtig, der Chianti Classico aus der Region zwischen Siena und Florenz ist die qualitative Steigerung, gefolgt von Vino Nobile di Montepulciano (wo die Sorte Prugnolo gentile heißt), Morellino di Scansano und Carmignano sowie den Supertoskanern wie Tignanello. Doch seine ganze Klasse und Finesse offenbart sich im Brunello di Montalcino.

Sauvignon blanc

SAPERAVI
[*saperawi*]

SYNONYME Saperavi Patara
VERBREITUNG Russland, Ukraine, Moldawien, Georgien, Kasachstan, Usbekistan, Tadschikistan, Kirgistan, Turkmenistan, USA (New York State), Kanada

Weinstil: *verschlossen-intensiv mit viel Tannin*
Farbe: *dunkelrot bis violett*
Weine: *Mukusani, Black Russian (USA)*
Körper: *fest*
Säure: *hoch*
Aroma: *Cassis, Waldbrombeere, Kräuter*
Essenspartner: *Grilladen, Wurst, Schmorgerichte*

BESONDERHEITEN Die farbintensive russische Rebsorte mit einem großartigen Qualitäts- und Alterungspotenzial gibt vielen Cuvées erst Rückgrat. Sie hat Kraft und Tannin und ist auch sonst robust und kälteresistent.

SAUVIGNON BLANC
[sowinjong blong]

SYNONYME Fumé blanc, Gros Sauvignon, Muskat-Sylvaner (Österreich), Pinot mestry bely (Russland)
HERKUNFT unbekannt, wahrscheinlich F-Bordeaux
VERBREITUNG Frankreich, Österreich, Italien, Australien, Neuseeland, Deutschland, Südafrika, Chile, Kalifornien, Serbien, Ungarn, Bulgarien, Rumänien, Uruguay

Weinstil: *aromatisch-frisch bis trocken-intensiv*
Farbe: *hellgelb mit grünen Reflexen bis hellgold*
Körper: *mittel, belebend*
Säure: *prickelnd, lebhaft, in Bordeaux sanfter*
Aroma: *Grasschnitt, Cassis, Holunderblüte, Brennnessel, Stachelbeere, grüne Paprika, grüne Bohnen, Feuerstein (obere Loire), Guave, Limone*
Essenspartner: *Fisch, Sushi, Krustentiere, Kalb, Ziegenkäse (Chèvre, Crottin), Spargel, Fenchel*

WISSENSWERTES Im Bordelais ist die Sorte noch weit verbreitet und bringt in der Cuvée mit Sémillon einige gute trockene, im Barrique gereifte Weißweine hervor. Doch top ist sie an der Loire, in Sancerre und Pouilly-Fumé. Hier, auf den vorzugsweise kalkhaltigen Böden mit Kies und Feuerstein, wachsen die Vorbilder für die gesamte Weinwelt. Von hier aus zog sie in die Welt und löste die Chardonnay ab, als man ihrer überdrüssig wurde. Hervorzuheben sind die kristallklaren Sauvignons aus Österreichs Steiermark, ebenso die hochgeschätzten von der Südinsel Neuseelands, eine Essenz aus knisternder Frische und exotischer Frucht. Nicht vergessen darf man die elegant-vitalen Weine aus Südafrika und die fleischigen Ausprägungen aus Kalifornien oder Chile – allesamt eine Bereicherung für die Weinwelt.

SAVAGNIN
[sawanjah]

SYNONYME Heida, Païen (beide CH-Wallis), Gringet (F-Savoyen), Fromentin, Tramini fehér (Ungarn)
VERBREITUNG F-Jura, F-Savoyen, Ungarn, CH-Wallis

Weinstil: *würzig, sehr langlebig, sherryähnlich*
Farbe: *helles bis tiefes Gold*
Weine: *Vin Jaune, Ayse (Savoyer Schaumwein)*
Körper: *mittel bis intensiv*

Säure: *lebendig, vielschichtig*
Aroma: *würzig, Zitrone, Walnuss, Wildhonig*
Essenspartner: *Mousse au chocolat, Schokoladenkuchen, Apfelstrudel, Karamellpudding*

BESONDERHEITEN Die Rebsorte ist im französischen Jura für alle Weintypen zugelassen, doch solo ist sie die beste Wahl für den Vin Jaune, der wie der spanische Sherry mit Florhefen vergoren wird, zum Beispiel der berühmte Château-Chalon.

SAVATIANO
[sawazjano]

SYNONYME Aspro, Cephalonie, Dobraina aspri
VERBREITUNG Griechenland (Attika und Mittelgriechenland)

Weinstil: *trocken-schlicht bis süffig-harmonisch*
Farbe: *sonnengelb*
Weine: *Retsina, Anhialos (mit Roditis)*
Körper: *leicht*
Säure: *gering*
Aroma: *dezent Orange, Pfirsich, Harznote, Karamell, leicht-würzig*
Essenspartner: *rustikal-mediterrane Fischgerichte, Lachs, frittiertes Gemüse, Artischocken*

BESONDERHEITEN Die meistangebaute Weißweinsorte Griechenlands ist, der Dürre trotzend, dennoch gleichmäßig im Ertrag. Sie ist die Hauptsorte (neben Roditis und Assyrtico) des berühmten geharzten Retsina.

SCHEUREBE
[scheurebe]

SYNONYME Sämling 88 (Österreich), Dr. Wagnerrebe
VERBREITUNG Deutschland, Österreich, England

Weinstil: *aromatisch-lebendig bis langlebig*
Farbe: *grüngelb*
Weine: *Scheurebe QbA, Scheurebe mit Prädikat*
Körper: *mittel*
Säure: *rassig, rieslingartig*
Aroma: *Trauben, Tropenfrüchte, Weiße Johannisbeere*
Essenspartner: *Sushi, Asiaküche, Krustentiere*

BESONDERHEITEN Die Kreuzung Riesling × Wildrebe hat viel Charakter, behält trotz hoher Reife delikate Säure und ist dennoch rückläufig. Unter idealen Bedingungen bietet sie, vor allem edelsüß angebaut, exotische Aromen und enorme Vitalität.

SÉMILLON
[semijong]

SYNONYME Barnawartha Pinot, Madeira, Sercial (alle Australien), Sémillon Muscat, Boal (Portugal), Greengrape (Südafrika), Malaga, St-Emilion (Rumänien)
HERKUNFT wahrscheinlich F-Bordeaux (Sauternes)
VERBREITUNG F-Bordeaux, F-Südwesten, Australien, Chile, Argentinien, Südafrika, USA-Kalifornien

Weinstil: *ohne Holz: leicht, trocken, schlank bis mineralisch-vielschichtig; mit Holz: voll, reich*
Farbe: *gelblich bis goldgelb schimmernd*
Körper: *mittel; edelsüß ausgebaut füllig bis fett*
Säure: *mild-dezent*
Aroma: *Zitrone, Apfel, Aprikose, Honig, exotisch*
Essenspartner: *Kalb, Seefisch, Geflügel, Roquefort*

WISSENSWERTES Sémillon überzeugt eher im Team als reinsortig. Weißen Bordeaux-Cuvées verleiht sie Rückgrat und Körper, ihr Lieblingspartner Sauvignon blanc gibt Frucht und Lebendigkeit dazu, gelegentlich sorgt etwas Muscadelle für das würzige i-Tüpfelchen. Bei diesen Weinen – die renommiertesten kommen aus Pessac-Léognan und Graves – spielt Sauvignon blanc die Hauptrolle, Sémillon ordnet sich unter. Beim Sauternes und Barsac ist es andersrum. Was wären diese berühmten Dessertweine ohne Sémillon? Ihrer Dünnhäutigkeit gegenüber Botrytis (Edelfäule) verdankt die Weinwelt sinnliche Kostbarkeiten, Süßweine der Spitzenklasse! Auch in Australien weiß man dieses Potenzial zu nutzen.

SILVANER
[silwaner]

SYNONYME Sylvaner, Johannisberg (Schweiz), Arvine, Gros-Rhin, Gamay blanc, Zeleny, Silvania (Italien)
HERKUNFT ungeklärt – entweder Siebenbürgen in Transsylvanien oder Österreich
VERBREITUNG Deutschland (Rheinhessen, Franken, Saale-Unstrut), F-Elsass, CH-Wallis, I-Südtirol, Österreich, Ungarn, Rumänien

Weinstil: *fruchtig-frisch bis saftig-nervig-komplex*
Farbe: *hellgelb bis intensiv gelb*
Körper: *leicht bis voll*
Säure: *wenig bis erfrischend*
Aroma: *Apfel, Mandeln, Heu, Gras, Pfirsich, erdig*
Essenspartner: *Geflügel, Gemüse, vor allem Spargel, Forelle, Zwiebelkuchen, Brathähnchen*

WISSENSWERTES Bis Ende der 1960er-Jahre war diese uralte Sorte auch die wichtigste Sorte Deutschlands, verlor dann aber an Bedeutung. Sie ist weniger anspruchsvoll als der Riesling, trotzdem braucht sie gute Lagen, um auszureifen, weil sonst saure, neutrale Weine entstehen. Dabei hat es der Silvaner drauf, etwa in Franken, wo auf mageren, kalkhaltigen Böden bei geringem Ertrag Weine voll Kraft und Saft wachsen, oder in Rheinhessen, wo sie weniger erdig-mineralisch geraten, sondern mehr an Blumen und frische Früchte erinnern. Ähnliches gilt für das Elsass. Bei Ertragsbegrenzung ist der Silvaner zu rassigen, nuancenreichen Weinen fähig.

SOLARIS
[solaris]

ZÜCHTUNG Merzling × Gm 6493
HERKUNFT Züchtung 1975 von Dr. Norbert Becker, Staatliches Weinbauinstitut Freiburg (Baden)
VERBREITUNG Deutschland (Pfalz, Baden)

Weinstil: *gehaltvoll*
Farbe: *grüngelb*
Körper: *reif bis ausdrucksstark*

Syrah

Säure: *frisch*
Aroma: *Cassis, Holunderblüte, Blütenhonig*
Essenspartner: *Sushi, Geflügel, Ziegenkäse*

BESONDERHEITEN In ihren Genen stecken die berühmten Sorten Riesling und Grauburgunder, also feine Frucht und Körper. Die Solaris reift früh bei guter, lebendiger Säure, was sich in Cuvées, reinsortig oder als Süßwein als sehr positiv erweist.

ST. LAURENT
[*sankt laurent*]

SYNONYME St-Laurent, Vavrinecke, Svatovrinecke (Tschechien), Laurenzitraube, Sentlovrenka (Kroatien)

VERBREITUNG Österreich, Deutschland, Kroatien, Tschechien, Schweiz

Weinstil: *süffig-leicht bis fruchtig-samtig-elegant*
Farbe: *hagebuttentönig bis dunkles Kirschrot*
Weine: *St. Laurent*
Körper: *leicht bis mittelschwer*
Säure: *angenehm-frisch*
Aroma: *Weichselkirsche, Himbeere, Kirsche*
Essenspartner: *Tatar, Rinderragout, Schnitzel*

BESONDERHEITEN Im Idealfall entstehen aus der Rebsorte samtig-elegante Rotweine, die bei qualitätsbewusster Winzersarbeit vom Holzausbau profitieren.

SYRAH
[*sira*]

SYNONYME Shiraz (Übersee), Antournerein, Hermitage (Australien), Marsanne noire, Balsamina (Argentinien)
HERKUNFT Kreuzung Dureza × Mondeuse, alte französische Sorten, vermutlich vom Rhônetal
VERBREITUNG Frankreich, Spanien, Schweiz, Australien, Südafrika, Chile, Argentinien, USA-Kalifornien

Weinstil: *elegant-fruchtig bis konzentriert-würzig*
Farbe: *mittleres Brombeerrot bis tintig*
Körper: *mittel bis vollmundig und tanninreich*
Säure: *mittel bis lebendig*
Aroma: *Brom-, Heidelbeere, Schokolade,*

Pfeffer, Nelke, Teer, Wildnoten, Trüffel, Olive, Minze
Essenspartner: *Rind, Lamm, Wild, scharf-pikant*

WISSENSWERTES Syrah und Shiraz – eine Rebsorte, zwei Namen, zwei Weinstile. Von der Nordrhône – Hermitage, Côte Rôtie, Crozes-Hermitage, St-Joseph, Cornas – verführt sie mit elegant-mineralischer, extraktreich-würziger Kraft und ist der Maßstab aller Syrah-Weine aus kühleren Regionen. Als Shiraz, in Australien, Südafrika oder Amerika von der Sonne verwöhnt, eroberte sie die Weinwelt mit beerig-schokoladensüßer, warm-weicher sinnlicher Intensität; mit Barrique-Ausbau auch leicht rauchig mit dem Duft nach Trüffeln und Gewürzen des Orients. So verschieden sie auch sind, genießen beide Stile inzwischen höchste Anerkennung, sei es reinsortig oder als Cuvée zusammen mit Cabernet Sauvignon und Merlot (eher in Übersee) oder mit Grenache und Carignan (an der Südrhône und im Languedoc-Roussillon).

TANNAT
[tannah]

SYNONYME Bordeleza belcha, Moustrou, Harriague (Uruguay), Bordelais
VERBREITUNG Südwestfrankreich (Madiran), Schweiz, Italien, Uruguay, Brasilien, Mexiko, USA, Neuseeland

Weinstil: *rustikal-tanninreich bis muskulös-komplex-vollmundig*
Farbe: *dunkelrot bis brombeerschwarz*
Weine: *Madiran, Côtes de St-Mont, Béarn, Irouléguy, Tursan*
Körper: *muskulös-fest mit deutlichem Tannin*
Säure: *kräftig*
Aroma: *Brombeere, Himbeere, Maulbeere, Leder, Teer, mediterrane Kräuter*
Essenspartner: *Fleischgerichte mit Trüffeln, Pilzgerichte, Ochsenschwanz, Schafskäse*

BESONDERHEITEN Mit moderner Kellertechnik weiß man die ungeheure Tanninfülle und Adstringenz zu mäßigen, was sonst nur die Flaschenreife vermag – oder sanfte, ausgleichende Cuvéepartner wie Merlot.

TEMPRANILLO
[tempranijo]

SYNONYME Aragonez, Tinta Roriz (P-Douro), Tinto fino, Tinto del País (beide E-Ribera del Duero), Cencibel (E-Valdepeñas, La Mancha), Ojo de Liebre, Ull de Llebre (E-Katalonien), Tempranilla (Argentinien)
HERKUNFT ungeklärt, eventuell Mutation einer französischen Sorte
VERBREITUNG Spanien, Portugal (Douro, Dão), Argentinien, Frankreich, USA-Kalifornien, Australien, Mexiko, Kanada, Südafrika, Neuseeland, Uruguay

Weinstil: *lebhaft-fruchtig bis elegant-kraftvoll*
Farbe: *hagebuttentönig bis brombeerrot*
Körper: *schlank bis mittelkräftig*
Säure: *säurearm*
Aroma: *Walderdbeere, Himbeere, Kirsche, Pflaume, Tabak, Kakao, Kräuter*

Essenspartner: *Chorizo (span. Wurst), Lammkeule, Schwein, Wild, Rebhuhn, reifer Hartkäse*

WISSENSWERTES Spaniens Nummer eins, quantitativ wie qualitativ. Der Name bedeutet »der Frühe«, denn die Sorte reift früh. Trotz der sanften Säure wirkt der Wein lebendig und ist kein Langweiler wie früher, als er noch zu lange im Holzfass lag. Der Aufbruch des modernen Tempranillo begann in Ribera del Duero als Tinto fino. Es dauerte, bis sich die Stiländerung durchsetzte, vor allem im berühmten Nachbargebiet Rioja, wo man länger am traditionellen Weinstil, klassisch mit Garnacha und Mazuelo in der Cuvée und langer Fassreife, festhielt. Fest steht, der Tempranillo hat Klasse – vom Trinkwein bis zum Spitzentropfen, mit oder ohne Fassausbau, reinsortig oder als Cuvée. Und gereift ist er einfach köstlich: samtig-geschmeidig, elegant.

TEROLDEGO ROTALIANO
[*teroldego rotaljano*]

SYNONYME Rubino, Teroldigo, Tiraldega, Toroldola
VERBREITUNG I-Trentino

Weinstil: *lebendig-fruchtig*
Farbe: *rubinrot*
Weine: *Teroldego Rotaliano*
Körper: *mittel*
Säure: *lebendig*
Aroma: *Weichselkirsche, Himbeere, Heidelbeere*
Essenspartner: *Pilzrisotto, Spaghetti bolognese*

BESONDERHEITEN Die Sorte, die nur im Trentino wurzelt und als beste Sorte ihrer Heimat gilt, ist die Basis fröhlicher Rosés (Rosato) und fruchtig-würziger, dunkler bis tiefdunkler Rotweine (Rosso).

TINTA BARROCA
[*tinta barroka*]

SYNONYME Boca de Mina, Tinta barocca, Tinta grossa
VERBREITUNG Portugal (Douro, Ribatejo, Estremadura, Trás-os-Montes), Südafrika

Weinstil: *vollmundig-aromatisch-delikat*
Farbe: *dunkles Rubinrot*
Weine: *Portwein; reinsortig: Südafrika*
Körper: *mittel*
Säure: *sanft*
Aroma: *Süßkirsche, Pflaume, reife Beeren*
Essenspartner: *Rinderrouladen, Eintöpfe, Wurst*

BESONDERHEITEN Die früh reifende Sorte, eine der fünf Sorten im Portwein, erfüllt selbst an Nordhängen und in höheren, kühlen Lagen die Erwartungen: vollreife Trauben mit delikat saftiger Frucht und dunkler Farbe. Auch in Südafrika ist Tinta barroca die Basis portweinähnlicher Weine.

TINTO CÃO
[*tinto kauo*]

SYNONYME D. Pedro, Farmento, Teinta Cam
VERBREITUNG vor allem Portugal, USA-Kalifornien

Weinstil: *duftig bis intensiv-würzig*
Farbe: *helles bis mittleres Rubinrot*
Weine: *Portwein*
Körper: *mittel, ausgeglichen, feine Tannine*
Säure: *harmonisch*
Aroma: *floral, Waldbeere, Kirsche, würzig, Zeder*
Essenspartner: *Rind, Fasan, Wildente, Taube*

BESONDERHEITEN Tinto Cão wurde bereits im Jahr 1791 als eine der Toptrauben Portugals eingestuft. Sie ist allerdings recht hitzeempfindlich und braucht relativ kühle Lagen, wo sie ihr Potenzial für vielschichtig-florale Frucht wie kaum eine der anderen vier Portweinsorten entwickelt.

TOCAI FRIULANO
[*tokai frijulano*]

SYNONYME Sauvignon gros, Tocai bianco, Tocai italico (I-Venetien), Trebbianello, Sauvignon vert (Chile), Sauvignonasse (Chile, Slowenien), Malaga, Tokai
VERBREITUNG Italien (Friaul, Veneto, Lombardei), Chile, Slowenien (Brda), Argentinien, Russland

Weinstil: *leicht und blumig-frisch*
Farbe: *hellgelb*
Weine: *Bianco di Custoza, Breganze, Colli Euganei, Friuli Aquileia, Friuli Grave, Friuli Isonzo, Lison-Pramaggiore*
Körper: *leicht*
Säure: *angenehm frisch*
Aroma: *Mandeln, grüner Apfel, gelber Apfel, leicht floral (Kamille)*
Essenspartner: *Antipasti, Gemüsequiche, Spargel, Zwiebelkuchen, Pilzrisotto, Geflügel, Fisch*

BESONDERHEITEN Der Tocai friulano ist keinesfalls zu verwechseln mit dem Tokajer oder dem Tokay d'Alsace (Pinot gris). Die Weine sind meist unkompliziert, im Jungstadium animierend, manchmal ausdrucksstark und schmecken herrlich zur regionalen Küche Nordostitaliens.

TORRONTÉS
[*torrontess*]

SYNONYME Aris, Monastrell blanco, Torontel (Chile), Torontés, Terrantes, Turrondes, Turruntes de la Rioja
VERBREITUNG Argentinien (La Rioja, Mendoza, San Juan, Rio Negro), E-Galicien, Chile

Weinstil: *trocken-kräftig und muskatartig*
Farbe: *brillantes Gelb*
Weine: *Ribeiro (Spanien), Torrontés (Argentinien)*
Körper: *mittelkräftig*
Säure: *kräftig, aber reif*
Aroma: *viel Muskat, Wiesenblume, Passionsfrucht*
Essenspartner: *mediterrane Fischküche (Dorade, Rotbarbe), helles Fleisch mit Kräutern, Manchego*

BESONDERHEITEN Von den drei Spielarten der bedeutendsten Weißweinsorte Argentiniens (die auch für Destillate und Tafeltrauben verwendet wird) ist Torrontés Riojano, benannt nach ihrer Anbauregion

La Rioja (in Chile heißt sie Torontel), die wichtigste – vor der weniger feinen Torrontés Sanjuanino und der aromaschwächsten, Torrontés Mendocino.

TOURIGA FRANCA
[*turiga franka*]

SYNONYME Tourigo francês, Albino de Souza, Touriga (USA-Kalifornien), Tinta barca, Touriga francesa
VERBREITUNG Portugal, Italien, USA-Kalifornien

Weinstil: *intensiv fruchtig, feine Tannine*
Farbe: *mittleres bis dunkles Kirschrot*
Weine: *Douro, Portwein, Plenum Quintus*
Körper: *schmelzig, reif*
Säure: *sanft*
Aroma: *Maulbeere, Heidelbeere, Wildrose*
Essenspartner: *Ente, Perlhuhn, Nieren*

BESONDERHEITEN Vor 2001 hieß die wichtigste Sorte am Douro noch Touriga francesa. Es ist keineswegs unkompliziert, den dickhäutigen Beeren einer der Hauptsorten des Portweins ihr ganzes Potenzial zu entlocken: blumig-mineralische Frucht und edle, reife Tannine.

TOURIGA NACIONAL
[*turiga nasjonall*]

SYNONYME Bical tinto, Mortagua preto, Preto mortagua, Touriga fina, Tourigão, Tourigo do Dão, Turiga
VERBREITUNG Portugal (Douro, Dão, Alentejo), Australien, USA, Südafrika

Weinstil: *extrakt- und tanninreich*
Farbe: *brombeerfarben*
Weine: *Portwein, Ramos Pinto, Quinta do Crasto*
Körper: *kräftig*
Säure: *mittel*
Aroma: *Maulbeere, Kirsche, Brombeere, schwarzer Pfeffer, Leder, Rose, Veilchen*
Essenspartner: *Wild, Pilzgerichte, Ochsenschwanz, Schmorgerichte, würziger Schafskäse*

BESONDERHEITEN Diese individuelle und einzigartig Sorte hat das Zeug zu einem Weltstar: tiefdunkel, mit komplexer Frucht, Tannin und einem »Superbody«. Nicht nur als Beste im Portweinquintett, sondern auch reinsortig einfach grandios.

TRAMINER
[*traminer*]

SYNONYME Gewürztraminer, Dreimänner, Traminer aromatico (Italien), Clevner (D-Baden), Savagnin rose (Frankreich), Tramini piros (Ungarn), Mala dinka (Bulgarien), Cervena Rusiva (Kroatien)
HERKUNFT I-Südtirol (Tramin) oder altes Griechenland
VERBREITUNG Deutschland (Baden, Pfalz), F-Elsass, Österreich, I-Südtirol, Ungarn, Schweiz, Rumänien, Bulgarien, Kroatien, Tschechien, Australien, USA

Weinstil: *würzig-duftig bis aromatisch-barock*
Farbe: *gelb bis dunkelgoldgelb*

Körper: *voll bis wuchtig*
Säure: *dezent-frisch, eher zurückhaltend*
Aroma: *Rose, frische Traube, Zimt, exotisch*
Essenspartner: *Räucherfisch, Gans, Munster*

WISSENSWERTES Ob Gewürztraminer mit dem Roten Traminer identisch ist oder nur seine Spielart – darüber ist man sich nicht einig. Auf jeden Fall werden hierzulande aus der kleinbeerigen Sorte mit der typischen rötlich schimmernden Traubenhaut eher Weißweine als Rotweine gekeltert. Auf Hitze reagiert Traminer mit hohem Alkohol und Säureverlust, während er im kühlen Klima im Idealfall zu trockenen, bezaubernd duftigen Weinen oder zu edelsüßen Schönheiten mit üppigem Körper und viel Länge heranreifen kann.

TREBBIANO
[*trebjano*]

SYNONYME Procanico (I-Umbrien), Thalia, Ugni blanc (Frankreich), Lugana (I-Venetien)
VERBREITUNG Italien, Frankreich, Portugal, Bulgarien, Griechenland, Russland, Argentinien, Brasilien, USA

Weinstil: *neutral bis erfrischend, leicht-fruchtig*
Farbe: *hellgelb bis zitronengelb*
Weine: *Lugana, Cassis (Provence), Orvieto*
Körper: *leicht bis mittel*
Säure: *frisch, manchmal kantig*
Aroma: *grüner Apfel, Zitrus, leicht würzig*
Essenspartner: *Fisch, Pasta, Antipasti*

BESONDERHEITEN Weltweit an dritter Stelle, steht in fast jeder Region Italiens eine andere Variante. Die wertvollste ist die kleinbeerige Procanico aus Umbrien, gefolgt von Trebbiano di Lugana mit aromatisch-frischen Weinen. Die meisten anderen schmecken eher neutral und eignen sich daher gut zum Brennen, also für Destillate.

Traminer

TREIXADURA
[*trejschadura*]

SYNONYME Trajadura, Trinca Dente, Verdello rubio
VERBREITUNG E-Galicien (Rías Baixas, Ribeiro, Monterrei)

Weinstil: *elegant-strukturiert*
Farbe: *grünlich gelb*
Weine: *Treixadura*
Körper: *mineralisch, körperreich, alkoholstark*
Säure: *mittel*
Aroma: *Apfel, floral, Zitrone,*
Essenspartner: *Jakobsmuscheln, Shrimps*

BESONDERHEITEN Die Sorte reift zwar ungleichmäßig, aber der Aufwand lohne sich, sagen passionierte Winzer. Für Aufmerksamkeit sorgen die Weine vom Schieferboden aus Ribeiro: feine Struktur, animierende Frucht, elegant. Sonst sind dort eher Cuvées mit Godello, Albariño oder Loureira üblich.

TRINCADEIRA PRETA
[*trincadeera preta*]

SYNONYME Tinta amarela (P-Douro), Crato preto, Rabo de Ovelha tinto (P-Vinho Verde)
VERBREITUNG Portugal (Alentejo, Douro, Estremadura, Terras do Sado), Südafrika

Weinstil: *vollmundig-würzig-tanninreich*
Farbe: *mittel- bis dunkelviolett*
Weine: *Trincadeira preta*
Körper: *mittel bis kraftvoll und elegant*
Säure: *harmonisch*
Aroma: *Zimt, Nelken, dunkle Beeren*
Essenspartner: *würzige Schmorgerichte*

BESONDERHEITEN Im Alentejo eine der traditionsreichsten Sorten. In trockenen Regionen mit mageren Böden kommen ihre Stärken zur Geltung: warme und beerige Aromen, ausgewogene Tannine. Das recht hohe Tannin kann die Reifefähigkeit verbessern.

TROLLINGER
[*trollinger*]

SYNONYME Vernatsch (I-Südtirol), Schiava (Italien), Großvernatsch, Schiava grossa, Black Hamburg, Modri Tirolan (Balkan), Chasselas de Jérusalem (Frankreich)
VERBREITUNG D-Württemberg, I-Südtirol

Weinstil: *dünn-belanglos bis kernig-herzhaft-fruchtig*
Farbe: *blassrot bis leichtes Rubinrot*
Weine: *Trollinger (rosé und rot), Schiava, Schiava grossa*
Körper: *leicht*
Säure: *frisch*
Aroma: *Schlehe, Sauerkirsche, Kräuter*
Essenspartner: *Spätzle mit Kalb, Polenta mit Pilzen, Linsensuppe, Risotto mit Radicchio*

BESONDERHEITEN Trollinger ist, bis auf wenige Ausnahmen, meist von schlichter Qualität. Besser sind Cuvées mit Lemberger, der den Trollinger aufwertet.

VERDEJO
[*werdecho*]

SYNONYME Boto de Gall, Gouvelo, Verdejo palido
VERBREITUNG Spanien (Rueda, Cigales, Toro)

Weinstil: *trocken, gehaltvoll mit guter Struktur*
Farbe: *hellsonnengelb*
Weine: *Rueda*
Körper: *mittel bis füllig*
Säure: *harmonisch-frisch*
Aroma: *kräuterwürzig (Lorbeer), Zitrus, Anis, Nüsse, Honig, Zeder (im Holz gereift)*

Essenspartner: *gegrillte Meeresfrüchte, Krebs, Fenchelgemüse, Fischtatar (etwa Schwertfisch)*

BESONDERHEITEN Ob solo oder als Cuvée mit Macabeo beziehungsweise Viura, ob mit oder ohne Ausbau im Barrique – die köstlichen, dem Sauvignon blanc ähnlichen Weine zählen zu den besten, langlebigsten Weißweinen Spaniens.

VERDICCHIO
[*werdikio*]

SYNONYME Giallo, Marchigiano, Mazzanico, Peloso, Trebbiano verde, Uva Aminea, Uva Marana, Verdone
VERBREITUNG Italien (Marken)

Weinstil: *leicht und lebendig-anregend*
Farbe: *strohgelb*
Weine: *Verdicchio dei Castelli di Jesi, Verdicchio di Matelica*
Körper: *leicht bis mittel*
Säure: *frisch, auch leicht zitronig*
Aroma: *Apfel, Zitrone, Pfirsich, nussig*
Essenspartner: *Meeresfrüchtesalat, gegrillter Fisch mit grünem Salat, Bulgur-Petersilien-Salat*

BESONDERHEITEN Verdicchio, eine sehr alte Sorte, ist möglicherweise eng mit der Trebbiano verwandt beziehungsweise eine ihrer zahlreichen Spielarten. Ein Indiz dafür wäre ihre apfelig-frische Frucht.

VERMENTINO
[*wermentino*]

SYNONYME Rolle, Malvoisie de Corse, Pigato
VERBREITUNG Italien (vor allem Sardinien, Toskana, Ligurien), Frankreich (Korsika, Languedoc-Roussillon)

Weinstil: *frisch bis füllig-lebendig mit Charakter*
Farbe: *goldgelb*
Weine: *Vermentino di Gallura, Vermentino di Sardegna, Riviera Ligure di Ponente, Colli di Luni, Cinque Terre*
Körper: *mittel bis kräftig*
Säure: *harmonisch-frisch*
Aroma: *Zitrone, Nüsse, mediterrane Kräuter wie Thymian, Lorbeer*
Essenspartner: *gegrillter Tintenfisch, Fischterrine, weißes Fleisch, Kaninchen*

BESONDERHEITEN Die wahrscheinlich von Madeira eingeführte Sorte wird vorwiegend in Sardinien angepflanzt, wo sie in kühleren Hochlagen mit den besseren Ergebnissen aufwartet. Auch in Korsika, Ligurien, der Toskana und dem Roussillon (hier Rolle genannt) entwickelt sie ihr appetitliches Aroma, fülligen Körper und Säure.

VERNACCIA
[*wernatscha*]

SYNONYME Bergamasca, Guarnaccia; Cerretana (rot)

VERBREITUNG Italien (Toskana, Marken, Sardinien)

Weinstil: *erfrischend-süffig bis üppig und sherryähnlich*
Farbe: *strohgelb bis dunkelgoldgelb*
Weine: *Vernaccia di San Gimignano, Vernaccia di Serrapetrona, Vernaccia di Oristano*
Körper: *mittel bis üppig*
Säure: *harmonisch*
Aroma: *würzig-floral, Nüsse, Akazienhonig*
Essenspartner: *Gnocchi oder Ravioli mit Salbei, gegrillter Fisch (zu Vernaccia di San Gimignano)*

BESONDERHEITEN Unter dem Namen Vernaccia (von vernacolo, »einheimisch«) rangieren weiße und rote, verwandte und nicht verwandte Arten. Am bekanntesten ist wahrscheinlich der Vernaccia di San Gimignano, der jung getrunken am reizvollsten schmeckt.

Viognier

VIOGNIER
[*wionjeh*]

SYNONYME Galopine, Petit Viognier, Viogne, Vionnier
HERKUNFT vermutlich verwandt mit Freisa (Italien)
VERBREITUNG Frankreich (Condrieu, Côtes du Rhône, Languedoc-Roussillon), Italien, Spanien, Deutschland, Österreich, Schweiz, USA-Kalifornien, Australien, Südfrika, Argentinien, Brasilien, Chile, Neuseeland, Uruguay

Weinstil: *vollmundig*
Farbe: *intensiv goldgelb*
Körper: *voll*
Säure: *sanft*
Aroma: *Wiesenblumen, Aprikose, Grapefruit, Pfirsich, Veilchen, Quitte, Zitrus, Lindenblüte*
Essenspartner: *Frühlingsrolle, Huhn, asiatisches Gemüse, Krabben, Hummer, Ziegenkäse*

WISSENSWERTES Viognier findet inzwischen weltweite Beachtung. Ursprünglich standen nur ein paar Stöcke an der Nordrhône: in der Miniregion Condrieu, wo sie schon lange als Basissorte wurzelt (unter anderem im nur Insidern bekannten Château-Grillet), und an der Côte Rôtie, wo sie mit 20 Prozent Anteil manchen Rotwein mit ihrem feinen Aroma aufwertet. In den letzten Jahrzehnten hat sich die robuste und ertragssichere Sorte nicht nur weiter südlich an der Rhône und im Languedoc-Roussillon etabliert, sondern auch in Übersee, vor allem in Kalifornien. Ihr Erfolg beruht auf ihren

Qualitäten, nämlich einer herrlichen Kombination aus viel Extrakt, Charakter, wenig Säure und seidiger Struktur in Verbindung mit einem hohen Alkoholgrad. Sie muss voll ausreifen, damit sie auch in eine Cuvée mit Marsanne oder Roussanne Fülle und exotische Aromen einbringen kann.

WEISSBURGUNDER
[*weißburgunder*]

SYNONYME Weißer Burgunder, Pinot blanc, Pinot bianco, Clevner, Pinot Chardonnay, Rouci Bile
HERKUNFT F-Burgund (Mutante des Pinot noir)
VERBREITUNG Norditalien, Deutschland, Österreich, F-Elsass, Luxemburg, Neuseeland, Ungarn, Moldawien

Weinstil: *fruchtig-elegant bis körperreich und rund*
Farbe: *hellgelb bis goldgelb*
Körper: *mittel bis körperreich*
Säure: *lebendig-frisch*
Aroma: *Birne, Apfel, Nuss, Kräuter, Wiesenblumen*
Essenspartner: *Fisch, Spargel, Muscheln, Huhn*

WISSENSWERTES Verglichen mit dem sonst weltweit höher geschätzten Chardonnay hat der Weißburgunder gerade hier in Deutschland und in unserem Klima häufiger die Nase vorn, weil er im Idealfall die interessanteren Weine hervorbringt: gut strukturiert, elegant in der Säure und feinfruchtig. Im Elsass entstehen großartige Pinot blancs sowie Grundweine für Schaumwein (Crémant d'Alsace). Wie alle Burgundersorten versteht sich auch der Weißburgunder bei guter Reife prächtig mit dem Barrique. Aber auch ohne Holz besitzt er viel Charme und ist ein idealer Essensbegleiter.

WELSCHRIESLING
[*welschriesling*]

SYNONYME Riesler (Österreich), Graševina (Kroatien), Olasz Rizling (Ungarn), Rizling vlašsk´y (Tschechien, Slowakei), Riesling italico (Italien)
VERBREITUNG Österreich, Italien, Ungarn, Albanien, China, Slowenien, Russland, Bulgarien, Tschechien

Weinstil: *neutral, leicht-fruchtig bis aromatisch*
Farbe: *grüngelb*
Weine: *Welschriesling, Riesling Italico*
Körper: *leicht*
Säure: *spritzig bis kräftig*
Aroma: *grüner Apfel, Zitrone, Aprikose, weißer Pfeffer*
Essenspartner: *Tafelspitz, Wiener Schnitzel*

BESONDERHEITEN Die Sorte profitiert etwas von der Namensähnlichkeit mit dem Riesling, aber sie ist mit diesem weder verwandt noch ähnelt sie ihm – bis auf die knackige Säure, die würzig-cremigen Dessertweinen wie auch Schaumweinen eine sehr angenehme Frische verleiht. Die italienische Variante hält qualitativ nicht mit.

XAREL-LO
[*ksarello*]

SYNONYME Pansa blanca (E-Allela), Viñate (E-Tarragona), Pensal blanco (E-Mallorca), Cartoixa, Vinate
VERBREITUNG E-Katalonien (Alella, Penedès, Ampurdán-Costa Brava, Costers del Segre, Tarragona), E-Murcia

Weinstil: *körper- und extraktreich, füllig*
Farbe: *goldgelb*
Weine: *Cava (Cuvée mit Parellada, Macabeo)*
Körper: *meist körperreich*
Säure: *mittel bis kräftig*
Aroma: *gelbe Früchte, Hasel- und Walnuss*
Essenspartner: *Fisch, Geflügel, Tapas*

BESONDERHEITEN Als Pansa blanca spielt die Sorte in Alella eine wichtige Rolle, im Cava, dem weltberühmten Schaumwein Spaniens aus der Region Penedès, sogar die Hauptrolle. Zusammen mit Macabeo und Parellada sorgt sie in diesem Rebsortentrio für Körper, Struktur und Fülle. Darüber hinaus eignet sich die früh reifende, ertragreiche Sorte ausgezeichnet für den Ausbau in kleinen Eichenfässern.

XYNOMAVRO
[*ksinomawro*]

SYNONYME Csinomavro, Mavro Naoussis, Popolka, Zynomavro, Niaoysa, Niaoystino, Xynomavro Bolgar
VERBREITUNG in ganz Griechenland

Weinstil: *füllig-geschmeidig, manche tanninreich*
Farbe: *brombeerfarben bis tiefdunkel*
Weine: *Rapsani, Naoussa, Goumenissa, Amindeon*
Körper: *mittel*
Säure: *hoch*
Aroma: *Kirsche, Waldbeere, Erdbeere, Feige, Teer*
Essenspartner: *Wild, deftige Schmorgerichte*

BESONDERHEITEN Auch wenn ihr Name übersetzt »Saurer Schwarzer« bedeutet, präsentiert sich die uralte und anbaustärkste Sorte Griechenlands (vermutlich handelt es sich bei ihr um einen Pinot-noir-Klon) insgesamt freundlich. Sie erbringt gute Rot- und Schaumweine.

ZIERFANDLER
[*zierfandler*]

SYNONYME Fliegentraube, Frankenriesling, Augustiner weiß, Arvine, Gamay blanc, Gros Plant du Rhin, Cynifal, Monterey Riesling, Mishka, Moravka, Clozier
VERBREITUNG Österreich (Thermenregion)

Weinstil: *kraftvoll-kompakt*
Farbe: *gelbgold*
Weine: *Zierfandler, Spätrot (deutlich seltener zu finden)*
Körper: *meist körperreich bis opulent*
Säure: *mineralisch-rassig*
Aroma: *nussig-würzig, Limette, Quitte, exotisch*
Essenspartner: *Meeresfrüchte, Kalb, Geflügel*

BESONDERHEITEN Diese Sorte, die wie der Rotgipfler zu den »Stubenhockern« ihrer Heimat zählt – in diesem Fall der Thermenregion –, verdient, aus kundiger Winzerhand, zunehmend höchste Anerkennung. Ob trocken, halbtrocken oder süß, präsentieren sich die Weine mit raffinierter Säure und komplexem Körper.

ZINFANDEL
[*sinfandell*]

SYNONYME Primitivo (I-Apulien), Gioia del Colle, Crljenak (Kroatien), Plavac Veliki, Primaticcio, Zinfardel
HERKUNFT Kroatien
VERBREITUNG I-Apulien, USA (Kalifornien, New Mexico, Texas, Oregon), Australien, Südafrika, Chile, Argentinien, Neuseeland

Weinstil: *süßlich-weich bis kraftvoll-muskulös-reich*
Farbe: *kirschrot bis brombeerschwarz*
Körper: *mittel bis ausladend*
Säure: *angenehm*
Aroma: *Cassis, Brombeere, Kirsche, Backpflaume, schwarzer Pfeffer, Muskatnuss, Rosinen*
Essenspartner: *Grillfleisch, Wild, Gulasch, Schmorgerichte, herzhafter Hartkäse*

WISSENSWERTES Die Geschichte der seit 1851 in Kalifornien beheimateten Zinfandel ähnelt dem Märchen vom Aschenputtel. Lange produzierte die relativ starkwüchsige Sorte, die mit dem Nachteil behaftet ist, innerhalb einer Traube ungleichmäßig zu reifen, nur Massenweine unterster Qualität, vor allem den rosigen, grässlich süßlichen White Zinfandel, auch Blush Wine genannt. Als man das Potenzial der Sorte erkannte, begann sie zur Höchstform aufzulaufen und lieferte bald die ausdrucksstärksten Weine Kaliforniens, international gleichermaßen umjubelt von Weinmachern, Journalisten und Konsumenten. Von ihrem Erfolg profitiert bis zum heutigen Tag die Primitivo aus dem süditalienischen Apulien, die genetisch erwiesenermaßen mit ihr identisch ist. Die besten »Zins« sind köstlich-cremige Monster voller sinnlicher Kraft und schlicht und einfach legendär.

ZWEIGELT
[*zweigelt*]

SYNONYME Kreuzung aus St-Laurent × Blaufränkisch
VERBREITUNG Österreich (vor allem Burgenland)

Weinstil: *fruchtig-frisch bis harmonisch mit Biss*
Farbe: *rubinrot mit violetten Reflexen*
Weine: *Zweigelt*
Körper: *mittelkräftig*
Säure: *lebendig*
Aroma: *Herzkirsche, Pfeffer, Beerengelee*
Essenspartner: *Ochsenschwanz, Wildgeflügel*

BESONDERHEITEN Zweigelt zählt heute zu den leckersten Alltagsweinen überhaupt. Er schmeckt jung am besten, kann aber auch Reifepotenzial besitzen.

CUVÉES UND IHRE REBSORTEN

Für eine Cuvée – oder Verschnitt – werden Trauben verschiedener Rebsorten gemeinsam gepresst und vergoren oder man mixt die schon vergorenen Weine unterschiedlicher Sorten, Lagen, Fässer, Tanks – selten Jahrgänge (beispielsweise Champagner, Sherry). Als Assemblage bezeichnet man den Verschnitt hochwertiger Grundweine, etwa beim Champagner.

AMARONE
[*amarone*]

REBSORTEN Corvina (Hauptsorte, teilweise bis zu 85 Prozent enthalten), Rondinella (zweitwichtigste Sorte, bis 40 Prozent), Molinara (10–20 Prozent)
HERKUNFT Italien-Veneto

Weinstil: *wuchtig, mächtig, oxidativ (wenn tradioneller Stil), langer Abgang, Reifepotenzial*
Farbe: *mittel- bis dunkelviolett*
Körper: *opulent, extraktreich, alkoholreich*
Säure: *samtig-rund*
Aroma: *Süßkirsche, Pflaume, Karamell, Nelke, Dörrpflaume, Feige, Kakao, Tabak, Gewürze*
Essenspartner: *Schmorgerichte mit Lamm oder Rind, Wild, Gans, Hartkäse (Pecorino, Parmigiano)*

BESONDERHEITEN Anbaugebiet, Rebsorten, auch deren Anteile – das alles ist beim Amarone (von *amaro*, bitter) genauso wie beim Valpolicella, nicht jedoch die Weinbereitung: Für den Amarone erntet man die reifsten, gesündesten Beeren und legt sie zum Trocknen aus, um dann aus diesen Rosinen mächtige Rotweine mit viel Charakter und langer Lebensdauer zu vergären.

BARDOLINO
[*bardolino*]

REBSORTEN Corvina (Hauptsorte), Rondinella (bis 40 Prozent), Molinara, in manchen auch Negrara, Rossignola, Barbera, Garganega (weiß), Sangiovese
HERKUNFT Italien (Veneto)

Weinstil: *leicht und fruchtig, oft unkompliziert*
Farbe: *helles bis mittleres Rubinrot*
Körper: *leicht, beschwingt*
Säure: *harmonisch-frisch*
Aroma: *Kirsche, Mandel*
Essenspartner: *Pizza, Pasta bolognese, Lasagne, Lammkeule, Antipasti, trockene Schweinewurst*

BESONDERHEITEN Bardolino wird aus denselben Rebsorten wie Valpolicella oder Amarone gekeltert, ist aber deutlich fruchtiger und leichter. Weine mit dem Zusatz »Classico« und »Superiore« sind die bessere Wahl. Bardolino Chiaretto heißt die Rosé- beziehungsweise Rosato-Version.

BLANC DE BLANCS
[blong de blong]

REBSORTEN Chardonnay, Pinot blanc, Pinot gris, Chenin blanc
HERKUNFT Frankreich (Champagne, Loire, Elsass, Languedoc-Roussillon)

Weinstil: *trocken-frisch*
Farbe: *hellgelb bis goldgelb*
Körper: *leicht bis lebendig-füllig*
Säure: *frisch und lebendig*
Aroma: *Wiesenblumen, nussig, Biskuit, Honig*
Essenspartner: *Aperitif, Quiche Lorraine, Fisch*

BESONDERHEITEN Blanc de Blancs (»Weißer von Weißen«) wird ausschließlich von weißen Trauben erzeugt. Die Bezeichnung wird fast nur noch für Schaumweine verwendet, zum Beispiel für Crémant und Champagner »Blanc de Blancs«, zu 100 Prozent aus Chardonnay gekeltert.

BORDEAUX (TROCKEN)
[bordoh]

REBSORTEN WEISS Sauvignon blanc, Sémillon, Muscadelle; selten: Colombard, Merlot blanc, Ugni blanc
REBSORTEN ROT Cabernet Sauvignon, Merlot, Cabernet franc, Carmenère, Petit Verdot, Malbec
HERKUNFT WEISS F-Bordeaux (Graves, Pessac-Léognan, Entre-Deux-Mers, Graves de Vayres, Côte de Blaye)
HERKUNFT ROT F-Bordeaux (Médoc, Pomerol, St-Emilion, Pessac-Léognan, Graves, Graves de Vayres, Fronsac, Côtes de Castillon, Premières Côtes de Bordeaux, Côte de Bourg, Côtes de Blaye)

Weinstil (weiß): *fruchtig bis elegant-komplex*
Weinstil (rot): *fruchtig bis elegant-vielschichtig-ausdrucksstark und langlebig*
Farbe (weiß): *helles bis mittleres Gelbgold*
Farbe (rot): *mittleres bis dunkles Rubinrot*
Körper (weiß und rot): *mittel bis körperreich*
Säure (weiß): *frisch bis mittel*
Säure (rot): *mittel, selten auch etwas rustikal*
Aroma (weiß): *Zitrus, Honig, Melone, Apfel, Passionsfrucht*
Aroma (rot): *Cassis, Brombeere, Minze*
Essenspartner (weiß): *Atlantikfisch, Austern, Schalen- und Krustentiere, Muscheln, Kalb*

Essenspartner (rot): *Rind, (Rumpsteak), Schmorbraten, Gulasch, Wild, Ochsenschwanz, Lamm, Gans, Ente, Trüffel*

BESONDERHEITEN Verschiedene Rebsorten in einer Cuvée zu vereinen, hat in der Region Bordeaux sowohl für Weiß- als auch für Rotwein eine lange Tradition. Die Zusammensetzung hängt von der Güte des Jahrgangs in der jeweiligen Region (Médoc, St-Emilion usw.) und vom Geschmacksprofil eines Château ab. Generell kann man aber sagen, dass am linken Ufer des Flusses Gironde (Médoc, Pessac-Léognan, Graves usw.) im roten Bordeaux Cabernet Sauvignon als Hauptsorte dominiert, am rechten Ufer (St-Emilion, Pomerol usw.) eher Merlot. Beim trockenen weißen Bordeaux wird die Cuvée zu 80 Prozent von Sauvignon blanc bestimmt, während Sémillon darin die zweite Geige spielt. Bordeaux bildet unbestritten nach wie vor den Nabel des Qualitätsweinbaus, trotz glorreicher Verkostungserfolge von Cabernets Sauvignons, Merlots und ehrgeizigen Cuvées aus dem übrigen Europa oder aus Übersee. Alle diese Siege konnten und können den berühmten Château-Weinen aus Bordeaux und ihrem offenbar unumstößlichen Image nichts anhaben – wahrscheinlich, weil sie einfach einzigartig sind.

Barriques im Weinkeller von Château Lafite Rothschild in Pauillac

CAVA
[*kawa*]

REBSORTEN Xarel-lo, Parellada, Macabéo (die klassischen Hauptsorten), Trepat (Rosato-Cavas); modern: Chardonnay (in manchen Cavas pur) und Pinot noir
HERKUNFT E-Katalonien (Cava)

Weinstil: *neutral bis feinfruchtig, mineralisch, delikat-vielschichtig*
Farbe: *hellgelb bis grüngelb*
Körper: *leicht*
Säure: *sanft bis pikant-frisch*
Aroma: *Apfel, zitronig, mediterrane Kräuter, Blütenhonig, Mandeln*
Essenspartner: *Aperitif, Tapas, Lachs, Forelle*

BESONDERHEITEN Spanische Schaumweine heißen Cava (span. Keller). Die besten – nach der Champagnermethode bereitet – stammen aus dem gleichnamigen Gebiet im katalanischen Penedès und reifen vor dem Verkauf mindestens neun Monate, Jahrgangs-Cavas drei Jahre, die besten bis 50 Monate. »Reservas« müssen 15, »Gran Reservas« 30 Monate auf der Hefe reifen, mit der Bezeichnung »Fermentación en botella« nur zwei Monate. Beim »Vino gasificado« wurde der Grundwein mit Kohlensäure aufgesprudelt.

CHAMPAGNER
[*schampanjer*]

REBSORTEN WEISS Chardonnay
REBSORTEN ROT Pinot noir, Pinot Meunier
HERKUNFT F-Champagne

Weinstil: *trocken-mineralisch-komplex bis süß*
Farbe: *schillerndes helles Gelb bis goldgelb*
Körper: *leicht bis volumig-komplex*
Säure: *frisch bis lebendig mit Nerv*
Aroma: mineralisch, Blüten, Nuss, Biskuit
Essenspartner: *Aperitif, Kaviar, Austern, Hummer, helles Fleisch mit frischen Saucen, Chaource*

BESONDERHEITEN Fast alle Champagner aus der Region Champagne sind Cuvées aus bis zu 50 Grundweinen verschiedener Jahrgänge und Lagen. Je höher die Qualität (Cuvée Prestige, Jahrgangs-Champagner), umso weniger Pinot Meunier (Müllerrebe) ist enthalten, dafür umso mehr Pinot noir und/oder Chardonnay.
»Blanc de Blancs« ist purer Chardonnay, »Blanc de Noirs« basiert nur auf roten Trauben. Rosé-Champagner ist der einzige Qualitätsschaumwein Europas, der gemeinsam aus roten und weißen Weinen bereitet werden darf.

CHÂTEAUNEUF-DU-PAPE
[*schatonöf-dü-pab*]

REBSORTEN WEISS Bourboulenc, Clairette, Picardan, Picpoul, Roussanne
REBSORTEN ROT Grenache noir (Hauptsorte), Cinsaut, Counoise, Mourvèdre, Muscardin, Syrah, Terret noir, Vaccarèse
HERKUNFT WEISS und **ROT** F-Châteauneuf-du-Pape

Chianti-Classico-Weinflaschen mit dem typischen »Gallo Nero«

Weinstil (weiß): *saftig bis schwer-alkoholreich*
Weinstil (rot): *vollmundig-würzig-komplex*
Farbe (weiß): *helles bis mittleres Gelbgold*
Farbe (rot): *dunkles Granatrot*
Körper (weiß und rot): *elegant bis muskulös*
Säure (weiß und rot): *harmonisch*
Aroma (weiß): *Butter, Thymian, Fenchel, Honig*
Aroma (rot): *Maraschinokirsche, Pflaume, Brombeere, Heidelbeere, Zimt, Pfeffer, Thymian, Rosmarin, Wacholder, schwarze Oliven, Teer, Trüffel*
Essenspartner (weiß und rot): *Fleisch oder Fisch vom Grill, Wild, Lamm mit schwarzen Oliven*

BESONDERHEITEN Von 13 zugelassenen Sorten stellt Grenache wegen ihrer süßen, samtigen Frucht oft mehr als die Hälfte in roten Cuvées. In der modernen Variante wird sie unterstützt von Syrah für mehr Tannin und Struktur und der geschätzten Mourvèdre, während die weißen Sorten, anders als in der klassischen Cuvée, nur in den weißen Châteauneuf eingehen.

CHIANTI
[*kijanti*]

REBSORTEN ROT Sangiovese (Hauptsorte), Canaiolo nero, Mammolo, Cabernet Sauvignon, Merlot, Syrah
REBSORTEN WEISS Trebbiano, Malvasia
HERKUNFT I-Toskana

Weinstil: *herb-lebendig bis tanninreich*
Farbe: *hagebuttentönig bis dunkelgranatrot*
Körper: *mittel*
Säure: *kräftig bis abgerundet (mit Merlot, Syrah)*
Aroma: *Kirsche, Pflaume, erdig, Rosmarin*
Essenspartner: *Lasagne, Pizza, Hase, Wildschwein*

BESONDERHEITEN Rund um die Chianti-Classico-Zone erstreckt sich das Chianti-Gebiet (unterteilt in die Unterzonen Colli Arentini, Colli Fiorentini, Colline Pisane, Colli Senesi, Montalbano, Montespertoli, Rufina) mit vielen angenehmen Trinkweinen.

CHIANTI CLASSICO
[*kijanti klassiko*]

REBSORTEN ROT Sangiovese (Hauptsorte), Canaiolo nero, Mammolo, Cabernet Sauvignon, Merlot, Syrah
REBSORTEN WEISS (sehr selten) Trebbiano, Malvasia
HERKUNFT I-Toskana
Weinstil: *herb-lebendig bis tanninreich*
Farbe: *dunkelrot bis dunkelgranatrot*

Körper: *mittel und lebendig (je nach Cuvée)*
Säure: *kräftig bis abgerundet (mit Merlot, Syrah)*
Aroma: *Kirsche, Schwarzfrucht, Veilchen, Tabak*
Essenspartner: *Rindersteak, Hase, Wildschwein*

BESONDERHEITEN Im Chianti Classico mit dem Gallo Nero (»schwarzer Hahn«) als Schutzmarke stellt Sangiovese mit mindestens 80 Prozent den Löwenanteil in der Cuvée. Bis zur Mitte des 19. Jahrhunderts wurde noch weiß und rot zusammen gekeltert, was bäuerlich-rustikale Weine ergab. Vor etwa 30 Jahren änderte sich dann der Stil radikal, hin zu mehr Charakter und größerer Farbtiefe. »Classico« darf frühestens am 1. Oktober im Jahr nach der Ernte, die »Riserva« frühestens nach 24 Monaten, davon mindestens drei Monate in der Flasche, verkauft werden.

CORBIÈRES
[*korbiär*]

REBSORTEN WEISS Malvoisie, Grenache blanc, Marsanne, Roussanne, Rolle (Vermentino), Macabeo
REBSORTEN ROT Carignan, Grenache, Mourvèdre, Lledoner Pelut, Syrah, Cinsaut (wenig), Terret noir
HERKUNFT F-Languedoc

Weinstil (weiß): *füllig, warm-würzig*
Weinstil (rot): *fruchtig-intensiv mit Struktur*
Farbe (weiß): *helles bis mittleres Gelbgold*
Farbe (rot): *rubinrot, auch dunkelviolett*
Körper (weiß und rot): *füllig bis kräftig*
Säure (weiß und rot): *harmonisch*
Aroma (weiß): *Wildblumen, mediterrane Kräuter*
Aroma (rot): *wilde Kräuter, Teer, Schwarzfrüchte*
Essenspartner (weiß und rot): *mediterrane Küche*

BESONDERHEITEN Auf Plateaus, Tälern und Hängen wachsen aromatisch-füllige Rot- und Weißweine mediterraner Prägung. Besonders die Roten eignen sich gut für den Fassausbau.

COTEAUX DU LANGUEDOC
[*kotoh dü langedok*]

REBSORTEN Grenache, Mourvèdre, Syrah, Terret noir, Carignan, Cinsaut, Picpoul noir, Lledoner Pelut
HERKUNFT F-Languedoc

Weinstil: *leicht bis schmelzig-beerig, körperreich, rustikale bis reife Tannine*
Farbe: *hellviolett bis dunkelviolett*
Körper: *mittel bis fleischig, strukturiert*
Säure: *kräftig bis abgerundet (mit Merlot, Syrah)*
Aroma: *Kirsche, Schwarzfrucht, Pflaume, orientalische Gewürze, Leder, Zeder*
Essenspartner: *Rindersteak, Ragout, Kaninchen, mediterran zubereiteter Fisch*

BESONDERHEITEN Riesiges Anbaugebiet, in dem bis heute alles wächst: vom schlichten Vin de Table (Tafelwein) und fruchtig-leichten Vin de Pays (Landwein) bis zu großartigen Rotweinen aus den Subregionen

(Corbières, La Clape, Faugères, St-Chinian, Minervois, Fitou, Montpeyrous, La Méjanelle, Côtes du Roussillon), die seit inzwischen weit über zehn Jahren immer wieder für Furore sorgen.

CÔTES DE PROVENCE
[koht de prowongs]

REBSORTEN Grenache, Mourvèdre, Syrah, Tibouren, Carignan, Cinsaut, Barbaroux, Cabernet Sauvignon
HERKUNFT F-Provence

Weinstil: *lebendig-fröhlich bis würzig*
Farbe: *hell bis satt lachsfarben*
Körper: *mittel und lebendig-frisch*
Säure: *harmonisch, sanft*
Aroma: *floral-fruchtig, Himbeere, Erdbeere*
Essenspartner: *Bouillabaisse, Mittelmeerfisch*

BESONDERHEITEN Die Weine der Côtes de Provence machen 80 Prozent der Gesamtproduktion der Provence aus und 80 Prozent davon sind fruchtig-fröhlich. Ernsthafte Rosés höherer Qualität stammen eher aus den westlichen Nachbarregionen Coteaux d'Aix-en-Provence und Coteaux Varois.

CÔTES DU RHÔNE
[koht dü rohn]

REBSORTEN Grenache, Mourvèdre, Syrah, Carignan, Cinsaut, Counoise, Terret noir, Vaccarèse, Muscardin
HERKUNFT F-Rhône

Weinstil: *rustikal-fruchtig bis füllig-kraftvoll*
Farbe: *dunkelrubinrot*
Körper: *elegant bis kräftig, manche wuchtig*
Säure: *harmonisch*
Aroma: *fruchtig-würzig,*
Essenspartner: *Grill- und Schmorgerichte, Pilze (schwarzer Trüffel), Terrinen, deftiges Gemüse*

BESONDERHEITEN Fast alle Côtes-du-Rhône-Weine stammen aus dem Gebiet zwischen Montélimar rhôneabwärts fast bis Avignon und sind von eher schlichter Qualität. Eine Steigerung bieten die Côtes du Rhône-Villages, deren beste Exemplare aus Gigondas und Vacqueyras kommen. Sie wachsen dort auf den besten Böden, unterliegen strengeren Normen und können nicht weniger als hervorragend sein.

CÔTES DU ROUSSILLON
[koht dü russijong]

REBSORTEN Carignan, Grenache, Lledoner Pelut (Mutation der Grenache), Syrah, Mourvèdre, Cinsaut
HERKUNFT F-Roussillon

Weinstil: *intensiv-kräftig bis elegant-komplex*
Farbe: *tiefdunkel bis schwarzviolett*
Körper: *dicht, gehaltvoll, mächtig*
Säure: *ausgeglichen, mineralisch*
Aroma: *schwarze Beerenfrucht, schwarze Oliven, mediterrane Kräuter, Teer, orientalische Gewürze*
Essenspartner: *Wildgeflügel, Rindersteak, Wild, Schmorgerichte, Lammkeule, milder Schafskäse*

BESONDERHEITEN Das Roussillon hat ein Riesenpotenzial für große Rotweine und erregt damit Aufsehen. Grund dafür sind die oft schieferhaltigen Böden in den besseren Lagen der Côtes du Roussillon-Villages sowie sehr alte Reben, die auf den Hügeln rund um Perpignan in geschützten Lagen wurzeln und lange nur von einigen Winzern, die auf Qualität setzten, beachtet wurden. Inzwischen bietet die Region aufregend warme, sinnliche Weine, in denen sich die Kraft der Sonne mit den würzigen Eichenaromen des Barrique paart.

MADEIRA
[*madera*]

REBSORTEN Sercial, Verdelho, Bual, Malmsey (Malvasia), Terrantez, Moscatel, Bastardo, Tinta negra mole
HERKUNFT P-Madeira

Weinstil: *elegant-duftig bis üppig-cremig*
Farbe: *gelbgold bis tiefdunkles Bernstein*
Körper: *elegant bis opulent, mächtig*
Säure: *lebendig-mineralisch bis harmonisch-fein*
Aroma: *Limone, Orange, Toffee, Kaffee, Schokolade, Vanille, balsamische Noten, Kräuter*
Essenspartner: *Mousse au chocolat, Le Nègre (Schokoladenkuchen mit flüssigem Schokokern)*

BESONDERHEITEN Der mit Alkohol aufgespritete Dessertwein reift in sogenannten estufas (Wärmetanks). Die einfachsten Versionen werden kurz und hoch erhitzt, die besten reifen unter natürlichen Bedingungen drei bis fünf Jahre auf Dachböden. Die Reifedauer und Rebsorten entscheiden über Qualität und Stil: Sercial ergibt trockene, feine, säurereiche, Verdelho trockene, aber sanftere, Bual dunkelfarbige, elegante, feinduftige und Malmsey die süßesten und üppigsten Madeiras. Billige Madeiras bestehen aus Tinta negra mole.

MARSALA
[*marsala*]

REBSORTEN Catarratto bianco, Grillo, Damaschino, Inzolia
HERKUNFT I-Sizilien

Weinstil: *trocken bis wuchtig*
Farbe: *golden bis bernsteinfarben*
Körper: *mittel bis opulent-cremig*
Säure: *ausgeglichen*
Aroma: *salzig, Trockenfrüchte, Vanille, Karamell*
Essenspartner: *Cassata (ital. Schichttorte)*

BESONDERHEITEN Der einst berühmteste Wein Siziliens wird heute vor allem zum Kochen und Backen geschätzt. Der 2011 verstorbene Marco de Bartoli sorgte nicht nur für eine Renaissance, sondern auch für einen neuen Stil – feiner, komplexer als die traditionelle Version. Man unterscheidet in Reifestufen: »Fine« (ein Jahr), »Superiore« (zwei Jahre), »Superiore Reserva« (mindestens vier Jahre). Die besten, »Vergine« oder »Solera«, dürfen sich nach zehn Jahren Solera-Verfahren sehr alt, »stravecchio«, nennen.

MINERVOIS
[*minerwoa*]

REBSORTEN Syrah, Mourvèdre, Grenache, Lledoner Pelut (zusammen mindestens 60 Prozent), Carignan, Cinsaut, Piquepoul noir, Terret noir Aspiran
HERKUNFT F-Languedoc

Weinstil: *einfach bis komplex mit reicher Frucht*
Farbe: *mittel- bis dunkelrubin- oder karminrot*
Körper: *elegant bis füllig, vollmundig*
Säure: *harmonisch*
Aroma: *würzig-beerig, Kräuter, Dörraromen*
Essenspartner: *Terrine, gegrillter Fisch, Wurst*

BESONDERHEITEN Minervois ist eine der größten Regionen im Languedoc. Das Gros der Weine wächst in der Flussebene beim Städtchen Minerve, doch besser sind jene von den kargen Hochlagen der Montagne Noire, einem Ausläufer des Massif Central, oberhalb.

PORTWEIN
[*portwein*]

REBSORTEN (von 48 zugelassenen die wichtigsten)
REBSORTEN ROT Touriga nacional, Touriga franca, Tinta Roriz, Tinta barocca, Tinta Cão
REBSORTEN WEISS Encruzado, Esgana Cão, Folgasso, Gouveio

Weinberg in der Region La Rioja

HERKUNFT P-Douro

Weinstil: *süß-saftig bis elegant-finessenreich und füllig*
Farbe: *rubinrot bis schokoladig-dunkel*
Körper: *mittel bis kraftvoll*
Säure: *mittel*
Aroma: *Süßkirsche, Schokolade, Gewürze, Kräuter*
Essenspartner: *Wildpastete, Hartkäse, Schokolade*

BESONDERHEITEN Bei der Portweinherstellung wird die Gärung durch Zugabe von Branntwein unterbrochen. Der Stil – Ruby (fruchtig-leicht), Tawny (beste Cuvées ohne Jahrgang, reifen bis zu 40 Jahre) oder Vintage Port (nur in besten Jahren) – wird von der Reifezeit jeweils im Fass und danach in der Flasche bestimmt. Von Bedeutung für die Qualität eines Ports sind natürlich auch die verwendeten Rebsorten.

RIOJA
[*rijocha*]

REBSORTEN Tempranillo (Hauptsorte), Garnacha, Mazuelo, Graciano, Viura, Garnacha blanca (begrenzt auch Cabernet Sauvignon und Merlot)
HERKUNFT E-Rioja

Weinstil: *leicht-fruchtig bis finessenreich mit samtigem, rundem Körper*
Farbe: *hagebuttentönig bis dunkles Kirschrot*
Körper: *leicht bis körperreich*
Säure: *mittel bis kräftig*
Aroma: *Cassis, Erdbeere, Pflaume, Leder, Süßholz*
Essenspartner: *Schweinebraten, Lamm, Hirsch*

BESONDERHEITEN Garnacha dominiert die Unterregion Rioja Baja mit eher fülligem Weinstil; aus der Hauptrebsorte Tempranillo, hier Tinto fino genannt, entstehen in Rioja Alavesa fruchtige Weine und in Rioja Alta die edelsten aller Riojas. Während früher noch mancher Rioja durch zu lange Fassreife versauerte und Billig-Riojas außerhalb der Region abgefüllt wurden, hat das traditionsreiche spanische Weinbaugebiet heute, dank einer dynamischen Winzergeneration, auf den Qualitätsweg zurückgefunden.

SAUTERNES
[*sotern*]

REBSORTEN Sémillon (Hauptsorte), Sauvignon blanc, Muscadelle
HERKUNFT F-Bordeaux

Weinstil: *edelsüß-üppig bis edelsüß-komplex*
Farbe: *mittleres bis dunkles Gold*
Körper: *mittel bis üppig-geschmeidig*
Säure: *mittel bis rassig*
Aroma: *Honig, Butter, Karamell, Trockenfrüchte*
Essenspartner: *Edelpilzkäse, Crème brûlée, Pfirsichblätterteigkuchen, Crème Caramel*

BESONDERHEITEN Die dünnhäutige Sémillon ist besonders anfällig für die so erwünschte Edelfäule, den Schimmelpilz Botrytis cinerea, der sich unter entsprechenden Bedingungen gegen Ende der Reife gern auf den Trauben ausbreitet und auf der Suche nach Zucker deren Haut durchlöchert, sodass die Beeren schrumpfen und die Zuckerkonzentration in den Trauben deutlich ansteigt. Das ebenso konzentrierte typische Aroma und der füllige Körper der Sémillon machen sie zur Idealbesetzung für die edlen Sauternes-Süßweine. Mit 80 Prozent beherrscht sie die Cuvée, immer im Mix mit der frisch-fruchtigen Sauvignon blanc, gelegentlich unterstützt von der zart-würzigen Muscadelle.

SHERRY
[scheri]

REBSORTEN Palomino (Hauptsorte), Pedro Ximénez, Moscatel
HERKUNFT E-Jerez y Manzanilla de Sanlúcar de Barrameda

Weinstil: *trocken-frisch-mineralisch bis üppig-cremig-süß*
Farbe: *helles Gold bis dunkelbraungold, dunkles Bernstein*
Körper: *leicht bis schwer und cremig*
Säure: *frisch bis sanft*
Aroma: *mineralisch-salzig, nussig, würzig, Feige, Datteln, Karamell, getrocknete Aprikose,Honig*
Essenspartner: *Aperitif, Tapas, Crème Caramel*

BESONDERHEITEN Alle jungen Weine kommen zuerst in die criadera (span. Kinderstube). In den fast vollen Fässern entwickelt sich bis ins Frühjahr auf der Oberfläche langsam die sogenannte Florhefe, ein Phänomen, das man sonst nur im Jura und im Kaukasus kennt. Dabei steigen diese obergärigen Hefen auf der Suche nach Sauerstoff an die Oberfläche und bilden schließlich eine geschlossene Decke, vorausgesetzt, der Alkohol bleibt moderat. Es folgt das mehrstufige Solera-System, bei dem von oben nach unten, von einem Fass zum unteren, die Sherrys unabhängig vom Jahrgang langsam vermischt werden. Nach diversen Einzelbehandlungen entstehen dann die Endprodukte: trocken-eleganter Fino und Manzanilla, aromatisch-mildnussiger Amontillado, malzig-würziger Oloroso. Etwas Besonderes sind sehr alte Sherrys der Sorte Pedro Ximénez. Fino und Manzanilla sollten kühl genossen werden, Amontillado und Oloroso mit höherem Zuckergehalt trinkt man leicht temperiert.

TOKAJER
[tokajer]

REBSORTEN Furmint (Hauptsorte), Hárslevelű, Sarga-muskotaly (Muscat blanc à petits grains)
HERKUNFT H-Tokaj-Hegyalja

Weinstil: *elegant-edelsüß bis würzig-edelsüß und dicht-komplex*
Farbe: *goldgelb bis bernsteingold*
Körper: *mittel bis intensiv*
Säure: *hoch, dennoch elegant*
Aroma: *Quitte, Aprikose, Honig, Nuss, Rosine*
Essenspartner: *Edelpilzkäse, Nussgebäck*

BESONDERHEITEN Der Tokajer gilt als der älteste edelsüße Wein der Welt. Vom einfachsten Tokaji Szamorodni über Tokaji Aszú bis zum hochedlen Tokaji Eszencia: Die Furmint sorgt für unvergleichliche Spannung und Vita-

Sherryeingießen als Kunst mit einem gertenförmigen Stechheber, »Venencia« genannt.

lität, ihre wichtigste Partnersorte Hárslevelű für feurige Würze und elegante Fülle.

VALPOLICELLA
[*wallpolitschella*]

REBSORTEN Corvina (40–70 Prozent), Rondinella (20–40 Prozent), Molinara (5–25 Prozent), Cabernet Sauvignon, Merlot, Rossignola, Negrara, Barbera, Sangiovese (höchstens 15 Prozent)
HERKUNFT I-Venetien

Weinstil: *fruchtig-frisch bis fruchtig-rund*
Farbe: *mittleres Rubinrot bis granatrot*
Körper: *mittel bis intensiv*
Säure: *harmonisch*
Aroma: *Kirsche, Mandel, Würzig*
Essenspartner: *Antipasti, Pizza, Bolognese*

BESONDERHEITEN Der Valpolicella hat sich vom robusten zu einem lebhaften, geschmeidigen Typ deutlich gewandelt, der sich gut mit Holz verträgt. Viele profitieren vom *ripasso*-Verfahren: Dabei werden die gepressten Rosinen von der Amarone-Erzeugung mit dem frischen Valpolicella vermischt. Manche Winzer verwenden gleich die getrockneten Trauben, wie für Amarone, um den Weinen Fülle und Kraft zu verleihen.

WEISSHERBST
[*weißherbst*]

REBSORTEN Spätburgunder, Portugieser, Schwarzriesling, Dornfelder, Trollinger, St. Laurent
HERKUNFT Deutschland (vor allem Baden)

Weinstil: *angenehm, fröhlich, erfrischend*
Farbe: *rosig bis altrosa*
Körper: *mittel*
Säure: *frisch bis mittel*
Aroma: *frische Frucht, Himbeere, Johannisbeere, kirschig, Mandel, nussig*
Essenspartner: *Wurstplatte, Schwein, Vorspeisen*

BESONDERHEITEN Auch wenn junge Winzer diese Bezeichnung eigentlich nicht mehr verwenden: Weißherbst gibt es in großer Menge in Deutschland aus den verschiedensten Rebsorten. Wenn man seinen Wein dennoch Weißherbst nennen will, dann – so will es das strenge Gesetz – darf er nur aus einer Rebsorte und einer Lage stammen.

REGISTER

Fett gedruckte Seitenzahlen verweisen auf Haupteinträge, *kursive* auf gelungene Wein-Speise-Kombinationen. Die vollständig *kursiv* gedruckten Speisen- und Käseeinträge führen Sie umgekehrt zu den dazu passenden Weinempfehlungen.

S

T

U

V

IMPRESSUM

Grillparzerstr. 12, 81675 München

HALLWAG ist ein Unternehmen der GRÄFE UND UNZER VERLAG GmbH, München, GANSKE VERLAGSGRUPPE.
www.hallwag.de

Projektleitung:
Anne-Sophie Zähringer
Lektorat: bookwise GmbH, München
Satz: Cordula Schaaf, München
Umschlaggestaltung und Innenlayout: independent Medien-Design, Horst Moser, München
Umschlagfoto: © StockFood / MaXx Images
Illustrationen: Andrea Wong Illustration & Design, Hannover
Karten: Gecko-Publishing GmbH, Bad Endorf
Herstellung: Markus Plötz
Reproduktion: Repro Ludwig, Zell am See
Druck und Bindung: Firmengruppe APPL, Wemding

1. Auflage 2014
ISBN 978-3-8338-4283-2

Bildnachweis:
Alexander Walter: S. 6/7, 29, 45, 49; *BA-Geduldig:* S. 223; *Blickwinkel/I. Weber:* S. 261; *Cephas/Mick Rock:* S. 242; *Corbis:* Atlantide Phototravel: S. 164, 194, Carlos Sanchez Pereyra/JAI: S. 209, David Lees: S. 272, Grand Tour: S. 184, hwo/imageBROKER: S. 206, JBN/Scope-Image: S. 84, Liza Littlehawk Inc./the food passionates: S. 9, Mike Kemp/Blend Images: S. 205, Morris, Steven/the food passionates: S. 168, Owen Franken: S. 270, Radius Images: S. 276, Siffert, Hans-Peter/the food passionates: S. 34; *DWI/Dieth:* S. 215, 251; *Foodie Photography/Tracy Kusiewicz:* S. 127; *Fotolia:* Africa Studio: S. 21, Boris Ryzhkov: S. 86/87, ROBERTO ZILLI: S. 197, victoria p.: S. 101; *GALERIA Kaufhof GmbH:* S. 13; *Getty images:* Doug Pearson: S. 186, Gary John Norman: S. 25, instamatics: S. 191, Miquel Tres Lapez: S. 171, Oliver Strewe: S. 80, Thomas Barwick: S. 117; *Hans-Peter Siffert:* S. 225, 227, 247, 250, 252, 256, 264, 279; *Mark Vogel, nitrox21.de – photographie+design, Wiesbaden:* S. 94, 104, 108, 112, 122, 130, 144, 152, 156; *mauritius images:* Alamy: S. 16, 198, 211, FreshFood: S. 69, Pixtal: S. 50; SuperStock: S. 55; *Okapia:* PBA/allOver Images: S. 62; *picture alliance:* Lucenet Patrice/Oredia: S. 37; Siffert/weinweltfoto.ch: S. 18; *StockFood:* Lehmann, Herbert: S. 179, 201, Armin Faber: S. 176, Cephas Picture Library: S. 31, 202, Cephas, Judd: S. 172, 180, Dearnley, Ben: S. 161, Ellert, Luzia: S. 15, Faber & Partner: S. 33, Hendrik Holler: S. 183, 230, Rozenbaum, Isabelle: S. 93, Shulevsky, Vladimir: S. 151, Siffert, Hans-Peter: S. 236; Walter Cimbal: S. 137, Eising Studio – Food Photo & Video: S. 46, 83; *vario images:* S. 61

GRÄFE UND UNZER

Ein Unternehmen der
GANSKE VERLAGSGRUPPE

Liebe Leserin und lieber Leser,
wir freuen uns, dass Sie sich für ein HALLWAG-Buch entschieden haben. Mit Ihrem Kauf setzen Sie auf die Qualität, Kompetenz und Aktualität unserer Bücher. Dafür sagen wir Danke! Ihre Meinung ist uns wichtig, daher senden Sie uns bitte Ihre Anregungen, Kritik oder Lob zu unseren Büchern. Haben Sie Fragen oder benötigen Sie weiteren Rat zum Thema? Wir freuen uns auf Ihre Nachricht!

Wir sind für Sie da!
Montag – Donnerstag:
8.00 – 18.00 Uhr
Freitag: 8.00 – 16.00 Uhr

Tel.: 00800/72 37 33 33
(gebührenfrei in D, A, CH)
Fax: 00800/50 12 05 44
(gebührenfrei in D, A, CH)

E-Mail: leserservice@graefe-und-unzer.de

GRÄFE UND UNZER Verlag
Leserservice
Postfach 86 03 13,
81630 München

Hallwag